사람을 옹호하라

사람을 옹호하라

1판 1쇄 발행 2019년 12월 10일
　　3쇄 발행 2020년 9월 1일

기획 국가인권위원회
지은이 류은숙
펴낸이 이정규
펴낸곳 코난북스
등록 제2013-000275호
전화 070-7620-0369
팩스 0505-330-1020
이메일 conanpress@gmail.com
홈페이지 conanbooks.com

ⓒ류은숙, 2020

ISBN 979-11-88605-12-5 03330

이 도서의 국립중앙도서관 출판예정도서목록(CIP)은 서지정보유통지원시스템
홈페이지(http://seoji.nl.go.kr)와 국가자료공동목록시스템(http://www.nl.go.kr/
kolisnet)에서 이용하실 수 있습니다.(CIP제어번호: CIP2019047088)

사람을
옹호하라

인권의 최전선이자 최후의 보루인
소중한 가치들에 대하여

류은숙
지음

국가인권위원회 기획

코난북스

차례

1장

인권

———

가치들의 나침반

'소나 돼지를 잡아 파는 푸주한의 딸이다. 엄마는 세탁부였다. 무학이다. 혼자 아이를 키우는 여자다. 결혼 거부자다. 불순한 정치사범이다. 사형수다.'

'역사는 이 사람을 여성의 자유롭고 평등한 권리를 외친 선구자라 한다. 여성에게 교육을 하지 않는 시대라 글을 배우지 못했다. 하지만 속기사에게 받아 적게 하는 방식으로 독창적인 생각과 입말이 넘실거리는 희곡, 정치 선언문을 썼다. 여성의 권리만이 아니라 흑인 노예제도에도 맞서 싸웠고 인종, 젠더, 계급 차별에 반대했다. 자신이 "공공 행복에 대한 계획"이라 칭한 구상을 줄기차게 내놓았다. 가령 시대를 앞서서 여성이 이혼할 수 있는 권리와 안전하고 위생적인 환경에서 출산할 권리를, 수치심 없이 늙을 권리와 노인 돌봄을, 혼외 관계에서 태어난 아동의 권리 존중을, 실업자라는 개념조차 없던 시대에 공공 작업장 설치 등을 주창했다. "여성은 단두대에 오를 권리가 있는 것처럼 연단에 오를 권리도 가져야 한다." 이렇게 포효하는 〈여성과 여성

시민의 권리 선언〉을 썼다. 여성이 '감히' 정치를 논했다는 죄로 단두대에서 처형당했다.'

이 두 글에서 가리키는 사람은 같은 한 사람이다. 두 글 모두 프랑스 혁명기의 페미니스트, 올랭프 드 구주(Olympe de Gouges)에 관한 이야기다. 설명의 길이를 떠나 두 개의 글이 같은 사람을 다루는 성격이 아주 다르다. 앞의 설명은 이 사람의 '무엇'에 대해서 말한다. 즉 출신, 사회적 지위, 학력, 직업, 성별, 재산 등에 관한 것이다. 반면 뒤의 설명은 그 사람의 구체적인 행위를 보고 '어떠어떠한 사람'으로 표현했다.

"저에게는 꿈이 있습니다. 아직은 어린 저의 네 자녀들이 언젠가 자신들의 피부색이 아니라 자신들의 인격으로 평가받는 나라에서 살게 되리라는 꿈이…."

한국인도 잘 알고 있고 미국 역사에서 위대한 연설 중에 선두로 꼽힌다는, 마틴 루터 킹 목사의 '나에게는 꿈이 있습니다'라는 이름으로 잘 알려진 연설(1963년 직업과 자유를 향한 워싱턴 대행진 연설)에 나오는 구절이다. 여기서 말하는 피부색은 '무엇'에 해당하고, 인격은 '어떠어떠한 사람'에 해당한다. 킹 목사는 검은 피부색이라는 '무엇'을 구실로 누군가가 어떠어떠한 사람으로 사회관계에 등장하는 것을 훼방 놓고 왜곡하는 불평등과 차별을 고발했다. 반대로 그가 요구한 자유와 평등은 누구든 두려움 없이 사회관계에 등장해 자신을 어떠어떠한 사람으로 표현할 수 있고 또 그것을 다듬어가고 성장시킬 수 있는 것이었다.

시대와 상황은 서로 달랐어도 구주나 킹은 같은 것을 주장했다고 할 수 있다. 그것을 이 책에서는 '인권적 가치의 추구'라고 불러보았다. 우리는 분명 뭔가 이상적인 것, 있으면 좋은 것을 가치라고 부른다. 그런 가치를 개인의 삶에서 추구하는 것을 자아실현이라 하고, 사회적으로는 그런 가치를 통해 지금의 사회적 관계와 제도를 더 낫게 바꾸려고 애쓴다.

우리가 추구하는 가치는 우리가 말과 행위를 바꿀 이유가 된다. 오늘날 인간을 존중하고 있다고 여길 만한 태도와 제도가 있다면, 그런 것들은 모두 어떤 가치를 추구한 결과로 과거와 달라진 것들이다. 구주와 킹의 시대와는 달라진 변화는 저절로 이루어진 것이 아니라 인위적인 노력으로 만들어진 결과다. 한 사회의 구성원들은 인권이라는 가치를 통해 인간됨을 위협하는 위험 요소에 맞서는 공통 감각을 만든다. 그리고 그런 공통 감각에 기초해서 어떤 가치를 추구하는 실천이 사회의 제도들을 조성한다.

일상 속의 가치

가치는 우리 일상에서도 효과를 발휘한다. 가령 "새로 사귄 친구는 어때?"라는 질문을 받으면 상대방의 의도를 무엇으로 파악하고 대답할까? 이 질문을 '걔는 어ㄴ 아파트에 살아?', '걔네 부모님 직업은 뭐야?'라는 의도로 이해하면 대화를 나누는 사람들의 주요 관심사는 '무엇'에 쏠려 있다. 이와 달리 그 친구가 어떤 사람인지 묻는 질문으로 이해하면 이렇게 답할 것이다. "응, 걔는 호기심이 많고 새로운 걸 찾는 걸 좋아해." "같이 놀 때 내 기분을 알아채고 배려할 줄 알아서 좋아." 이런 차이가 특정 아파트 주변에 통행로를 제한하고, 학교 설립과 학생 배정에 개입하고, 공권력을 배치하고 안전 조치를 취하는 등 삶의 많은 것을 규정한다.

어떤 사람에 대한 표현과 판단을 섣불리 직업, 성별, 학력, 사회적 지위, 출신, 재산 등으로 대치하지 않는 것, 이건 결코 쉬운 일이 아니다. 이런 '무엇'과 '어떠어떠한 사람'은 뒤섞여 출현한다. 직업이 변변치 않아서 다혈질이라고 쉽게 판단하기도 한다. 반대로 다혈질인 사람을 보면 그래서 직업이 그렇고 그렇다고 단정하기도 쉽다. 불안정한 직업이 원인인지 기질이 원인인지, 어느 것이 다른 것의 결과인지 정확히 알 수 없다. 우리는 각자 자기 안위를 위해 늘 타자와 경계를 설정할 수밖에 없고, 그럴 때 '무엇'에 대한 판단은 쉽게 쓰이는 도구가 된다.

그런데 입장이 달라지면 억울해진다. 중년, 여성, 비만, 비혼, 한국인, 무주택, 정기적 소득 없음…. 이런 식의 '무엇'으로 분류된 사람은 타인들이 자기라는 사람을 제대로 알지도 못하면서 부당하게 평가하고 있다고 여길 것이다. 뭐가 됐든 '무엇'으로 분류되는 것을 다 긁어모아도 누군가를 온전히 표현할 수는 없다. 어떤 사람을 표현할 수 있는 설명은 헤아릴 수 없을 정도로 많을뿐더러 고정된 게 아니다.

또 맥락에 따라 '어떠어떠한 사람'인지가 달라지기도 한다. 상대적 약자 앞에서는 친절하고 겸손한 사람이 차별주의자 앞에서는 작정하고 나대는 사람이 될 수도 있다. 또는 상대적 약자 앞에서는 '내가 누군지 아느냐'는 식으로 거들먹거리는 사람이 자기보다 더 센 사람 앞에서는 납작 엎드릴 수도 있다.

앞서 말한 군주에 대해서 당대의 많은 사람이 "무모한 여자", "정신 불안정한 여자", "부도덕한 괴물" 등으로 표현했다. 어떤 사실에 어떤 가치의 잣대를 대고 해석하느냐의 차이일 것이다. 이런 태도와 행위를 이끄는 나침반이 바로 가치다.

누구 말대로 우리는 좋은 삶과 정의로운 사회를 향해 일직선이 아니라 "비틀거리며" 나아간다. 고독한 결단이나 의지에 기대서만이 아니라 서로가 부축하며, 서로 기대는 가치에 대해 대화하며 나아간다. 그리고 우리가 서로 기댈 수 있는 가치로서 역사 속에서 중요하게 작동해온 것 중 하나가 인권이다.

가치는 선과 악이라는 이분법으로 명확히 가를 수 없는 경우가 많다. 헤아릴 수 없이 다양하고 때론 상충하는 가치들이 있다. 그중에서 인권은 인간의 존엄성에 대한 존중을 나침반으로 삼고자 하는 가치다. 인간의 우월성이 아니라 존엄성을 존중하고자 하는 가치다. 지금 '무엇이냐'가 아니라 '어떠어떠한 사람'이 될 수 있는 가능성을 존중하는 가치다. 그리고 인권은 다양하고 때로는 상충하는 가치들의 나침반 역할을 한다. 가치들 중의 가치가 바로 인권이다.

인권의 구성과 재구성을 위하여

흔히들 '천부인권'이란 말을 쓴다. 그러나 인권은 하늘에서 떨어진 것도 아니고 자연스런 것도 아니다. 인권은 어디까지나 인간이 구상하고 만들어낸 것이고 인간끼리 실천하자고 약속한 것이다. 원래, 자연적으로 정해진 것이라면 그러려니 할 텐데, 실제의 인권은 서로 논쟁하고 갈등하고 타협하고 합의해야 한다.

가령 '사람에게는 날 때부터 타고난 인권이 있다'는 선언이 '아동이 학대로부터 보호받을 권리'를 저절로 보장해주지는 않는다. 인권을 실현하려면 생명권이나 안전권 같은 인권을 아동의 입장에서 구체적으로 번역해야 한다. 생명권을 단순한 목숨의 부지가 아니라 인간다운 최저 생활을 할 권리로 번역하면 기본적인 복지에 대한 국가 책임을 설정한다. 안전하게 살아갈 권리 또한 '성폭력으로부터 자유로운 권리' 등으로 구체적으로 번역되면 그런 인권을 달성하기 위해 구체적인 수단과 방법을 강구하고 실행에 옮긴다. 그래야 우선순위를 정하고 자원을 할당하고 강자의 횡포로부터 약자를 보호하는 개입과 조정을 할 수 있고, 국가를 비롯해 권리를 존중한 책임 주체를 명확히 할 수 있다.

그런데 이런 조정에는 큰 난관이 있다.

"다수결로 합시다. 그게 편하잖아!"

"체벌이나 두발 단속을 찬성하는 사람이 다수니까 그걸 폐지하는 건 시기상조다."

"이성애자가 다수인 사회에서 동성애자가 동등한 권리를 주장하는 것은 다수자를 불편하게 만든다. 인권을 무시하자는 얘기는 아니지만, 다수자와 아예 같을 수는 없지 않은가."

문제는 심사숙고의 과정과 결정이 아니라 '다수결주의'가 민주적인 결정으로 오인될 여지가 많다는 점이다. 지배적인 세력이 작정하고 담합하여 약하고 배제된 사람들의 권리를 무시하려 들면, '사회적 합의'라는 이름으로, 대중적 지지가 부족하다는 이유로 얼마든지 그렇게 할 수 있다. 공적 영역 혹은 공론장이라는 곳에서는 유력 시민이나 권력 집단이 주로 활약한다. 발언할 기회가 적고 의사를 효과적으로 전파할 자원이 부족한 소위 이등, 삼등 시민과 피억압 집단은 다수결에서 필패할 가능성이 크다.

그러나 민주주의는 다수결과 동의어가 아니다. 다수의 의사가 곧 전체의 의사인 것도 아니다. 다수건 소수건 '마땅히 따르고 지켜야 할' 가치 판단의 검토를 거쳐야 한다. 공동체의 결정이 민주적 가치를 지녔다고 받아들여지려면 모든 구성원이 평등한 대우를 받고 있다는 전제가 필요하다. 편먹은 숫자가 많다고 해서 '옳음'의 요건을 충족하지는 않는다.

다른 한편으로 심의를 하는 '우리'를 형성하는 '정치적 관계'에서 배제된 사람들의 문제에 냉정하고 냉혹할 수 있다.

"우리 국민 중에도 어려운 사람이 많은데, 왜 외국인을 도와야 하지?"

"이주민이건 난민이건, 국민이 지켜야 할 의무는 부담하지 않는 사람들이 인권이란 이름으로 권리만 누리는 건 말이 안 된다."

권리는 국민국가를 기본으로 해서 운영되기에 난민이나 이주민의 권리가 소홀히 다뤄지기 쉽다. 그리고 협의와 합의라는 절차와 방식에서 반인권적인 압력 단체가 공적인 의사 결정을 무력하게 만드는 현상 탓에 공론장 자체가 위협을 받기도 한다.

인권을 구성하고 재구성하려면 다수결주의가 가져올 반인륜적이고 반인권적인 결정을 방지할 그 무엇이 필요하다. 그런 궁지의 상황에서 천부인권론 같은 것이 자주 호출된다. 기존의 권력과 제도로부터 독립적으로 존재하는 가장 근본적인 도덕적 권리로서, 법을 초월하는 법으로서 인권에 기대어 가변적인 권력과 법의 한계를 설정하는 것이다. 그러나 합의와 다수결의 이름으로 또는 실정법의 명목으로는 넘을 수 없는 근본적인 선이 있다고 확인해주는 절대적인 인권론은 없다. 또 천부인권론 같은 것은 기후변화나 환경 재난, 인간 노동의 변형 내지 축소 같은 새로운 현실에 대응하기에는 역부족이다. 너무 추상적이어서 텅 빈 그릇 같다. 누구든 그릇만 가져다가 자기 이익을 정당화하는 데 써먹기 쉽다.

우리는 어떤 절대적인 권위를 빌려서가 아니라 인간 사이에서 공통으로 추구할 가치를 설정하고 이를 부단히 현실에 대입함으로써, 우리 시대의 한계를 바꾸는 역사적이고 정치적인 인권을 추구해야 한다.

"나이가 어리고 배운 것은 없지만 그들(어린 직공들)도 사람, 즉 인간입니다. 태어날 때부터 생각할 줄 알고, 좋은 것을 보면 좋아할 줄 알고, 즐거운 것을 보면 웃을 줄 아는 하나님이 만드신 만물의 영장, 즉 인간입니다."

비인간적인 관계로 노동자를 상대하는 현실을 고발한 전태일의 언어는 천부인권론을 띠고 있지만 그는 "아무리 피고용인이지만 고용인과 같은, 가치적으로 동등한 인간임엔 차이가 없다"는 말로써 현실의 불의와 타협하지 않고 싸우려 했다.

인권을 구성하고 재구성해온 것은 전태일처럼 자기 현실에 인권의 가치를 대입하고 싸운 구체적인 사람들의 노력이었다. 전태일의 신념을 나름대로 번역해보면 이런 게 아닐까? 경제성장 같은 다른 어떤 사회적 목표로도 인권을 찍어 누를 수 없다는 것, 인권은 일반적인 효용을 만족시키

기보다는 억압받는 소수자를 위한 최후의 보루로서 역할을
한다는 것 그리고 다른 모든 가치보다 인간이 존재하기 위
해 꼭 필요하다고 간주되는 인간적 가치들에 우선권을 부
여해야 한다는 것이다.

가치를 건너뛸 수 있을까?

· 성폭력은 명백한 폭력이다. 성폭력을 가해자의 변명을 인
  용해 설명하거나 희화화, 선정적으로 보도해서는 안 된다.
· 성폭력에 대한 잘못된 통념을 재생산할 수 있는 보도를 해
  서는 안 된다.
· 성폭력 문제 대책 보도에 있어 현행 법 제도가 피해자의 권
  리를 보장하기에 부족한 지점들이나 제도 개선을 위한 쟁
  점들을 구체적으로 검토하여 '실질적 공공성'을 갖추어야
  한다.
· 성폭력은 피해자 인권의 문제이다. 성폭력 사건을 다른 정
  치적 공방의 소재로 비화시켜서는 안 된다.
    – 한국여성민우회 성폭력상담소, '성폭력 보도 가이드
    라인' 중 일부

· 재난 정보를 정확하게 전달할 책무
· 피해자의 안정을 침해하지 않을 책무
· 피해자의 인격을 침해하지 않을 책무

· 피해자 비난의 확산을 막을 책무
· 진상 규명의 책임 주체로 나설 책무
· 재난에 대한 사회적 기억을 형성할 책무
  - 인권운동사랑방, '재난 참사 피해자의 권리' 중 '언론
  의 책무'

성폭력과 재난 참사로 인한 피해는 우리 사회의 중대한 인권 침해 중 하나다. 피해만으로도 고통스러운데 주변의 막말과 피로감 표출, 진상 규명도 처벌도 없는 뒤처리 등 먹먹하고 막막한 상황이 이어진다. 최소한의 매뉴얼이 없는 것은 아니다. 위의 인용처럼 성폭력 피해나 재난 참사 보도에 관한 지침(가이드라인) 같은 것이 있어서 2차 가해를 부르는 언급이나 틀(프레임) 짓기를 경계하고 있다. 인권과 관계 깊은 의료인, 법 집행 공무원, 사회복지 종사자 등이 따라야 할 행동강령 같은 것들도 많다. 이런 것들은 분명 필요하고 유용하다. 그런데 왜 제대로 작동하지 않거나 역부족일까? 오늘도 우리는 피해자의 인권이 가볍게 무시되는 보도들을 넘치도록 접하고 있다. 피해자의 인권보다 더 중요하게 생각되는 가치가 대세이기 때문이 아닐까?
매뉴얼이란 '상품 사용설명서' 같은 거다. 기계를 켜고 끄는 법, 오작동에 대처하는 법 등이 담겨 있다. 그런데 인권 문제는 사람과 사람 사이의 관계에 관한 것이다. 사람 사이를 기계나 물건 다루는 식의 매뉴얼로 만든다는 것은 아주

제한적일 수밖에 없다. 담을 수 있는 것보다 담지 못하는 것이 더 많다. 모든 경우의 수를 제시하기란 불가능하다. 그래서 우리는 어떤 원칙을 정하고 발생할 수 있는 온갖 경우를 그 원칙에 비추어 따져본다.

대표적인 원칙들은 보통 법으로 규범화된다. 하지만 규범을 지켰다 또는 어겼다, 둘 중 하나로 판별할 수 없는 문제들이 인간사에는 넘쳐난다. 설령 법정에서는 증거불충분으로 무혐의 판단을 받았다 해도 타자의 인권을 침해한 일이 사라지는 것은 아니다. 법정에서 따질 것이 아니라 정치적으로 해결해야 하고, 법으로는 못 가려도 정치적으로는 얼마든지 가릴 수 있는 일들이 더 많다. 둘 중 하나를 고르는 식이 아니라 제3의 안을 내놓을 수도 있고, 개인에게 물을 책임과 사회적으로 공유할 책임을 같이 볼 수도 있다. 이런 일에는 간단한 매뉴얼이 아니라 복잡한 과정이 요구된다. 이리저리 따져보고 판단하고 결정하는 과정이 필요하고, 이런 과정을 이끄는 나침반이 바로 가치다.

'우리가 지금 취하려는 조치가 이 일에 연루된 사람들 가운데 가장 취약한 사람의 얼굴을 향해 떳떳하게 주장할 수 있는 것일까?'

'이 문제가 나하고는 무관한 일일까?'

이런 질문이 가치를 추구하는 활동이다. 지금은 확실하게 수용된 어떤 기준들은 이렇게 묻고 답하는 과정을 거쳐 만들어진 것이다. 처음부터 확실한 지침 같은 게 가능하지는 않았다. 새로운 질문 던지기, 새로운 질문에 대한 응답과 재응답, 또 다른 질문을 부르는 초대, 인권의 가치들은 이런 과정들에 매개가 된다.

　새로운 질문을 던지는 일은 결코 쉽지 않다. 질문에 대한 응답을 받는 것도 순탄치 않다. 어느 성폭력 피해자의 폭로는 '되도 않을 소리'로 치부되거나 '조직의 대혼란과 질서의 붕괴를 가져올 위험'으로 지목되기도 한다. 노동 재해, 학교폭력, 가부장의 폭력, 어떤 이름이 붙은 사건에서건 피해자는 가장 먼저 침묵을 강요당한다. 기득권층은 책임지는 걸 달가워하지 않기에 특정 요구를 인권으로 호락호락 인정하려 하지 않는다. 그럴 때 뭔가를 요구하고 주장하는 쪽은 그것이 인간다움을 구성하는 데 필수적이라는 가치에 호소해 '아직 있지 않은' 권리를 주장한다. 지금 있는 법과 제도에 기대는 것이 아니라 아직 있지 않은 권리를 주장하려면 자신들이 소중하게 여기는 가치에 기댈 수밖에 없다.

왜 자격을 증명해야 하나요?

　"여기 인권이라고 분명 써 있는데, 왜 제 현실은 시궁창이죠? 이거 그냥 말뿐인 거잖아요."

　현실이 그렇지가 않다, 현실적이지 못하다, 인권의 원칙은 맞지만 현실적으로 불가능하다…. 이런 식으로 현재의 사실과 인권의 가치는 대립적인 것으로 보인다. 그럼 현실은 인권의 허무함과 불가능성을 확인시켜주는 데서 그치는 것일까?

특정 인권을 주창하는 것은 인권이라 부르고 싶은 것의 존재가 '사실상' 있거나 인정받아서가 아니라 그것이 실재하도록 하기 위해서 해야 할 일들을 촉구하는 행위다. 사실이라 할 것들, 존재하는 현실은 추구해야 할 가치와 동떨어진 것이 아니라 서로 얽혀 있다. 흑인 시민이 투표도 하지 못하고 인종별로 분리된 공공시설에서 모멸감을 느끼는 것이 '사실'이고 '현실'일 때, 모든 사람이 평등하게 정치에 참여할 권리와 공공시설에 동등하게 접근할 권리를 추구할 수밖에 없다. 특정 장애를 가진 시민이 대중교통을 이용하지 못하는 것이 현실일 때, 장애 여부와 상관없이 자유롭게 이동할 권리를 추구할 수밖에 없다. 특정 성별로 분류된다는 이유로 고정된 성 역할을 강요당하고 특정 영역에도 당연히 접근이 불가하다고 여겨지는 것이 현실일 때, 성차별로부터 자유로운 관계와 평등한 기회를 추구할 수밖에 없다.

어떤 인권이 결여되어 있고 무시되고 있다는 사실은 그저 사실로서 머물러 있는 게 아니다. 그것과 반대되는 가치를 추구하는 변화를 위한 행동을 부른다. 법제도 속에 확고하게 착지한 인권도 있고, 달성할 만한 가치가 있는 목표로서의 인권도 있다. 지금의 사실에만 집착하면 가능한 인권을 밀어버리는 효과가 발생한다.

인권의 주장에 힘을 불어넣는다는 것은 그것이 없거나 무시당한다는 걸 체념적으로 수긍하는 게 아니다. 그 인권을 지지하고 촉진해야 할 개인적, 사회적 책임을 받아들이는 것이다. 인권의 주장은 인권의 가치에 반하는 현실을 바꾸도록 요청하는 것이지, 그것의 실현 가능성을 먼저 증명하는 데 있지 않다.

이미 권리를 누리는 사람들은 자기 자격을 증명할 필요가 없는데 왜 유독 빼앗기고 박탈된 사람들은 자기에게 권리를 누릴 자격이 있음을 증명해야 하는가? 백인이나 남성이나 비장애인에게는 사람임을 증명할 것을 요구하지 않는데 왜 흑인도 사람임을, 여성도 사람임을, 장애인도 사람임을 증명해야 하는가? 자기들 외의 사람들에게 '덜-인간(less human)' 내지 열등한 인간이라는 딱지를 붙이곤 하는 기득권자들은 흔히 권리를 오남용하고 있는데 왜 유독 사회적 약자라고 꼬리표가 붙은 사람들은 '그들에게 권리를 주면 위험하다'라는 의심을 받는가?

가치로의 초대

인간이 인간이라는 이유만으로 인권을 갖는다고 할 때, 이때 말하는 인간도 어떤 가치에 따른 판단이다. 특정한 속성이나 능력을 보고 규정한 인간이 아니라 어떤 가치를 담은 인간이다. 사실 '인간'이란 현실 속에 '있지 않은' 어떤 것이다. 우리가 아는 현실 속 인간은 구체적이고 고유한 저마다로 나타난다.

인권에서 가정한 자유로운 인간은 오로지 자신의 이익과 복지만을 추구하는 존재가 아니라 그것과는 다른 목적이나 우선순위도 가질 수 있는 존재다. 그중에는 타인의 존엄성에 대한 존중이 있다. 자기만의 것을 챙기고 지키려는 권리 담론에 그치는 것이 아니라 존엄성, 상호 인정, 책임, 타인과의 유대, 연대라는 차원도 포괄하는 것이 인권 담론이다.

인권은 단순명료하다. 인간의 존엄성에 예외는 없다는 것이다. '어떤 사람이 무엇이라는 이유만으로 존재를 부정당하는 일은 받아들일 수 없다', 그렇게 예외와 배제에 맞선 투쟁이 인권을 창조해왔다.

동시에 인권은 불확정적이고 모호하다. 아무리 윤리의식이 높아도 구체적인 성원권, 기회와 자원의 할당 등에 타자를 포함시키기는 쉽지 않다. 내 밥을 덜어서 나눠야 하는 책임이 따르기 때문이다. 타인의 권리에 대한 책임을 법제도와 정책, 태도와 감수성으로 번역하는 일은 어렵다. 이런 번역을 돕는 참고 사전은 인간에게 보편적인 경험인 '고통'에 대한 감각이다.

억눌림, 모욕, 무시, 박탈에 대한 감각…. 억눌려 있으나 "허리를 펴고 자유를 찾으려"(마틴 루터 킹)한 사람들의 선언과 실천을 모아 인권 담론은 오늘날의 모습을 갖추게 되었다. 인권은 인간이 서로에게 야수가 된 쓰라린 경험을 반성하면서 만든 '경험적' 개념이다.

인권을 흔히 '이상적'이라 한다. 그런데 이상적이라고 해서 현실과 관계없다는 말은 아니다. 비인간화에 맞선 인간화에 대한 염원은 인간이 서로를 최선으로 대할 수 있는 가장 좋은 상태를 꿈꿨다. 현실은 이상을 자극하고 이상은 현실을 자극해 인간화의 길을 닦아왔다. 인권은 이 길 위에서 다양한 신념 체계를 절충하고 통합하고 종합해왔다. 내가 싫어하는 신념도, 내가 꺼리는 타자성도 인권의 지향에 어느 정도 포함되어 있다. 이질적이고 다양한 가치들에 대한 검토와 판단, 새로운 궁리가 지금과는 다른 현실을 만들 기반이 될 것이다.

이 책의 구성

이 책은 그냥 인권에 대해서가 아니라 인권이 추구하는 가치를 알아보자고 제안한다. 이 차이가 뭘까? 무슨 무슨 이름이 붙은 권리가 있고, 그걸 챙기려면 어떤 절차와 자격이 필요하다는 식으로 권리를 해석하고 이해시키는 이야기는 많다. 그것과는 다른 접근을 하고 싶다. 어떤 목적으로, 어떤 가치를 추구하기에 우리는 권리를 찾게 되는 걸까? 요즘 세상에는 권리라는 말이 넘쳐난다. 좋은 점도 있지만 걱정되는 점도 많다. 하고 싶고 갖고 싶은 것에 죄다 '권'을 붙이는 현상이 그렇다. 이런 현상이 권리라는 말을 알고 써먹을 줄 아는 쪽의 사정이라면, 정작 인권 문제라 할 것을 안고 있는 사람들은 '감히' 권리라는 말을 꺼내지 못하고 눈치를 본다. '그것도 인권이냐?' 하는 비웃음뿐 아니라 보복을 두려워해야 하는 분위기가 팽배하다. 권리는 고조되고 인권에는 냉담하다. 이런 경향은 '무엇'에 해당하는 표지들로 '어떠어떠한 사람'이냐가 결정되는 문제와 맞닿아 있다.

인권은 권리이지만, 모든 권리가 인권은 아니다. 그냥 권리라 할 것들과 인권은 출발점이 다르다. 그 출발점이 뭘까? 인권은 모든 사람의 존엄성에 대한 존중이라는 데서 시작한다. 우리의 탐색도 인권의 발판이 되는 존엄성의 가치를 알아보는 것으로 출발해보자(2장).

모두가 권리를 가졌다고 주장하며 자기편을 들어달라고 하면 그런 권리가 공존할 수 있을까? 내 권리가 타자와 무슨 관계에 있는지, 관계성과 상호성을 성찰하지 않는 권리가 우리 삶을 더 나은 것으로 만들 수 있을까? 권리 관계를 맞불 개념으로 이해하는 것과 호혜적인 상호의존성으로 이해하는 것은 뭐가 다를까? 이런 질문 속에서 권리의 성격에 대해 알아본다(3~4장).

가치는 흔히 추상적이고 막연하다 한다. 텅 빈 그릇 같아서 뭐든 담을 수 있다고 오해되기도 한다. 인권이 추구하는 대표적 가치인 자유, 평등, 연대가 그러하다. 그런데 이들 가치는 그저 텅 빈 그릇이 아니다. 모양이 비슷한 그릇이라도. 마실 물을 담는 쓰임새가 있고 오물을 담는 쓰임새가 있다. 사람들은 자유, 평등, 연대라는 그릇에 인간의 존엄성을 위해 꼭 담아야 할 것들을 담아왔다. 외형이 아니라 구체적으로 담긴 내용을 통해 자유, 평등, 연대의 가치를 알아보자(5~7장).

우리는 어떤 가치를 추구할 때 이리저리 헤매고 비틀거리며 나아간다. 방향성을 흐리고 엉뚱한 곳으로 이끄는 유혹들이 있기 마련이다. 그럴듯해 보여서 정의에 대한 요구로 헷갈리는 것들이 있다. 존엄성에 대한 존중에 명백히 반하지만 현실에선 센 목소리와 강한 영향력을 뿜어대는 그런 가치들도 있다. 반(反)인권적 가치라 할 것들을 살펴본다(8~9장).

인권은 인식과 법제도뿐만 아니라 인간의 감성과 같이 움직인다. 일상에서 무엇을 인권의 문제로 느끼고 어떻게 반응하느냐에 따라 사람과 제도의 운명이 좌우된다. 인권 감수성과 관련된 정서와 감정의 흐름에 대해 알아본다(10~11장).

인권의 가치는 저절로 공짜로 지켜지지 않는다. 인권에 대해 알려는 노력, 아는 만큼 타자의 인권에 존중을 표현하려는 태도, 개인적인 인식과 태도에 그치지 않고 법과 제도로 인권을 구축하려는 실천이 요구된다. 인권을 소중한 가치로 여기는 사람들이 같이 해야 할 책임에 대해 알아본다(12장).

'인권은 너무 어려워요!'

본격적인 얘기를 시작하기도 전에 이런 외침이 들려오는 듯하다. 그렇다. 무척 어렵다. 그러나 그 어려움을 헤치고 타자에 대해 알려 하고, 자신과 타자와의 관계가 놓인 구조에 질문을 던지고, 고난의 실천을 해온 이들의 숱한 노력이 오늘날 우리에게 지금의 인권을 선사했다. 선물 받은 인권을 잘 보듬고 보태서 또 선사할 책임이 우리에게 있다. 이 책이 그런 노정의 작은 동행이 되기를 바란다.

2장

존엄

—

평가가 아니라 존중이다

'난쟁이 멀리 던지기 대회'라는 게 있다. 말 그대로 '난쟁이'라 불리는 작은 사람을 들어 올려 매트리스 위로 패대기치는 대회다. 멀리 던질수록 점수가 높다. 관중은 사람 몸뚱어리가 던져질 때마다 환호성을 지르며 즐거워한다. 1995년 프랑스 대법원은 이 대회를 금지했다. 소인(小人)권리협회 등은 소인을 희화화하고 인격을 침해하는 놀이가 중단되었다고 환영했다. 그런데 정작 이 결정에 분노한 이가 있었다. 던져지는 당사자였던 바켄하임이었다. '난쟁이인 내가 달리 먹고살 길이 없으니 내가 선택한 일을 계속하게 해달라.' 그는 이렇게 주장하며 법원 결정을 뒤집으려고 유럽인권위원회와 유엔에 진정했다. 그러나 두 기관 모두 그의 요청을 기각했다. 인간의 존엄성을 지키기 위해서라는 이유였다.

『리스본행 야간열차』로 유명한 작가 페터 비에리는 여행 중에 이 경기를 목격하고 충격을 받았다. 그의 책『삶의 격』에 당시 상황이 담겨 있다. 비에리가 '거부감이 든다'고 하자 곁에 있던 관중이 반문했다고 한다, "누가 억지로 강요한 것도 아니고, 난쟁이도 돈을 받고 하는 거고, 일단 엄청 재미나지 않소?" 비에리는 '그의 존엄성을 무너뜨리는 일'이라고 되받는다. 그러자 그 관중은 묻는다.

"그 존엄성이란 게 대체 뭐요?"

이 관중의 물음대로 존엄성이란 게 대체 뭘까? 비에리 같은 사람은 왜 거부감을 느꼈을까? 당사자인 바켄하임이 괜찮다는데 법원은 왜 시합을 금지했을까? 이 질문에는 여러 입장이 상충한다. 당사자가 괜찮다는데 그의 선택의 자유를 침해한 것이 오히려 존엄성 침해다, 사람은 다소 품위가 떨어지더라도 대개 그런 방식으로 먹고산다, 소인에 대한 폄하와 차별에 내몰린 사람의 궁여지책을 진정한 선택이라 할 수는 없다, 존엄성은 개인이 포기하고 말고 할 수 있는 성질의 것이 아니다….

다시 묻게 된다. '존엄성이란 게 대체 뭘까?'가 아니라 질문을 바꿔서 말이다.

'어떤 존엄성을 추구하는가?' '어떻게 하면 존엄해질 수 있는가?'

존엄성을 정의한다고?

'존엄하다는 것은 이런 것이다'라고 명확하게 규정하려면 존엄성을 구성하는 본질적인 속성을 제시해야 한다. 무엇을 본질적인 속성으로 정하느냐를 둘러싸고 의견은 다양하다. 문제는 어떤 속성이 과연 모든 맥락에서 누구에게나 정당성이 있느냐 하는 점이다. 그래서 존엄성을 정의한다는 것 자체에 회의적인 입장이 많다. 정의하는 것이 불가능하다는 회의뿐 아니라 그런 정의의 부작용을 염려하는 입장도 있다. 그래서 오히려 과제를 바꾸는 것이 현명하다는 입장이 등장한다. 어떤 속성으로 존엄성을 정의(定義, definition)하는 게 아니라 정의(正義, justice)를 위해 존엄성을 만들어내는 편이 바람직하고 가능하다는 입장이다. 그 역사를 간략하게 살펴보면 존엄성이 무엇인지 그리고 존엄성에 대한 존중이 왜 인권의 토대가 되는 가치인지 이해할 수 있을 것이다.

특정한 속성으로 인간의 존엄성을 정의하려 한 역사는 길다. 신의 섭리, 우주 또는 자연의 이치, 신분, 이성이 대표적이다. 이것들의 공통점이 있다. 하나같이 인간을 만물의 중심에 두고 최고의 가치로 여기는 것, 한마디로 인간중심주의라는 점이다. 인간을 중히 여기는 게 무슨 문제냐고 여길지 모른다. 문제의 핵심은 위계적인 구분이다.

존엄성의 라틴어 어원인 dignitas는 '우러름을 요구하는 가치'를 뜻한다. 우주 만물 중에서 인간만이 우러를 만한 가치가 있는 존재라는 관념은 인간만이 신의 이미지대로 창조되었다는 종교관으로 정당화되었다. 신의 이미지를 본떴다는 속성 때문에 우주의 질서를 일종의 피라미드로 생각한 세계관에서 인간은 최상층에 속한다. 인간의 존엄성은 인간이 동식물보다 또는 돌덩이 같은 무생물보다 우위에 있다는 의미다. 인간을 우위에 두기 때문에 인간과 다른 존재의 공생을 사유할 수 없다.

그런데 피라미드 세계관은 인간과 다른 존재 사이의 질서에만 적용되는 것이 아니었다. 인간의 질서에도 그대로 반영되었다. 인간 세계의 피라미드에서는 타인과 비교해 존엄성이 배분되고 의미가 달라진다. 위계질서에서 더 높은 쪽, 다스리는 쪽에 해당하는 사람이 다스림을 받는 쪽보다 더 존엄하다. 이런 피라미드 질서에서는 각자 속한 위치를 알고 그에 따라 분수에 맞게 처신하는 인간이라야 존엄하다. 우리 식 속담으로 말하자면 '송충이는 솔잎을 먹어야 한다'는 것이고 요즘 말로 하면 '분수에 맞게 노력해야 한다'는 것이다.

인류 역사 대부분은 엄격한 신분제가 차지했으니 과거에 우러러볼 만한 가치의 토대는 타고난 신분이었다. 신분은 위계적이고 차별적일 수밖에 없고 어느 신분에 속하느냐에 따라 귀함과 비천함이 나뉜다. 고결한 명예나 덕성처럼 갈고 닦아 성취하는 존엄함이 없는 것은 아니었지만 신분제 사회에서 노예가 아무리 노력해봤자 인격 없고 비정치적인 노예에게 덕이 있다고 하지는 않았을 것이다. 그러니 명예나 덕성이란 것도 결국 고귀한 신분을 토대로 한 것일 뿐이었다.

신의 이미지, 우주의 질서, 신분, 이런 속성을 토대로 한 존엄성의 정당화는 도전을 받는다. 근대시민혁명, 다른 말로 인권혁명이라고 하는 사건은 '모든 인간은 자유롭게 태어났다'는 모토를 내걸었다. 신분제 사회의 세계관에서 보면 거대한 농담, 터무니없는 생각이라 할 것이 두려운 진담이 되었다. 근대시민혁명은 표면상으로는 모든 인간의 가치의 평등, 평등한 존엄성을 내걸었다. 이때 존엄성을 정당화한 인간의 속성은 이성이었다. 이성은 이전 시대에 신이나 우주(자연)가 차지하던 자리를 대신했다. 존엄성의 요인을 인간 바깥에서 찾는 대신 인간 자신에게서 찾은 설명이었기에 이를 인본주의라고 불렀다.

'모든 사람은 자기 운명의 대장장이다.' '자기 자신의 조물주인 인간.' '자기 삶의 각본의 저자.' 근대 철학자들은 이런 말로 인간을 고무했다. 그들에 따르면 인간은 이성이 있기 때문에 옳고 그름을 판단할 줄 알고, 자기 삶의 목적을 정할 줄 아는 존재다. 또 스스로 정한 목적을 능동적으로 실천할 수 있는 자율적인 존재다. 이성적이고 합리적으로 행위할 능력을 지녔기에 존엄한 인간은 합리적이고 동의할 수 있는 방식으로 자기를 대우하라고 요구한다. 따라서 인간은 다른 어떤 목적을 위한 도구나 수단으로 이용당해서는 안 되며, 사회는 인간이라는 존재 자체를 '목적'으로 대우해야 한다.

일면 신분제 사회의 위계적이고 상대적인 존엄성 개념이 근대에 와서 평등하고 보편적으로 바뀐 듯 보인다. 문제는 이성이라는 것의 속성이었다. 이성 또한 앞 시대의 다른 속성들처럼 인간 사이의 위계와 차별을 정당화하는 요술을 휘둘렀다. 여성, 아동, 장애인, '야만인'으로 치부된 식민지 주민과 노예, 비백인 인종 등은 이성을 의심받았다. 여성과 아동은 이성이 아예 없지는 않으나 남성에 비해 모자라거나 성숙하지 못한 '덜-인간' 취급을 받았다. 장애인은 격리, 구금되었다. 비이성적인 존재로 간주된 사람들과 그들이 사는 땅은 이성의 빛을 밝힌다는 침략과 점령으로 얼룩졌다.

그리고 이성의 종착지는 두 차례 세계대전과 인간성에 대한 극단적인 도발이었다. 과연 이성 같은 특수한 속성으로 인간의 존엄성을 정당화하는 것이 정의로운 일인가? 그렇다면 누구의 입장에서 정의로운가? 이런 질문이 제기될 수밖에 없었다. 이 질문은 1948년 〈세계인권선언〉을 기초하는 과정에서 가장 큰 논쟁 거리가 되었다. 〈세계인권선언〉을 만드는 과정에서 불거진 논쟁의 결과부터 간단히 정리하면 이렇다.

'존엄성이 무엇인지 정의하지 말자. 정의하는 일에 연연하지 말되 인간이 서로 존엄하게 대우하고 존엄하게 표현해야 하는 마땅한 방식이 있다고 보고 그것을 실천하겠다고 약속하자. 정작 중요한 문제는 어떤 사회적 조건과 국제 질서 속에서 비로소 인간이 존엄해질 수 있는가 하는 것이다. 선언에 그 조건과 권리를 답으로 담아 제시하자.'

그렇게 해서 〈세계인권선언〉이 탄생했다.

우리가 인류 가족의 모든 구성원이 지닌 타고난 존엄성을 인
정하고, 그들에게 남과 똑같은 권리 그리고 빼앗길 수 없는
권리가 있다는 사실을 인정할 때, 자유롭고 정의롭고 평화적
인 세상의 토대가 마련될 것이다.

-〈세계인권선언〉 전문

왜 이런 결론을 도출했을까? 〈세계인권선언〉은 존엄성
을 모든 인권의 토대로 선포한다. 아이러니하게도 참혹한
전쟁과 인간성을 말살한 행위의 결과 〈세계인권선언〉이 탄
생했다. 무너진 건물을 새로 세우는 일보다 전후 세계를 이
끌 핵심 가치를 만드는 일이 더 시급했다. 가치를 부여잡지
않고서는 더 심각한 인류의 파괴와 인류의 절멸이 언제 닥
칠지 모를 일이었다. 그런 절박함으로 유엔을 설립했고, 가
장 서둘러 〈세계인권선언〉을 만드는 일을 시작했다. 인류
가 서로 어떻게 대해야 하는지 보편적인 준칙을 정하는 과
업이었다. 정치, 경제, 역사, 종교, 문화 등이 죄다 다른 사회
의 구성원들이 합의를 이루기란 결코 쉽지 않았다. 난제가
차고 넘쳤다. 그중 가장 힘든 질문은 역시 '인간이 도대체
무슨 이유로 인권을 갖느냐'는 것이었다.
신의 이름을 부르자니 서로 찾는 신의 이름이 다르고 신
을 믿지 않는 사람두 많다 특정 철학의 귀위에 기대자니 서

구 사회의 가치에 치우친다는 비판을 피할 수가 없다. 이성을 인권의 토대로 삼자니 식민지와 노예제를 강요받았던 쪽의 경험이 쓰라렸다. 이런 연유로 앞 시대에 인간 존엄성을 정당화했던 신, 자연, 이성, 어떤 것도 공통의 토대로 삼을 수 없었다.

조물주의 형상대로 창조되었으니까, 만물의 영장이니까, 이성을 가졌으니까…, 〈세계인권선언〉을 기초한 이들은 이런 식의 설명을 모두 제쳐두기로 했다. 인간이 아닌 어떤 것에서 권위를 빌려다가 인간의 존엄성을 정당화하는 대신 인간끼리 약속을 맺으면 충분하다고 봤다. 사람이라는 이유만으로 존엄하다고, 인간 자체의 존엄성을 당연한 것으로 전제했다.

그렇다고 각 사회마다 가진 종교, 철학, 사상의 풍성한 뿌리를 무시하자는 이야기는 아니었다. 아무리 다르더라도 어느 사회 어느 시대에나 인간을 귀히 여기고 인간성을 존중하는 그 무엇을 품고 있다고 보았다. 특정 사회의 것을 선택하거나 배척하는 대신 아무리 다르더라도 포개지는 공통점이 있다고 봤다. 따라서 인간 존엄성을 정당화하는 근거가 모자란 게 아니라 너무 많다고 해석했다. 인권을 모르던 시대와 사회에도 우리에게 '인내천'이란 인간 존엄 사상이 있었듯 말이다. 그러니 인간의 어떤 본질이나 본성을 가지고 왈가왈부하지 말고 서로를 존엄하게 대하자는 '실천의 약속'이면 충분하다고 봤다.

그래서 선언에는 인간 존엄성이 무엇이라는 정의는 나와 있지 않다. 〈세계인권선언〉은 인간의 존엄성을 인권의 토대로 삼자고 '인간끼리' 인정한 것이고, '당신도 사람, 나도 사람, 그러니 우리 서로를 사람으로 대하자'는 실천을 약속한 것이다. 존엄성을 인정한다는 것은 타인을 나와 같은 존엄한 존재로 인식한다는 것이고, 나 혼자만 그렇게 알고 있는 게 아니라 다른 누군가에게도 와닿도록 공개적으로 선언했으니 선언한 바대로 행동해야 하는 것이다.

모든 인간은 단지 인간이기 때문에 동등한 가치가 있고 존중받아야 하므로, 존엄성은 위계에 따른 상대적인 지위의 개념이 아니다. 존엄성은 모든 인간이 근원적으로 평등하다는 것을 인정하고서 모든 인간이 보편적으로 가진 지위다. 존엄성을 상대적 가치가 아니라 보편적 가치로 삼았다는 것은 존엄성은 경제적, 정치적 이익의 수단으로 삼아서도 안 되고 다른 무엇과 거래해서도 안 되는 비타협적인 가치라는 말이다.

의존의 존엄성

이성이라는 특수한 속성을 근거로 인간의 존엄성을 정당화한 것이 아님에도 〈세계인권선언〉 1조의 "사람은 이성과 양심을 부여받았으며"라는 구절은 여전히 혼란스럽다. 그래서 많은 질문과 논란이 현재진행형이다. 우리도 자연스레 질문을 끄집어낼 수 있다. 이성이나 자율성이 모자라거나 없다고 보이는 사람은 존엄성의 대상에서 배제해도 될까? 그런 상태인 사람에게는 권리보다는 보호와 대리가 더 필요하지 않을까? 이성과 양심을 저버리고 반인간적인 행위를 저지른 자에게도 여전히 존엄성을 인정해야 할까? 존엄성 또한 인간이 중심이라서 존엄성이 도리어 인간 이외의 존재에 가하는 폭력을 정당화하지는 않을까?…

여기서 이런 난제를 하나하나 깊이 다루기는 어려우므로 간략하게 입장을 제시하려고 한다. "타자를 수단으로서만이 아니라 목적으로 대하라." 칸트의 이 말은 존엄성을 옹호하는 대표적인 표현이다. 칸트는 자율성을 존엄성과 동의어로 쓰다시피 했다. 그러니까 자율성이 부족한 존재, 다른 말로 이성이 결핍된 존재는 그가 말하는 목적으로 대해야 할 인간에서 배제되는 것이다. 칸트 말고도 자율성을 존엄성과 동일시하는 사람이 많다.

인권은 어떤 속성이나 자격, 능력으로 갖는 권리가 아니다. 권리를 행사할 능력이 필요하지만, 이 능력을 개인의 역량으로만 볼 필요도 없다. 자율성이라는 것도 마찬가지다. 개인의 역량만이 아니라 지원과 조력으로 공유하는 역량이라고 볼 수 있다. 인간에게 어떤 본성과 속성이 있다는 데는 합의가 불가능하지만 인간이 관계를 맺고 살아가는 존재라는 점은 분명하다. 타자뿐 아니라 인간 외의 온갖 존재와 관계를 맺고 의존하는 것은 인간의 존재 자체이자 생존 방식이다. 의존은 수치가 아니다. 타인의 도움이 필요하다는 것만으로 존엄성이 손상되지는 않지만, 도움으로 맺게 되는 관계의 성격과 상황 때문에 존엄성을 해칠 수는 있다.

따라서 칸트가 말한 인간을 '나 홀로' 인간이 아닌 의존과 조력으로 더불어 살아가는 인간이라고 상정해보자. 그리고 수단이라는 말을 의존으로 바꿔 생각해보자. 그러면 이런 문장이 탄생한다. '타자를 이용하는 것이 아니라 타자와 서로 의존함으로써 서로를 목적으로 대우하며 살아가라.'

이런 관점에서 자율성의 의미를 좀 더 생각해보자. 앞서 난쟁이 던지기 대회 사례에서 난쟁이가 대회에 나가는 것이 자발적인 결정이라 해도 그 결정에서 비롯한 행위가 존엄성에 반할 수도 있다. 그래서 비에리는 존엄성이란 개인이 마음대로 할 수 있는 것 그 이상의 무엇이라는 입장을 취한다. 절박한 상황에 내몰린 난쟁이에게 선택지가 그것뿐이라면 그가 가진 자유는 다양한 선택지를 가진 사람의 자유와 같다고 볼 수 없다는 입장이다. 어쩔 수 없는 상황에 내몰리는 것 자체가 자유가 침해당한 것이며, 자유 없는 이의 선택은 선택으로서 의미를 잃었다. 그리고 이것은 난쟁이 개인의 차원을 넘어서 그가 존엄성을 내던지게끔 상황을 방치한 사회의 문제이기도 하다. 사회는 인간이 물질화, 수단화되어 굴욕을 당하지 않도록 법과 사회보장 등으로 보호해야 하기 때문이다.

존엄성은 각자 판단하고 행동하는 자율성에 최소한의

한계를 설정하는 기준이기도 하다. 존엄성을 지키기 위해, 그 구성원을 목적으로 대우하기 위해 사회가 정한 기준이 권리다. 사회는 구성원의 권리를 평등하게 보장하고, 다른 구성원들에게는 그를 권리가 동등한 존재로 대할 의무를 할당한다. 이로써 개개인의 자율적인 행동에 한계가 정해진다.

가령 나는 타인의 노동을 수단으로 살아가지만, 그 노동의 성격이나 수준이 그의 존엄성을 침해하는 정도여서는 안 된다. 나는 누가 싫고 누가 좋다고 판단할 수 있지만, 싫다는 이유로 누군가의 권리를 인정하지 않을 수는 없다. 나는 내가 좋다고 여기는 신념이나 신앙을 추구할 수는 있지만, 타인에게 이를 억지로 믿으라고 하거나 다른 종교를 신봉하는 사람을 처벌하라고 할 수는 없다. 나는 경제 발전을 원하지만, 이를 위해 위험하고 불리한 노동 조건을 특정인들에게만 감수하라고 우겨서는 안 된다.

자율성은 인간의 존엄성에서 아주 중요하다. 하지만 자율성만으로 존엄성을 이루지는 못한다. 흔히 자율성은 '합리적 행위 능력'으로 해석된다. 그런데 합리적으로 행위할 능력이 떨어지거나 없는 사람, 그런 상황도 얼마든 있다. 늙고 병들기도 하고, 설령 건강할 때라도 누군가에 대한 의존이 인간의 삶에는 필수적이다. 언제 어떤 경우로 나에게 어떤 변화가 일어나든, 나를 인간으로서 존엄하게 대해달라는 요청이 존엄성이다.

합리적인 행위 능력은 개별적인 능력에만 해당하는 것이 아니라 타인의 지원과 연대로 도모할 수도 있다. 모든 개입이 자율성을 해치는 것이 아니라 부당한 개입이 그러한 것이고, 어떤 개입이 정당한지 판단하는 원칙이 존엄성 존중이다.

가령 중증 치매라 자기 이름조차 기억하지 못하는 사람이 있다. 그에게는 합리적 행위 능력이 없다고 인정할 수밖에 없다. 설령 그렇다 해도 그를 이름 대신 번호로 부른다거나, 그의 용변을 남들 앞에서 커튼도 치지 않고 공개적으로 처리해도 되는 것은 아니다. 하물며 "또 쌌네, 또 쌌어. 아주 징그러워 죽겠어"라는 식의 말을 남발하며 모욕 주는 건 어떤가? 상대가 말을 이해하지 못한다고 해서 모욕이 성립되지 않는 것은 아니다.

인간 공통의 지위로서의 존엄성

자율성 결여의 문제를 존엄의 의존성, 지원과 연대로 함께 도모하는 자율성으로 생각해볼 수 있다고 했다. 이와 달리 아동성폭력 가해자 같은 흉악범죄를 저지른 자에게 존엄성을 떠올리기는 힘들다. 그래서 이런 범죄가 일어날 때마다 인간이라는 이유만으로 존엄한 그런 것은 없고 존엄성은 인간의 행위에서 드러나는 것일 뿐이라는 주장이 최고조에 오르곤 한다. '흉악한 범죄자에게도 존엄성이 있냐?'

'타인의 존엄성을 살인이나 강간 등으로 끔찍하게 유린한 자에게 무슨 존엄성이 있냐?' '사람 같지 않은 행위를 한 자에게 존엄성은 가당치 않다.' 여론은 사형 같은 강력 처벌을 지지하곤 한다.

여전히 존엄성의 가치를 인정하고 존중을 계속해야 한다는 쪽에서는 이런 주장을 펼친다. 사회는 그런 범죄자를 그가 저지른 행위에 따라 강제력 있는 법에 따라 심판한다. 재판으로 형을 정하고 집행한다. 그는 감옥에 갇히고 특정한 권리를 제한당할 수 있다. 존엄성을 존중한다는 것은 형벌의 면제를 뜻하지 않는다. 사회는 교화를 통해 그가 잊어버린 인간성을 회복하도록 도모한다. 형벌이 범죄자와 수형자의 존엄성을 존중한다는 것은 그가 인간임을 계속 확인받도록 하기 위함이다.

존엄성은 동전을 땅에 묻어두고 거기서 열매가 열리기를 기다리는 어리석은 행위를 우리에게 요구하는 것이 아니다. 그저 만인의 존엄성을 선언한다고 해서 누구나 자동으로 존엄하게 처신하는 게 아니다. 심고 물 주고 가꾸는 적극적인 행위를 해야만 존엄성에 열매가 맺힐 수 있다. 우리가 범죄자를 동전으로 취급하느냐 변화의 가능성을 가진 씨앗으로 대우하느냐, 이것은 우리가 선택할 가치의 문제다. 범죄자가 고통받도록 우리가 비인도적이고 잔인한 처벌 방식을 택하는 것은 우리의 존엄성이나 그의 존엄성에 아무런 도움도 되지 못한다. 법과 형벌의 그물 속에 있는 그는 이미 무력하다. 반면 그 사람의 범죄를 가능케 한 우리 사회의 발화 요소들은 그대로다. 그를 처벌하는 한편으로 발화 요소들을 제압하려면 자원이 많이 드는 노력을 중장기적으로 끈질기게 해야 한다. 범죄로 훼손된 무언가를 바로잡으려면 우리의 지속적인 책임감과 충실함이 필요하다.

우리가 바로잡아야 할 것 중 하나가 존엄성에 대한 망각이다. 죄를 저지른 자의 존엄성은 그 범죄로 상실된 것을 어떠한 방식으로 바로잡도록 영향을 주는 데 있다. 교정교화의 목표는 달성하기 쉽지 않다. 현실적으로는 실패할 가능성이 더 크다. 그러나 지켜야 할 가치를 지키는 것은 실패나 성공의 확률 문제가 아니다. 페터 비에리의 말을 빌리면 "범죄자의 존엄성은 우리가 어떤 가치 속에서 그를 대하느냐 하는 문제다."

가해자의 존엄성은 중요하고 피해자의 존엄성은 중요하지 않냐는 반론도 크다. 피해자의 존엄성은 물론 아주 중요하다. 그러나 가해자에 대한 가혹함이 피해자의 존엄성을 지켜주지는 않는다. 두 존엄성은 대립 관계가 아니다. 사회가 그들을 돌봐야 하는 방식이 매우 다른 것이다. 피해자에 대한 보상, 치료, 재판 조력, 생계 지원 등 피해자를 지속적으로 지지하기 위해 사회가 해야 할 일은 많다. 그런데 이런 것들은 시간과 돈이 많이 든다는 이유로 소홀히 하면서 가해자에 대한 센 응징 한 방으로 대신하려는 것이 문제다. 피해자가 회복하도록 충분한 노력을 기울이는 것과 범죄자에 대한 잔인한 보복은 상관이 없다.

생각하기도 싫은 흉악범죄자의 존엄성은 그의 것만이 아니라 인류 전체가 공유하는 것이기도 하기 때문이다. 존엄성은 인간의 공통된 지위다. 다른 누군가의 존엄성이 훼손된다면 공통된 지위로서 존엄성이 훼손되는 것이고, 그것은 곧 나의 존엄성도 그렇다는 것이다.

이럴 때 가슴 아프게 떠오르는 대표적인 사건이 있다. 지적장애인을 십수 년간 노예처럼 부리고 학대한 사건이다. 가해자는 거둬준 것만 해도 어디냐고, 자기가 이 장애인을 먹여주고 재워줬다고 항변했다. 경찰 등 공권력이나 마을 주민들도 그의 말에 동조했다. 그런 환경에서 장기간 학대가 가능했다. 내가 가본 적도 없는 곳에서 전혀 모르는 이에게 벌어진 일이지만, 이 사건을 접하고 대개의 사람들은 인간의 존엄성이 훼손되었다고 생각했다. 학대받은 지적장애인의 존엄성만이 아니라 그가 속한 사회의 구성원들의 존엄성 문제이기도 하다. 대한민국 헌법은 특수계급 창설을 금지하고 있다. 귀족 계급 같은 걸 만들 수 없고 당연히 노예 계급도 만들어질 수 없다. 그런데 지적장애가 있다는 이유로 우리 사회의 구성원이 노예 취급을 받았다. 이런 경우에 우리가 우리의 존엄성과 성원으로서의 권리를 지켰다고 할 수 있을까? 공통된 지위로서의 존엄성과 권리의 토대가 흔들린 것이 아닐까?

존엄하기 위하여

김희애 배우가 젊은 시절 출연한 〈아들과 딸〉이라는 드라마가 있다. 쌍둥이 남매 중 구박덩어리 딸 역할이었다. 아들 이름은 '귀남'인데 그녀의 이름은 '후남'이었다. 귀한 아들이라 귀남이고, 딸은 그런 귀한 아들 앞길 막지 말고 뒤에만 가라고 후남이다. 귀남이에게 붙은 '귀'라는 말은 그런 식으로 구별되고 떠받들어진 시대의 상징과도 같다. 그리고 시대가 바뀌었어도 뿌리 깊게 남아 있는 위계적이고 차별적인 존엄성의 의미를 보여준다.

이 드라마는 1992년에 방영되었다. 그리고 2016년에 출간되어 화제가 된 소설 『82년생 김지영』이 있다. 이런 장면을 한번 상상해보자. 82년생 김지영이 열 살이던 무렵 마침 안방 TV에 이 드라마가 나온다. 온 식구가 둘러앉아 장안의 화제인 드라마를 같이 본다. 어떤 대화를 나누었을까? 김지영의 오빠나 남동생이 있었다면 푸념을 할 것이다. "왜 나는 귀남이처럼 안 대해줘?" 아버지는 "옛날엔 다들 그랬지. 요즘 정말 세상 좋아졌다니까"라고 하고, 어머니는 무슨 옛 기억이 떠올랐는지 아무 말 없이 표정이 어둡다. 김지영은 "딸한테 왜 저래? 정말 저래도 되는 거야?"라고 말했을 것만 같다.

김지영의 가족은 저녁 식사를 하며 드라마뿐 아니라 예능 프로그램도 같이 봤을지도 모른다. 당시의 단골 웃음 메뉴는 '뚱뚱하다'고 간주되는 여성 연예인에게 비만을 조롱하는 미션을 던진 후에 그걸 보며 웃는 것이었고, 장안의 화제였던 인기 코너는 '몰래 카메라'였다. 가족과 함께 밥을 먹다가 김지영은 숟가락을 내려놓으며 절대로 살찌면 안 되겠다고 생각했을지 모른다. '몰래 카메라'의 시선이 된 온 가족은 피사체가 된 사람의 곤혹스러움을 박장대소하며 지켜봤을지도 모른다.

귀남에게 붙은 '귀(貴)'에 해당하는 말이 앞에서 본 라틴어 dignitas, 즉 '우러름을 요구하는 가치'다. 이 말은 오늘날 decent로 대체되었다. 그 뜻 역시 '구별되는 지위와 영광'에서 '만인의 평등한 존엄성'을 가리키는 것으로 바뀌었다. decent가 들어간 말의 대표적인 사례가 존엄한 일자리(decent work)다. 국제노동기구(ILO)는 존엄한 일이란 '자유롭고, 안전하며, 평등하고, 인간의 존엄성이 존중되는 환경 속에서 남녀에게 제공되는 품위 있고 생산적인 일'이라고 말한다.

김지영이 30대 후반이 된 2019년 현재, 한국 사회의 전체 노동자 중 비정규직이 차지하는 규모가 커지고 있고, 노동을 해도 노동자로 인정받지 못하는 특수고용노동자 또한 50여만 명이나 된다. 비정규 노동자는 임시 고용으로 항상적인 고용 불안에 시달리고, 갖은 차별을 받으며 노동법상 무권리 상태, 즉 노동 3권을 행사할 수 없는 상태에 내던져진다. 존엄한 노동과는 거리가 멀다. 2005년 한국 국가인권위원회는 비정규직 관련 법률안에 대해 "비정규 근로자의 노동 인권은 그 보호하고자 하는 근본 가치가 훼손되고 형해화되는 위기 상황에 처해 있다"고 표현한 바 있다. 그리고 ILO에서는 새로 등장한 고용 형태들이 존엄한 노동에 부합하지 않으며 노동법의 허점을 만들고 방치하고 있다고 지적했다.

존엄성이 평등하게 존중받는다는 뜻이라면 한국 사회에서 여성은 자신의 존엄성을 인정받지 못하고 있다. 여성 노동자 중 절반 이상이 비정규직이고 최저임금도 받지 못하는 상황이다. 2016년 총선으로 선출된 20대 국회의원 중 여성 국회의원 비율은 17퍼센트에 불과하다. 성폭력과 불법 촬영 등이 일상의 폭력인데, 불법 촬영 영상을 유통하는 사이트와 스토킹을 처벌하는 법 그리고 포괄적인 차별금지법 등은 제정되지 못한 채 미적거리고 있다.

이렇게 일상의 상호작용(성차별 미디어, 성역할과 외모에 대한 무시와 경멸 등)과 구조적 억압(법적 차별, 노동 착취, 정치적 대표 불능 등)이 따로 또 같이 존엄성을 해치고 있다. 82년생 김지영과 동시대를 살아가는 사람들의 상호작용 방식과 불안정한 노동 구조는 거꾸로 우리가 해야 할 일을 알려주는 것이기도 하다. '무슨 속성 때문에 누가 더 귀하고 누구는 더 못하다'는 식의 구별이 아니라, 존엄하기 위해서 어떤 관계 맺기를 해야 하는지 그리고 어떤 사회적 조건을 요구해야 하는지를 보여주는 것이다. 이것은 붕 뜬 이론적 상황이 아니라 '김지영' 같은 구체적인 사람이 당면한 삶에서 구해야 한다.

평가가 아니라 존중이다

존엄성을 정의하는 것이 문제가 아니라 존엄성을 세우고 지켜나갈 조건과 질서가 중요하다고 했다. 인간성을 유린하는 현실의 사태에 직면해서 존엄성은 우리에게 절대적으로 필요하다. 무슨 일이 있어도 단지 인간이라는 이유만으로 마땅히 대우해야만 하는 어떤 방식이 있어야만 한다. 뭐라 콕 집어 말하지는 못하지만 서로 다 알고 있는 것을 가리킬 때 쓰는 '거시기' 같은 말이라 해도 좋다. 존엄성의 가치는 저울로 잴 수 없고 계산기로 계산할 수도 없다. 우리는 그 가치를 측정할 수 없으면서도 존엄성의 의미를 주고받는다.

존엄성에 대한 존중은 경쟁에서 얻는 트로피가 아니다. 경주에서 이기거나 잘했다고 받는 상이 아니다. 존엄성은 '평가'가 아니라 '인정'을 요구한다. 반대로 존중하자는 말은 모든 경쟁을 죄다 없애자는 말이 아니다. 존중의 반대말은 경쟁이 아니라 존중하지 않는 것이다. 경쟁 없는 사회는 없지만 경쟁의 영역과 한계를 정할 수는 있다. 경쟁에서 밀려난 사람도 인간다운 삶을 영위할 수 있도록 해야 한다. 뛰어난 사람들이 상을 받을 수는 있지만, 그 상이라는 것이 '기본권'은 아니다. 기본권은 상이 아니라 누구에게나 주어지는 기본 점수 같은 것이다. 존중은 기능이나 능력에 대한 것이 아니다. 기능이나 능력을 비교해서 등급을 매기는 것이 평가라면, 존엄성은 인간이라는 사실만으로 받을 자격이 있는 존중이다. 우리는 서로를 인간이라는 이유만으로 높이 평가한다고 말하지 않는다. 그저 인간이라는 이유만으로 존중한다고 말한다.

　밀려나거나 낙오된 사람들을 처벌하자며 기본권 박탈을 거론하는 것은 말이 되지 않는다. 경쟁에서 밀렸다고 해서 화장실에서 밥을 먹어야 하거나, 다쳐도 산재 처리를 하지 못하거나, 중간 착취와 부당 해고에 속수무책으로 당하게 한다는 건 말이 안 된다. 존중은 '표현'하는 행위다. 이런 식의 정책과 법을 주창하는 이들에게 표를 주거나 정책과 법이 시행되도록 가만히 내버려두는 것은 존엄성 말살에 동조하는 것이나 다를 바 없다.

　위계 속의 높은 지위를 떠받드는 것은 옛날 개념이고 오늘날 인간의 존엄성은 모든 인간의 평등한 가치를 존중하는 것이라고 했다. 사람은 동등한 존엄성을 그 무엇과 상관없이 갖는다. 국적, 성별, 학벌, 뭐든 상관이 없다. 존중은 어떤 범주로 사람을 집단화해 판단하지 않는다. 모든 사람을 개별자로 대우하고 인정한다, 고유한 존재로서 대한다는 의미다. 존엄성을 인정하기 위해 꼭 형이상학적인 세계관을 가질 필요도 없다. 특정 철학가의 이론을 추종할 필요도 없다. 존엄성을 이해한다는 것은 내가 그에 동의하고 그에 걸맞은 행동으로 표현한다는 뜻이다.

일상에서 부딪히는 사람도 사건도 무궁무진하다. 그럴 때 직관적인 사고나 즉각적인 감각에 의한 경험으로 그치지 말고, 존엄성에 대한 존중이란 각도에서 다시-보기, 다시-생각하기, 달리-표현하기를 통해 새로운 경험을 만드는 것이 중요하다. 존중은 지켰다 안 지켰다 하는 '준수' 여부로 판단해서는 안 된다. 이렇게 해라 저렇게 해라 하는 매뉴얼을 수동적으로 따랐느냐에 달려 있지도 않다. 인간을 존중받을 만한 존재로서 인정하고 표현하는 의무는 적극적이고 창의적이다. 존엄성은 고유한 개별자로서 살아가는 사람들이 현실에서 받는 도전에 맞설 수 있는 삶의 나침반이다. 방향성이 맞는지 그른지를 헤아리며 나아가는 것이지, 오로지 한 길만이 있다고 할 수 없다.

중요한 건 존엄성을 어떻게 생각하고 수용하느냐에 따라 권리의 주체와 내용이 달라질 뿐 아니라 의무와 책임에 대한 태도도 달라진다는 점이다.

스스로 생각해서 행동의 원칙을 마련하지 않고 그냥 해야 한다고 하니까 따르는 것, 이익이 줄거나 불편하다는 이유로 인권 존중을 거부하는 것, 내 편에 속하는 사람들에게는 마땅한 도리이고 의무라고 여기지만 다른 편 사람들에게는 전혀 의무라고 생각하지 않는 것….

이런 태도들은 인간의 존엄성에서 비롯한 보편적인 의

무에 충실한 것과는 다르다. 존엄성은 자기의 권리만이 아니라 인간 사회 성원으로서 보편적인 의무와도 관련이 된다. 이것이 우리가 존엄성에 대해 알려 하고 생각해야 할 이유다.

3장

권리

———

권리는 관계 속에 존재한다

2007년 비정규직 노동자가 전체 노동자의 절반을 넘어섰다. 정부는 비정규직을 보호하겠다는 미명 아래 비정규직의 고용 기간을 2년으로 제한하는 것을 골자로 한 비정규직법을 제정했다. 그런데 이 법은 비정규직을 보호하기는커녕 7월 시행을 앞두고 비정규직 노동자의 대량 해고를 낳았다. 그해 여름, 이 법의 첫 희생자였던 어느 대형 마트 노동자들이 사측의 정리해고에 맞서 매장을 점거했다. 사측은 셔터를 내리고 용접까지 했다. 걱정한 가족들이 찾아와도 마트 안에 있는 노동자들을 만나지 못하게 했다. '제발 자르지 말라, 그 형편없는 임금에 온 식구 목숨이 달려 있다.' 대부분 여성이었던 노동자들은 고립된 매장 안에서 타전을 보냈다.

바로 그때 매장 밖에서 터져 나온 말이 있었다. "쇼핑할 권리도 인권"이라는 말이었다. 그리고 한쪽에서는 비정규직 노동자들이 자신들의 영업권을 침해했다며 마트에 입점한 상인들이 항의 시위를 벌였고, 여기에 자본가들까지 합세해 '자본가의 인권'을 주장했다.

인권 혹은 권리를 주장하는 말들은 이런 사회적인 이슈만이 아니다. 우리 일상에서도 이런 말들을 아주 흔히 들을 수 있다.

"내가 낸 세금으로 월급 받는 것들이 왜 이 모양이야? 이런 놈들은 민원 내서 혼내주는 게 최고야."

"여기 책임자 나오라고 해. 내 돈 주고 이 정도 서비스도 요구 못 해?"

"아, 더 이상 말 섞을 필요 없고, 법원에서 보자구!"

"이건 내 권리라니까! 당신이 뭔데 참견이야?"

이런 주장을 하는 악성 민원인, 블랙컨슈머(상품을 구매해 사용하다 피해를 입었다고 주장하며 거액의 보상을 요구하는 사람)가 많다. 맥락을 무시하고 권리란 말을 던지고 보는 경우도 많다. 일부의 행태에 그치는 것이려니 하고 지나칠 수 없는 문제다. 권리 담론의 오남용이 심할수록, 즉 '권리'라는 말이 잘못 쓰이고 함부로 쓰일수록 사회 구성원들이 권리라는 말에 진저리를 치고 거리를 두고 싶어 하기 때문이다.

반면 정작 권리가 절실한 사람들이 권리라는 말을 쓰면 이기주의라고 이들을 몰아붙인다. 또는 헌신성이나 이타주의가 필요한 일에 권리가 웬 말이냐는 반응을 보이는 경우도 많다. 가령 사회복지사, 간호사 등 돌봄 노동자가 자신들의 권리를 요구하면 '권리 소비자' 입장에서 불쾌해하거나 괘씸해하기까지 한다. 자신이 받는 용역과 서비스에 불만을 제기하는 건 당연하지만 상대방은 그래서는 안 된다고 여긴다. 권리를 요구하는 것을 불의를 바로잡기 위한 정당한 주장으로 인식하고 소통하는 것이 아니라, 의구심, 심지어 적대감을 불러일으키는 주장으로 여긴다.

정작 피해를 보는 것은 '권리 소비자'에 치이는 '권리 주체'다. 정말로 공무원의 비리와 불의를 고발하는 민원이 있을 것이다. 성차별, 인종차별을 비롯한 용납할 수 없는 태도로 응대한 직원에게 정당한 항의를 표시하는 소비자도 있을 것이다. 대화와 절차를 무시하는 자의적인 권력 집단에 대항하는 이들도 있을 것이다. 자기와 직접 관련이 없더라도 억압받는 편에 서야 한다는 책임감에 뛰어든 용기 있는 시민들도 있다. 이들이 주장하는 권리가 내용의 맥락과 상관없이 권리 소비자의 '권리 갑질'과 다름없이 받아들여진다면 인권의 사유와 실천을 위태롭게 할 것이다.

표면상 권리라는 말을 쓴다고 해서 특정인의 욕구나 필요가 죄다 그대로 권리로 해석될 수는 없다. '인권을 보장하라는 정당한 요구'와 '내 욕구를 무조건 충족시키라는 권리 갑질'은 구별되어야 한다. 우리는 권리의 주체이지 소비자가 아니다. 그 차이는 무엇일까? 그리고 권리가 관계라는 것은 어떤 의미일까?

권리는 관계 속에 있다

흥부전에서 아우인 흥부는 가난하다. 배고픔을 견디다 못해 형님인 놀부 집을 찾아간다. 마침 놀부 부인이 밥을 푸고 있었다. 흥부가 '아이고, 형수님' 하고 사정을 하니 놀부 부인은 밥을 푸던 주걱으로 흥부의 뺨을 갈긴다. 도와달라는 말은 꺼내지도 말고 이거나 먹고 떨어지라는 심보다. 흥부의 볼에는 밥알이 잔뜩 묻었다. 흥부는 밥알을 떼어 먹으며 다른 쪽 뺨도 때려달라고 한다.

흥부가 떼어 먹은 밥풀이 얼추 밥 한 공기가 되었다고 치자. 일단 배를 채웠으니 그걸로 된 걸까? 누구나 고개를 내저을 것이다. 어떤 식으로든 배를 채워야 하니 한 대 더 때려달라는 말까지 하는 상황에 마음이 복잡해진다. 뺨에 붙은 밥알로라도 배를 채웠으면 흥부의 권리는 충족된 걸까? 흥부가 취급받은 방식으로 밥을 먹을 수는 없다고 여기는 사람들은 이 질문에 아니라고 할 것이다. 물론 흥부는 굶어 죽으면 안 된다. 그러나 어떤 식으로든 밥만 먹으면 된다는 것을 흥부의 권리라고 받아들이기는 주저할 수밖에 없다.

'밥=권리'라고 생각해보자. 권리란 상대방을 인격체로 인정하는 데서 출발해야 한다. 밥상을 차려 자리를 권하고 함께 앉아 먹으며 흥부의 사는 형편을 얘기했으면 어땠을까? 권리는 밥이라는 재화를 갖는 것 자체가 아니다. 밥과 사람의 관계, 밥을 매개로 한 사람 사이의 관계를 규정하는 것이 권리다.

'권리는 관계다'라는 말의 의미를 살펴보고 권리에 대한 오해를 정리해보자. 권리란 타인을 동등한 인격체로서 인정하고 존중을 표현하는 형태다. 그리고 권리 주체들의 관계는 서로 자유롭고 평등하게 맺어져야 한다. 그래서 권리 관계에서는 밥을 먹었느냐 하는 사실만이 아니라 어떻게 먹었느냐 하는 맥락이 중요하다.

우리는 가족, 직장, 시민사회, 국가 등을 배경으로 살아간다. 이 속에서 이루어지는 사회적 상호작용은 서로를 대하는 행동, 주고받는 언어와 상징을 포함한다. 누구는 어떤 말이든 할 수 있고 무슨 행동이든 서슴지 않을 수 있는 반면, 다른 누구는 입도 못 떼고 자기 뜻대로 행동할 수가 없다. 힘없는 사람들이 모욕을 받는 것은 개인의 기질 탓이 아니라 암묵적으로 어떤 역할과 행위를 명령하는 관계의 규칙이 작동하기 때문이다. 힘없는 사람도 행사할 수 있는 권리가 있을 때 비로소 모욕을 받지 않아도 되고 제아무리 힘이 넘치는 상대에게도 자기 권리를 넘겨주지 않을 수 있다.

다른 말로 하면 권리란 타인과의 관계 속에서 사람들이 '할 수 있는 바'를 명시하는, 제도적으로 규정된 규칙이다. 무언가를 갖는 것, '소유'하는 것이 아니라 무언가를 '할 수 있는 힘'이 권리다. 사람이 어떤 행동을 할 수 있다, 할 수 없다는 것은 사람들 사이의 관계에서 정해진다. 한 구성원의 권리를 확정하면 필연적으로 타인의 권리의 범위도 확정되기 때문에 권리는 관계일 수밖에 없다.

그런 면에서 권리에 대한 첫 번째 오해는 '내가 원한다'라는 말과 '나에게 권리가 있다'라는 말을 같다고 생각하는 것이다. 개별적으로 특수하게 원하는 바는 사람마다 천차만별이다. 그마저도 경우에 따라 이랬다저랬다 변덕스럽기까지 하다. 그런 욕망, '원한다'를 타인이 충족해줄 의무는 없다. 반면 '권리가 있다'고 할 때는 국가를 포함한 타인에게 그 권리를 존중하고 충족할 의무가 주어진다.

가령 나는 '목마를 때마다 샴페인을 마시고 싶어'라는 원함이 있다. 흔치 않은 샴페인을 떠올린 건 어느 날 파티에서 한 모금 마셔보고 그 맛에 반했기 때문이다. 그런 파티 같은 특별한 상황이라면 나는 마실 것으로 샴페인을 원할 수도 있다. 하지만 내게 언제나 실제로 절실한 것이라면 목마를 때 눈치 보지 않고 물을 마실 수 있어야 한다는 것이다. 화장실을 자주 들락거리면 업무에 지장을 준다면서 고용주가 노동자들의 이동을 제한하는 곳이 있다. 화장실 가는 횟수를 줄이려면 아무리 목이 말라도 참고 버티는 걸 생활화해야 한다. 목마를 때마다 허락을 받아야만 하는 것과 마찬가지 상황이다. 샴페인을 원한다는 것이 좌절되어도 인간으로서 나의 지위와 관계는 상관이 없다. 그러나 목마를 때마다 눈치를 봐야 하는 상황은 그렇지 않다. 물 마시는 것조차 눈치를 봐야 한다고 느낄 때마다 내 안에서는 설움과 분노가 찝찌름하게 섞인 물이 차오를 것이다. '원한다'와 '권리가 있다'는 것 그리고 그것의 좌절이 가져오는 상황은 이렇게 다르다.

한편 권리는 나의 '이익'이 되는 것 또는 '손해'가 되는 것과도 다르다. 노동자들이 화장실 이용하는 것을 제한한 고용주는 그게 영업에 손해가 된다고 여겨서 그렇게 하는 것일 테다. 그러니 화장실 이용을 억제하는 것이 영업의 이익이라 생각하고 강제할 수 있다고 여긴다. 화장실도 제때 못 가는 직원이 어떤 효율성과 창의력을 발휘할 수 있을지는 모르겠으나, 설령 고용주가 그걸 이익으로 여긴다고 해서 고용주의 필요에 따라 물 마시고 화장실 가는 것을 막을 '권리'가 있다고 할 수 있을까?

권리를 이익과 손해라는 식으로 생각하면 권력 관계에서 우세한 쪽의 이익이 우선시된다. 자기 이익을 앞세우는 입장에서는 타자가 권리를 요구하면 이를 손해로 받아들인다. 그런 세계관으로 권리 주장을 보면 존중에 대한 요구 같은 건 눈에 들어오지 않고 손익계산서만 보인다.

이렇듯 '권리는 관계다'라는 것은 '내가 원한다'거나 '내 이익이 된다'는 것과는 차원이 다른 문제다. 그때그때의 변덕스런 욕망, 타인을 배제하고 억압하는 이익과 달리 '나는 ○○할 권리가 있다'라는 요구는 사회 구성원 누구나 접근할 수 있다고 정당하게 인정되는 것이다. 그러려면 주장하는 권리의 내용이 다른 사람의 권리를 침해하지 않고, 다른 사람을 지배하지 않으면서도 승인될 수 있어야 한다. '너는 나한테 고용되었으니까 내 허락 없이는 화장실도 가면 안 돼'라는 주장과 달리 '사람이면 누구나 목마를 때 물을 마시고 원할 때 화장실에 갈 수 있어야 한다'라는 주장은 모든 사람에게 보편적으로 일반화할 수 있는 주장이며 규범적으로도 타당하다.

가령 유엔 사회권위원회에서는 '물과 위생에 대한 권리'를 분명한 인권으로 못 박고 있다. 물에 접근할 수 있는 가능성은 건강권과도 떼놓을 수 없는 관계에 있다고도 했다. 물에 대한 권리 중 한 요소는 물리적 접근 가능성이다. 그러므로 용변을 참게 하는 것도, 물을 마음껏 마시지 못하게 하는 것도 분명 권리를 침해하는 것이다. 이런 권리 침해가 물 부족 때문이라면 다른 방도를 취하겠지만 앞에서 말한 경우에는 고용 관계에서의 권력 차이, 일그러진 지배 관계 속에서 벌어졌다. 이런 일그러진 관계를 바로 펴는 것이 권리 투쟁이라 할 수 있다.

권리를 이해한다는 것은 내 것, 내 몫에 밝아지는 것이 아니다. 자신이 놓인 사회적 관계를 비판적으로 바라볼 수 있는 것이다. 권리에 대한 비판적 시각은 고용 관계에서 어디까지 지시하고 따라야 하는지, 물과 화장실은 이 관계 속에서 어떻게 배치되는지 따져보는 것이다. 나아가 어떻게 하면 '자유롭고 평등한 관계'를 맺을 수 있는지 질문할 수 있는 역량이다. 이 역량이 훼손되거나 결핍되면 권리 언어의 오남용이 심각한 문제를 일으킨다.

권리 소비자의 함정

『입만 열면 권리 타령Rights Talk』이라는 책이 있다. 저자인 하버드 대학교 법학 교수 메리 앤 글렌든(Mary Ann Glendon)은 권리라는 말로 뻗대면서 자기 욕망을 포장하고 정치적인 책임은 지지 않으려는 행태를 비판하고자 책을 썼다고 한다. 그에 따르면 권리 소비자들에게는 2인칭이나 3인칭의 타자가 존재하지 않는다. 오직 1인칭 관점에서 자기 권리의 절대성을 과장하는 화법을 애용한다.

"이건 내 거라니까."

"내 거니까 내 마음대로 할 권리가 있어."

이런 말을 반복할 뿐이다. 타인에게 미치는 영향이나 사회 구성원으로서 져야 할 책임에는 침묵한다. 그 결과는 이 책의 부제처럼 '정치 담론의 피폐화(the impoverishment of political discourse)'다. 권리 소비자의 화법은 이런 식이다.

"내 입 갖고 내 마음대로 말도 못 하냐? 표현의 권리 보장하라!"

이런 말을 하는 사람이 특정 지역이나 특정 정체성을 비하하는 표현을 줄기차게 해왔다면, 그는 인권의 가치는 쏙 빼고 특정 단어('표현의 권리')만 뽑아 편식함으로써 인권의 문법을 파괴하는 것이다.

"여자들 권리만 권리냐? 남성에 대한 역차별이다."

맥락 없이 권리, 역차별 같은 특정 단어만 나열하는 권리 담론은 사회문제에 대한 깊고 복잡한 토론을 기피한다. 그리고 복잡한 사회현상을 이분법으로 설정해 대립하는 두 권리 사이의 충돌로 몰아가는 경향이 있다. 여성 대 남성, 장애인 대 비장애인, 노숙인 대 시민, 이런 식으로 대결 구조를 짜고 권투 시합하듯이 둘 사이의 충돌로 권리를 다룬다. 승패를 가리는 데 열중하기 때문에 같이 도모할 수 있는 협력이나 공유할 책임의 언어에는 인색하다.

권리 소비자가 이런 화법을 구사하는 것은 자신을 세계의 중심에 놓고 1인칭 관점을 취하기 때문이다. 그러나 1인칭 관점에서만 확정되는 권리는 없다. 미주알고주알 자기 관점에서 늘어놓는 요구가 모두 권리가 되지는 않는다. 앞서 한 사람의 권리가 확정되면 다른 권리 주체에게는 그 사람의 권리 행위에 간섭하지 않을 일정한 의무가 부과된다고 했다. 그에 따라 국가가 뭘 하고 뭘 하지 말아야 할지를 따져 국가 행위의 경계도 정해진다. 즉 타인과의 관계 속에서 상호 인정이 가능한 권리인지 따져본 후 공적으로 인정되어야 규범으로 확정되는 권리가 된다.

한편 1인칭 관점의 권리 소비자가 구사하는 화법은 자기 권리는 절대적이라는 것이다. 가령 "나는 내 재산을 가지고 내가 원하는 건 뭐든지 할 권리가 있다"라는 식으로 절대적인 형식을 고집한다. 어떤 간섭이나 타협은 일절 불가하다는 '절대성'을 주장하는 것은 권리에 대한 비현실적인 기대를 품게 하고, 그에 따라 치러야 할 사회적 대가와 타인의 권리를 모두 무시한다. "내 몸이니까 오토바이 탈 때 헬멧을 쓰든 말든 내 마음이고 내 권리다"라는 주장에는 다른 운전 자나 보행자의 안전에 대한 인식, 사고라도 당하면 자기가 받아야 할 치료와 재활 등이 타인에게 부담이 된다는 인식이 전혀 없다. 또 1인칭 관점은 자기가 가장 중시하는 소속 집단만을 편애하는 관점이기도 하다. 동질성을 강조해 내 집단, 내 편만의 이익을 절대적 권리로 사수하는 관점이다.

법의 함정, 정치의 후퇴

권리 소비자의 이미지를 그려보면 '권리 왕국의 절대 군주' 같다. 절대 군주는 내 권력은 절대적이라는 화법을 구사한다. 이 왕국에는 사회성과는 동떨어진 외로운 권리 보유 자들이 거주하며 편협한 권리의 웅변이 넘칠 뿐 서로 대화는 없다. 갈등이 불거지면 사람들은 권리의 문제라고 꼬리표를 붙이고는 무조건 법정을 찾아간다. 승패가 결정되면 그뿐이다. 온 왕국이 법정 같고, 모두의 제1언어는 법률 용어이며, 대표적 공인은 법률가다. 정치 조직은 없고 이익집 단만 있다.

거대한 법정 같은 사회가 건강할까? 법은 권리를 지키는 중요한 보루 중 하나지만 전부는 아니다. 법은 사회 정의를 추구하는 구조와 배경에 크게 영향을 받는다. 법의 정의가 살아 있는 것과 법에 찌든 것은 다르다. 사회운동 같은 힘겨운 조직화와 참여의 노력을 생략하고 법 소송에 치중하는 쪽이 더 효율적이고 원하는 바를 얻기에 더 낫다고 여길 수도 있다. 하지만 법원 판결에 기댈수록 정치는 따분하고 비생산적이고 헛된 것으로 보인다. 법원에서 다룰 수 없는 다양한 이슈는 입법, 사람들의 직접 행동과 통제의 힘에 달려 있는데 그것이 희미해진다.

이런 대결에서 승자는 모든 걸 갖고 패자는 퇴장해야 한다. 대화와 항쟁은 끝이 난다. 이런 식으로 권리 소비자는 관계를 맺으려는 게 아니라 관계를 끊으려고 권리 담론을 애용한다. 친인권적인 지향이 포용이라면, 권리 소비자는 동원할 수 있는 모든 권력을 끌어와 소위 사회적으로 바람직하지 않은 자들을 처리하라고 요구하는 것을 권리라고 생각한다. 내 눈 앞에서 '치워라, 없애라, 내쫓아라'라는 요구를 권리 주장과 동격으로 생각하는 것이다.

권리 소비자는 원하지 않는다면 정부에 참여하지도 않고 정치에 속하지도 않는다. 정치 공동체의 구성원으로서 같이 져야 할 책임에 대해서 침묵한다. 정치적 책임에는 자기의 소유, 계약, 재산을 다스리는 법뿐만 아니라 복지, 노동, 환경, 성폭력 등을 규제하는 법제도에 대한 지지와 옹호가 필수적이다. 권리 소비자는 이런 것들을 적대시하는 무자비한 개인주의를 발휘해 사회적 약자들에게 적대적인 환경을 배양하고 체계적인 불이익을 주고는 이를 정의라고 생각한다.

소비자는 불편함과 손해를 싫어한다. 반면 권리 주체는 불편함이나 불이익을 감수한다. 소비자는 단기적 관점이라 할지라도 당장 만족할 조치를 환영하고 1인칭 관점의 특수 이익을 선호한다. 권리 주체는 예방적 조치를 포함한 장기적인 관점을 취하고 느리더라도 공적 토론을 거쳐 특수 이익이 아닌 상호 인정이 가능한 공적인 권리, 함께하는 삶을 규율하는 권리를 증진한다.

권리 주체들의 목적은 존엄한 삶을 추구하는 것이고, 이들은 그런 과정에 필요한 조건을 만들려고 헌신한다. 이들이 권리를 두고 논쟁을 벌이는 목적 또한 현상을 순식간에 포착해 캐리커처를 그리려는 것이 아니라 사회에 대한 정밀화를 그리려는 것이다. 인권의 요구란 각자 동떨어진 개인주의, 1인칭 관점에서가 아니라 정치에 참여하는 형태로 이루어져왔다. 예나 지금이나 인권의 요구란 불의에 저항하고 연대하는 감정에서 비롯한다. 인권이 정치적이란 건 관계를 다루기 때문이다. 인권은 개인과 집단 사이의 관계, 또 특정 개인·집단이 다른 개인·집단과 맺는 관계, 특히 힘과 권력을 지닌 개인·집단과 불리한 개인·집단이 맺는 관계를 다룬다.

그런데 권리 소비자가 늘면 그 결과로 인권을 위한 정치가 후퇴한다. 입만 열면 정치를 탓한다고 해서 정치에 관심이 많다고 할 수는 없다. 그것은 오히려 정치 문제에 대한 높은 반감과 무관심과 냉소를 뜻한다. 탓하는 말은 넘쳐나

다. TV나 라디오로 방송되는 정치가의 짧은 인상적인 발언
(sound bite)이나 선정적인 가짜 뉴스, 소위 '망언'이나 위험
한 선동으로 등장하는 발언들은 대개 소수자를 손쉬운 표
적이자 희생양으로 삼는다. 엉킨 실타래를 풀기 위한 보다
복잡한 언어는 외면당한다. 반대로 권리 주체는 쉬운 '탓'이
나 희생양이 아니라 비판적으로 접근하고 논의의 수준을
높이고 실천할 방법을 찾으려 한다. 권리 주체는 고작 몇 초
짜리로 편집된 언론의 멘트가 아니라 지속적이고 심도 깊
은 대화를 필요로 한다.

타자화의 함정

"님이라는 글자에 점 하나만 찍으면 도로 남이 되는 장난
같은 인생사."

님과 남이 점 하나 차이라는 이 유행가 가사가 주는 울림
은 겪는 처지에 따라 저마다 다를 것이다. 누구는 차가운 단
절감에 몸서리 칠 수 있고, 누구는 그럴 수도 있다며 덤덤할
수 있다. 그런데 이게 애정 관계에서가 아니라 권리 관계에
서라면 어떨까? 자기 편(님)이라면 당연하고 중대하게 여
길 권리를 타자(남)가 요구하면 황당해하거나 괘씸하다고
여긴다. 남의 처지에 놓인 사람은 당연한 권리에서 아예 젖
혀지거나 각종 단서 조항이 달린 조건부 권리만을 인정받
는다. 권리 관계에서 남 취급 받는 것은 결코 사소한 일이

아니다. 그것은 서운함 정도에 그치는 것이 아니라 여러 형태로 인간다운 삶을 위협한다.

타인은 지지나 위안을 주고 자아실현을 돕는 존재일까, 아니면 계속 경계해야 하는 긴장과 불안의 온상일까? 타인이라는 존재는 잠재적인 강력한 위협자인 동시에 지원, 협력, 위안, 교훈, 사랑을 주는 지지자이기도 하다. 지지자가 되거나 위협자가 될 가능성을 동시에 가진 타인은 곧 나 자신이기도 하다. 나 자신은 다른 사람들에게 타인이기 때문이다. 우리가 서로에게 최고가 될지 아니면 최악이 될지는 관계의 성격에 달려 있다.

남을 가리킬 때 흔히 타인 또는 타자라 하는데 남이라고 다 같은 남이 아니다. 내가 잘 모르더라도 막연하게나마 '우리 중 누구'라고 여겨지는 쪽이 있는가 하면 절대적으로 다르다고 여겨지는 쪽이 있다. 우리 민족, 우리 지역, 우리 학교에 속한 사람은 잘 모르는 사이라도 뭔가 공통의 세계를 공유하고 있다고 여겨진다. 반면 절대적으로 다르고 전혀 다른 세계에 속한 것으로 간주되는 사람이 있다. 집단과 분리해 개성을 찾을 수 있는 존재가 있는가 하면, 집단으로만 인식되는 존재가 있다. 감정 이입이 수월한 쪽이 있는가 하면, 도무지 상상조차 불가능한 쪽이 있다. 후자 쪽에 벌어지는 현상을 '타자화'라고 한다.

타자화란 어떤 존재를 절대적으로 다른 존재로 분리해 특정한 이미지로만 부각하는 말과 행위 등을 가리킨다. 타자화한다는 것은 그 존재와는 관계 맺기를 거부하는 것이고 지배하고 배척하는 성질로 향하는 것이다. 타자화는 특정 집단의 외부에 대해서만이 아니라 내부에서도 얼마든지 벌어진다. 난민, 이주자에 대한 타자화만이 아니라 여성, 노인 등에 대한 타자화가 그렇다. 가령 젊음을 찬양하는 사회는 노인을 타자화한다. 건강한 비장애인은 질병이나 장애를 자신과는 상관없는 절대적 다름으로 여긴다. 성차별 사회는 여성성을 타자화한다. 여성다운 몸매, 몸짓, 언행 따위를 정해놓고 부각하고 그에 걸맞지 않으면 여성답지 못하다고 단속한다.

그런데 말 그대로 '절대적'인 타자와 타자성이 있을까? 공유하는 점이 하나도 없고 연관성이 전혀 없는 사람은 없다. 모든 사람은 다르면서도 어느 정도 비슷한 면이 있다. 그런데 타자화되는 대상은 마치 동일성은 전혀 없는 존재로 여겨지고, 어떤 동일성으로 뭉친 사람들로부터 배척된 이질성만 가진 존재로 굳혀진다. 타자성은 타인에게만 속한 것이 아니라 나(우리)의 내부에도 있다. 내 안에 분명 있지만 인정하고 싶지 않은 그런 속성이 타자성이기도 하다. 가령 나는 이곳이 아닌 저곳에서는 언제든 이방인이 될 수 있고, 노화를 인정하고 싶지 않지만 내 몸에선 늘 노화가 일어나고 있다.

타자는 포용과 환대, 아니면 무시와 적대 중에서 선택을 요청해 온다. 타자와 타자성을 응대하는 태도는 만나는 서로를 고귀하게 만들 수도 있고 타락시킬 수도 있다. 타자성과 어떻게 만나느냐는 누구에게든 어느 사회에서든 상투적이지 않은 전혀 다른 관계가 열릴 가능성이다. 적대가 아니라 환대가 실천되는 관계라면 익숙한 상투적인 세계에 급진적 변화를 가져올 것이다. 인권에서 고민하고 사유하는 관계는 계약 관계에서 갑을 관계 같은 것이 아니라 타자와 어떻게 만날 것인가 하는 문제다.

인간의 존엄은 취약함 속에 깃들어 있다

"모두가 친하게 지내야 한다는 거야? 아우, 나는 그런 사람들이나 복잡한 사회와 얽히기 싫은데….."

"그냥 통하는 사람들끼리 어울리며 내 할 일 성실하게 하면서 살면 되는 거지."

"내 삶도 힘들고 골치 아픈데 남의 삶까지 고민할 여유는 없어."

인권은 흔히 개인의 권리라고 한다. 개인의 권리가 중요하다는 말은 개인이 독단적으로 홀로 누릴 수 있는 권리라는 말과 같지 않다. 그런데 '나에게 ○○할 권리가 있다'는 말은 환영하지만 관계라는 말이 끼어들면 부담을 느끼고, 그게 누구와 맺는 관계냐에 따라 부당하다고 여길 수도 있다.

권리 관계를 강조하는 건 모두가 친하게 지내자거나, 무슨 공동체적 관계를 맺자거나, 매일 광장으로 나가자는 뜻이 아니다. 각자 좋다고 생각하는 삶의 방식을 훼방하거나 훈계하려는 것도 아니다. 각자 친밀감을 느끼는 사람과 교류하며 자기가 가치 있다고 여기는 방식대로 살 수 있으려면, 그 바탕이 되는 조건이 무엇인지 생각해봐야 한다는 말이다. 인권에서 말하는 관계는 내 좋을 대로 맺고 끊는 관계가 아니라 한 사람, 한 사람, 우리 모두의 존재 조건이다.

좋건 싫건 인간이란 존재 자체가 관계에서 성립한다. 우리가 쓰는 인간이라는 말만 살펴봐도 그렇다. 인(人)은 서로 기대어 있는 사람이고, 간(間)은 사람 사이를 의미한다. 홀로 존재하는 신이 아닌 이상 인간은 타인이 없으면 자기 존재 의미를 확인받을 수 없다. 다른 한편으로 함께하지만 서로 거리감이 전혀 없이 완전히 뭉쳐진 덩어리 군중에게는 '사이'가 존재하지 않는다. 같이 있으면서도 서로를 고유한 존재로 분리하고 구별하는 '사이'야말로 인간이 존재하는 조건이다.

인간으로서 인간답게 살려면 이런 '사이'에 대한 규율이 필요하다. '사이'에 대한 규율은 시대마다 문화마다 달랐다. 인간 사이 관계를 인권으로 규율하게 된 것은 사실 인류 역사상 얼마 되지 않은 일이다. 지금 우리가 흔히 쓰는 개념과 구조, 가령 인권, 국민국가, 민족, 가치다원주의 같은 것들은 모두 근대의 산물이자 인권혁명의 결실이다. 이전 시대까지 신과 인간의 관계가 중요했다면 인간과 인간의 관계가 중요해졌고, 권력의 원천도 자연적인 것이나 신의 권위가 아니라 인민의 동의로 정당화되었다. 하나의 가치로 뭉친 공동체가 아니라 다원적 가치 속에서 같이 공존하는 집단으로서 사회가 이전의 공동체를 대체하게 되었다.

무엇보다 공동체 속에 용해된 존재가 아니라 개별적이고 고유한 존재로서 개인이 탄생했다. 국민국가는 이전의 정치체와 달리 평등한 시민권을 가진 구성원들이 정치적으로 평등한 관계를 맺는 장이다. 이런 개인 간의 관계를 규율하는 건 이전 시대처럼 명령과 복종이 아니라 인민 스스로 제정한 법이다. 인민 모두가 헌법의 저자이고, 헌법은 모든 사람의 평등한 권리에 대한 인정과 존중을 담은 것이다.

하지만 이러한 이념 속에서 빛나는 개인은 현실에서는 약하기 그지없는 존재다. 근대국가는 개인의 인권을 보장하는 역할을 자기 정당성의 토대로 삼은 동시에 인권을 유린하는 어마무시한 폭력성도 얼굴 뒤에 감추고 있다. 가치 다원주의를 내세운 사회라지만 차이와 이견을 싫어하고 다수자의 횡포로 소수자를 억압하고 배제할 폭력을 휘두른다. 시장과 자본은 공동체에서 떨어져 나온 개인에게서 언제든지 생존권을 박탈할 수 있는 폭력으로 휘몰아친다. 개인을 이런 폭력으로부터 어떻게 지켜낼 것인가? '개인은 원래 혼자다' 또는 '개인이 자기 이익을 알아서 추구하는 게 최고다', 이런 식으로 방치해도 살아남을 수 있는 개인은 혼자라도 무서울 것 없는 거인이나 영웅뿐이다.

개인을 소중하게 다룬다는 건 개인의 위대함뿐 아니라

취약함도 중요하게 여긴다는 것이다. 인간의 존엄은 취약함 속에도 깃들어 있다. 상처받기 쉽다는 것은 없애버려야 할 무엇이 아니라 인간 서로서로가 돌봐야 할 이유가 된다. 그저 '아무개'인 개인은 각종 사회적인 분류에 노출된다. 특정 정체성에서는 남보다 우위에 있는 개인일지라도 다른 정체성에서는 얼마든 약자가 될 수 있다. 그 어느 약한 아무개라도 자기만의 삶을 살 권리가 있으니 서로에게 그 길을 열어주자고 만든 장치가 바로 인권이다. 인권에서 중시하는 개인은 모래알 같은 원자주의나 자기만 아는 이기주의와는 무관하다. 인권에서 개인은 도덕적 존중의 기본 대상이 되는 존재다. 도덕적이라는 말은 법적이라는 말과 대비된다. 법적 권리는 특정 법공동체 안에서만 타당하지만, 도덕적 권리로서 인권은 특정 공동체를 벗어나 제약 없이 모든 인간에게 해당된다.

바로 여기서 인권이 여타 권리와 다르다. 가령 채무 관계라면 돈을 꿔준 사람이 빌린 사람에게 돈을 돌려받을 권리가 있다. 돈을 갚지 않으면 강제력을 동원해서라도 받아내려 할 것이고 그럴 수 있다. 이런 관계는 채무 관계라는 특수한 사이에서 발생한다. 반면 인권은 모든 사람에게 해당한다. 사람은 모두 다르지만 삶의 곤경에 취약한 존재라는 것, 그러한 곤경으로부터 인간을 보호해줄 수 있는 것은 다름 아닌 인간 자신이라는 것, 이렇듯 삶에 대한 예외 없는 존중을 운영 규칙으로 하는 기획이 인권이다.

국가라는 특정 공동체에서는 다수결로도 어찌할 수 없는 개인의 기본권을 헌법에 명시하고 있다. 자기가 맺는 다양한 관계 속에서 차이와 이견을 비판적으로 거리를 두고 평가할 권리를 개인에게 보장한다. 여기서 개인과 공동체는 서로 대립하거나 배제하는 관계를 맺을 수 있는 독립된 실체가 아니다. 둘은 서로 고립되고 따로 존재하는 게 아니라 서로 다양한 방식으로 관계 맺으며 다양한 모습을 역동적으로 연출한다.

생전 마주칠 리 없는 낯선 이만이 아니라 내가 좋아하는 친밀한 누군가도 엄연히 타인이다. 나는 이런저런 타인과 관계를 맺고 사회 속에서 살려 한다. 동시에 나를 개별화하고 나와는 부류가 다른 사람들로부터 구별되어 살고 싶기도 하다. 모순된 말이지만 반사회적이면서 동시에 사회적으로 살고 싶다. 남들 사는 만큼 살고 싶고 남들에게 인정받고 싶다. 동시에 남들과는 다르게 보이고 다른 방식으로 살고도 싶다. '나'라는 존재, 자기 정체성은 내가 선호하든 멀리하든 타인과의 관계 속에서 상호 인정하거나 비교하거나 구별 짓거나 하는 식으로 빚어진다. 권리 관계는 이런 상호 작용의 복잡한 교차로에 모두가 믿고 따를 만한 신호등을 세우는 것과 같다.

평등하게 자유로운 관계

인권의 제1원칙으로서 신호등은 모든 사람이 다른 모든 사람과 똑같은 가치와 존엄성을 지닌 존재로 존중받아야 한다는 것이다. 이 원칙이 추상적인 원칙 차원에서가 아니라 구체적인 삶 속에서 나타나야 한다. 그러려면 누구도 절망적인 상황으로 내몰리거나 버림받지 않도록 보장하는 제도적 장치가 필수적이다.

선천적으로 일을 할 수 없거나 원치 않는 실업 상태에 놓인 아무개는 경제적 관계에서 내쳐진다. 친구를 만나 차 한 잔 마실 형편도 못 되고 초라해 보일까 봐 약속조차 꺼리다 보니 사회적 관계에서 고립된다. 속한 집단이 있기는커녕 몇 년에 한 번 투표하는 것조차 자기 처지와는 상관없는 다른 나라 일로 여겨져 정치적 관계에서 없는 것이나 마찬가지인 존재가 된다. 이런 식으로 관계에서 내몰리는데 그가 사라졌다는 것조차 아무도 눈치 채지 못하고 신경 쓰지 않는다. 생산할 수 있는 능력 또는 업적만을 따져서 개인의 가치를 인정하려는 사회에서는 그의 사라짐을 그저 그러려니 한다. 고립되고 밀려난 것은 그의 책임일 뿐이다.

사라지고 유령이 된 사람의 문제가 공유해야 할 공공의 사안이라고 생각하고 행동하는 사회라면, 그에게 어떤 지원을 하려 할 것이다. 그리고 그런 지원을 할 때 그가 수치나 모욕을 느끼지 않고 떳떳할 수 있도록 신경을 쓸 것이다. 인권의 관계에서는 이를 가리켜 '평등한 자유의 권리'를 보장한다고 말한다. 아무개의 능력이나 기여를 따져서가 아니라 사회 속에 원래 그의 자리가 있다고 전제하고서, 누구도 그 자리를 빼앗을 수는 없다고 전제하고서 그렇게 한다. 평등한 자유는 은혜나 시혜가 아니라 누구나의 몫으로 당연히 보장된다는 것이 인권에서 추구하는 관계의 원칙이다.

평등하지 않은 자유는 누구에게는 권리가 아니라 폭력이 될 수 있다. 인간 사이에서 살아가는 인간은 타인에게 정당한 인정과 대우를 받지 못할 때 고통을 느낀다. 낯선 사람일지라도 타인의 고통을 보고 나도 언제든 저런 일을 겪을 수 있다고 느끼며 괴로워하기도 한다. 타인의 고통을 해결할 수 있는 길이 나하고도 연결되어 있다고 느끼기도 한다. 관계 속에서 경험하는 다양한 고통 중에서 어떤 것에 반응을 보이고 어떤 요구를 권리로 해석할지 정하는 일이 필요하다. 이때 어떻게 반응하느냐는 관계성에 대한 인식에 달려 있다. 관계성을 무시하면 반응하지 않거나 엉뚱하게 반응한다.

'나랑 무슨 상관?'이라고 생각하는 사람들은 비정규 청년 노동자의 죽음에 '내 자식은 그런 일을 할 리가 없다'라는 식으로 반응한다. 마찬가지로 권력자가 죄를 짓고도 비싼 변호사를 쓰고 인맥을 동원해 처벌을 피할 때 '그것도 능력이지' 하고 반응할지 '평등한 자유의 관계'를 파괴한다고 반응할지, 같은 일을 하는데도 유니폼도 휴식 공간도 먹는 밥도 급여도 다를 때 이를 불평등하다고 여길지 '억울하면 성공하지'라고 말할지, 이런 관계성에 대한 반응이 우리의 사회제도를 만든다. 평등한 자유의 관계라는 규범을 구체적으로 실현하는 것은 제도다. 인권의 상호 인정은 그런 제도를 구성하는 행위다. 우리는 그런 상호 인정 속에서 상처 입을 가능성으로부터 인간을 보호할 수 있고, 평등한 자유의 관계라는 토대 위에서 저마다의 가치를 추구할 수 있다.

4장

상호성

—

차이를 이해하는 방법

영국 방송 BBC에서 제작한 유아 교육용 동영상이 있다. '내 친구랑 나는 뭐가 다를까?(What makes you two different from each other?)'라는 제목이다. 유치원에서 단짝 친구들에게 질문을 던진다.

"둘은 뭐가 달라요?"

카메라가 둘씩 짝을 이룬 아이들을 비출 때마다 두드러진 차이가 한눈에 들어온다. 키 큰 아이와 키 작은 아이, 남아와 여아, 피부색이 서로 다른 소년들, 휠체어에 앉은 소녀와 의자에 앉은 소녀, 이런 식의 쌍이다. 카메라의 시선과 질문은 선입견과 고정관념에 따른 답을 기다리는 것 같았다. 피부색, 장애, 성별, 억양 차이 등이 대답으로 나올 것 같다. 그런데 아이들 반응은 전혀 달랐다.

"쟤네 집은 언덕 위에 있고, 우리 집은 평지에 있어요."

"쟤는 토마토소스를 좋아하고, 저는 싫어해요."

"전 셈을 잘하고, 쟤는 수영을 잘해요."

특히 피부색이 다른 두 아이의 반응이 의외다. 둘은 서로를 바라보고도 다른 점을 찾지 못해 난처해한다. 어쩔 줄 몰라 한숨을 내쉬기도 한다. 서로 뭐가 다른지 미처 생각해본 적이 없는 것 같아 보인다. 여러 쌍의 아이들이 답하는 양식은 모두 이런 식으로 예상을 비껴간다. 동영상 속 아이들은 차이를 알고 있지만 어떤 차이를 발견하느냐와 차이를 대하는 방식에서 (동영상을 볼 때 뻔히 예상되는 관점과) 달랐다. 서로 차이를 알긴 아는데 그걸 자기들의 특별한 관계성 속에서 파악한다. 이 아이들의 관계에는 서로의 차이에 '배제'라는 의미가 없다는 점에서 특별하다. 아이들이 느낀 차이는 대립적인 반대항이 아니다.

흑과 백, 신체장애와 비장애, 이런 구별이 차이를 대립처럼 느끼는 것이다. 그런데 아이들은 서로의 차이를 이런 대립으로 느끼지 않는다. 그렇다고 친구와 자신이 똑같다고 느끼지도 않는다. 아이들이 느끼는 친구와의 차이는 이미 주어진 어떤 본질(인종, 피부색, 차이, 성별 등)이 아니라 친구와의 관계 속에서 발견하고 '아, 나는 이런데 내 친구는 저렇구나' 하는 식으로 부여한 것이다. 이런 차이에는 위계나 우열이 없다. 게다가 이 차이는 고정불변이 아니라 바뀔 수도 있다. "전에는 양상추가 싫었는데 요즘은 안 그래요" 하는 동영상 속 어느 아이의 말처럼.

이 아이들과는 다른 관점, 즉 동영상을 볼 때 뻔히 예상되었던 관점에서는 차이의 의미가 다르다. 기존 사회의 지배적인 분류 체계에서는 차이를 절대적 대립이나 절대적 타자화, 상호 배제로 정의하곤 한다. 흔한 차별주의 속에서는 그 분류 체계에서 억압받는 집단들만이 별나게 다른 존재로 규정되고, 특권 집단은 중립적인 존재로 그려진다. 가령 이 동영상에서는 백인 소년이나 휠체어를 이용하지 않는 소녀가 특별할 것 없이 등장한다. 그런데 기존 분류 체계의 틀로 보자면 백인이나 비장애인은 중립적이거나 표준적인 존재로 그려지고, 그와 다른 존재는 피부색과 장애라는 표지에 갇혀 이질적이고 비표준적인 존재가 되는 것이다. 그 결과 차이는 배제와 대립으로 정의된다.

　동영상 속 아이들이 차이를 대하는 방식을 생각하면서 이를 권리의 상호성을 이해하는 데 적용해보자. 앞서 3장에서 권리란 '동등한 인격체로서 인정하고 존중하는 것'이라 했다. 권리를 요구한다는 것은 단지 '원한다', '이익이 된다'와는 차원이 다른 문제고, 욕망과 이해타산으로 권리를 해석하면 권리 주체가 아니라 권리 소비자가 되기 쉽다고도 했다. 권리를 오남용하면 권리 소비자로서 자기 이익을 합리화하기 위해 차이를 타자화하고 배제하게 된다. 타자화와 배제는 관계를 잘못 설정한 데서 비롯한다. 개인의 고유성은 고립된 단자로서가 아니라 사람 사이, 즉 관계 속에서야 보호받을 수 있다. 이번 장에서는 이와 같은 관계성 속에서 권리의 성격을 살펴보려고 한다.

중립적인 위치는 없다

관계에서 중립적인 위치는 없다. 사람은 저마다 다 다르기 때문이다. 어느 쪽으로도 치우치지 않은 중립적인 관점에서 사람의 속성을 양쪽으로 나누고 양쪽을 똑같이 다루기란 불가능하다. 이때 양쪽이라 함은 어떤 중립적인 지점을 염두에 둔 것인데 성별, 장애, 피부색 등은 중립적인 위치에서 바라본 차이가 아니다. 우열이 반영된 비대칭적인 권력 관계가 작동하고 있기 때문이다.

설령 '양쪽'이라고 칭한다 할지라도 둘 사이에서 누군가는 중립성을 자부하고 있다. 자신이 중립적인 관점을 가졌다고 주장하는 사람은 자기 관점을 보편적인 기준으로 삼은 것인데, 이미 자신이 선 자리에 자기 특이성이 스며들어 있음을 알아야 한다. 어떤 특이성과 차이에서도 벗어나 모두를 대신할 자리는 없다.

뉴스에서 자주 접하듯 미국에서는 아프리카계 미국인이 경찰의 폭력으로 사망하는 사건이 잦다. 그러나 폭력을 저지른 경찰은 제대로 처벌받지 않는다. 이에 '흑인의 생명도 중요하다(Black Lives Matter)'라는 구호로 대표되는 운동이 벌어졌다. 경찰 폭력과 불평등한 사법 처리를 공론화하고 상황을 개선하려는 운동이었다. 그런데 일각에서 '모든 사람의 생명은 중요하다'라는 구호를 내세웠다. 소수지만 '백인의 생명도 중요하다'라는 카드로 맞받아치는 움직임도 있었다. '모든 사람'이라는 중립성을 내세운 것이 과연 이 사안에서 치우치지 않은 위치일까?

물론 피부색에 따라 편파적으로 자행되는 경찰 폭력과 불평등한 사법제도는 모두의 인권과 연관된 문제다. 그러나 이 상황에서 피부색 차이는 결코 중립적이지 않다.

여기서는 소위 흑과 백의 갈등이 아니라 백에 의한 흑에 대한 지배와 억압이 문제다. 비대칭적인 관계, 기울어진 관계에서 벌어지는 일을 기계적 대립으로 이해했기에 중립적인 위치라는 것을 설정하지 않았을까? 그런 위치 설정에서 '백인' 또는 '모든 사람'이라는 물 타기가 가능했고 그렇게 함으로써 아프리카계 미국인이 처한 상황과 문제의 심각성을 희석한 것은 아닐까?

'여성의 인권이 문제다'라는 운동에 대한 반응 또한 마찬가지다. 국내외를 가리지 않고 여성 인권 문제를 제기하면 '모든 사람의 인권이 문제다' 또는 '남성의 인권도 문제다'라는 반응이 되돌아온다. 남녀라는 이분법적 대립항을 설정하고 양쪽을 똑같이 다룬다고 해서 중립적인 것이 아니다. 남녀라는 대립항 자체가 문제다. 기계적인 대립항 양쪽에 배치되는 남자다움, 여자다움을 둘러싼 사회 통념과 고용, 복지 등에서 자원 배분에 차별이 존재한다. 이런 통념과 차별은 특정 성별에 불리하게 작동하는 동시에 상호 의존적인 인권의 공통 토대를 갉아먹는다. 차별의 사다리에서 맨 아래 있는 사람들이 가장 고통받지만, 윗자리에 자리하더라도 사다리로부터 자유롭지는 못하기 때문이다.

중립성을 가장한 위치에 문제를 제기하면 이렇게 맞받는 반응들도 있다. 동등한 인권을 요구하는 쪽의 문제의식을 '억울하면 군대 가라', '뭐든 반반 부담하자'는 식으로 왜곡하고 깎아내리는 경향이다. '성별을 떠나 동등한 인격체로 존중해달라'는 요구와 '똑같이 군대 가라', '데이트 비용을 똑같이 분담하자'라는 식의 대응이 같은 선상에 놓일 수 있을까? 군대 복무와 돌봄 노동, 동일노동 동일임금과 데이트 비용이 서로 딱딱 맞아떨어지는 지점에 놓인 문제인가? 삶의 문제가 그리 단순한가? 차이와 차별의 맥락을 살필 의향 없이 기계적 대립점을 만들어 논란으로 띄우는 것이 정말로 자신의 권리를 위한 것일까?

기계적으로 똑같이 주고받는 것이 반드시 호혜적이지는 않다. 권리 관계에서 호혜적이라는 것은 서로 공통 기반을 강화하고 북돋운다는 의미다. 가령 대중교통에서는 타인을 방해하지 않도록 조용히 해야 한다. 하지만 영유아에게 똑같은 침묵을 요구할 수는 없다. 아이의 울음소리를 감내하는 것은 어른들의 몫이다. 권리의 호혜성을 존중한다는 것은 어린이를 포함해 누구나 대중교통을 이용할 수 있는 권리를 지키는 것이다. 여기에는 감당할 수 있는 처지의 사람이 겪는 불편함이 포함된다. 불편하다고 해서 권리가 침해당한 것은 아니다. 타인의 눈초리가 무서워 대중교통을 이용할 엄두를 내지 못하는 양육자와 아이가 있다면 그 사회가 누구나에게 호의적인 사회라고 할 수 있을까? 기계적으로 생각하는 것 중 하나가 돈을 냈는데 상응하는 대우를 받지 못했다는, 소비자의 도를 넘는 처신이다. 돈을 주고 서비스를 샀다고 해서 소비자가 노동자의 인격까지 산 것은 아니다. 그럼에도 자기 돈 값에 대응한다고 간주하는 것을 얻기 위해 노동자를 몰아붙인다. 그런 요구에 맞춰 기업은 도를 넘은 선까지 노동자를 압박한다. 노동자에게 우호적이지 않은 이런 환경을 강화할 때 소비자의 권리는 노동자의 권리와 호혜적인 것일 수 없다.

불평등한 상태를 따져봐야 상호적이다

인권은 인간으로서 존엄을 지키고 보장받기 위해 인간이 서로에게 부여하고 부여받는, 상호 인정 행위 속에서 성립되었다. 서로 존엄을 인정하려면 위압이 없는 자유로운 상태여야 하고, 지배가 없는 평등한 상태여야 한다. 즉 자유롭고 평등한 관계에서야 가능하다. 이런 상호 인정 행위에서 열외로 둘 사람은 없다는 것이 인권의 보편주의다. 상호 인정이 가능하려면 어떤 규범을 약속하고 승인할 수 있는 동등한 기본권의 주체라는 지위가 부인되어서는 안 된다. 그런데 취약한 입지에 선 사람은 힘으로 밀려나기 쉽고, 의견을 조작당하기 쉽고, 결과적으로 기본권 주체로서 지위를 무시당하기 쉽다. 이런 밀려남과 무시를 막으려면 '모두에게 동등한 일반적 권리 체계'만으로는 역부족이다. 그 위에 '한 겹 더, 한 번 더' 고려해야 할 게 있다. 불평등한 상황으로 밀려나는 차이를 고려하고 존중하는 것이다. 권리의 상호성과 호혜성이란 권력의 차이를 고려한 것이다.

불평등한 상태의 대표적인 사례가 한국의 노사관계일 것이다. "내 눈에 흙이 들어오기 전에는 노조는 안 돼!" 이런 말을 하는 기업주는 노동조합이 조합을 인정하라고 요구하며 쟁의행위를 하면 무조건 막으려고만 들 것이다. 다 자르겠다고 위협하기도 하고, 용역 깡패나 공권력을 동원해 강제로 해산하려고도 할 것이다. 손해배상소송처럼 힘으로 할 수 있는 압력은 죄다 행사하려 들 것이다. 사측이 교섭에 나오는 경우는 아주 드물다. 한국 노동자들이 파업을 할 때면 자괴감에서 자주 내뱉는 말이 있다. '집에서 기르는 개가 짖어도 내다보겠다'라는 말이다. 고용주가 노동자의 요구를 보려고도 들으려고도 하지 않기 때문이다. 이런 관계에서는 교섭과 합의가 아예 불가능하다. 힘이 우세한 쪽이 힘이 약한 권리 주체들의 근본적인 지위를 무시한다. 임금을 받지 못하고 이런저런 보복과 폭력에 지친 노동자들이 결국 합의를 받아들일 수밖에 없다면, 이때의 합의가 합의일 수 있을까? 강압에 의한 것 아닐까? 합의의 당사자로서, '자유롭고 평등한' 기본권의 주체로서 상호 인정한 결과라고 볼 수 있을까? 이런 합의는 국제 인권법과 헌법에 보장된 '결사의 자유'라는 기본권 자체를 무시한 것이기에 상호성이 성립되지 않는다.

권리의 상호성에서 따져봐야 하는 것은 불평등한 상태 자체다. '안 돼'라고 말할 수 없는 처지에 있는 사람을 위협해 받아낸 합의는 상호성을 배제한 것이기에 합당치 않다. 강압에 의해 합의하고 일터로 돌아간 노동자들은 엄청 눈치를 보고 숨죽여야 할 것이다. 강압적인 합의는 노사 간의 '기울어진 관계'를 더 기울게 만들었으니 호혜적인 것이 아니다. 호혜적이라는 것은 유리한 자를 더 유리하게, 불리한 자를 더 불리하게 만드는 것이 아니다.

불평등한 상태의 또 다른 예는 소위 다수자의 기준, 일반적 통념 등을 따르는 사람이 자기 관점을 특수한 관점이 아니라 보편의 관점으로 여기는 것이다. 그렇게 되면 자기 기준이 '정상, 표준, 최선'이 되기에 이를 거스르는 쪽을 대등한 상호 관계에 놓지 않고 교정하거나 강제해야 할 대상으로 간주한다. 이럴 경우 표적이 되는 쪽은 관계에 입장하기 위한 투쟁부터 벌여야 한다. 권리의 문 안에서가 아니라 문 앞에서 문지기와 실랑이를 벌여야 하는 것이다.

가령 혼인 관계를 둘러싼 권리가 많다. 각종 복지 제도와 임금 체계, 큰 수술을 받을 때 보호자가 될 수 있는 것, 상속과 장례 등 인생의 중대사와 직결된 것이 대부분이다. 이성애 혼인 관계를 정상 관계로 설정한 틀에서는 다른 방식으로 결합해 가족을 구성한 사람들에게는 이런 문제 하나하나가 질곡이 된다.

그런데 이것을 평등한 자유의 문제로 다루기보다는 비틀어 다룬다. 차이를 주장하려면 보편적인 기준에서 설정된 제도에서도 빠지라고, 즉 '나가라'는 식으로 대응한다. 또는 "이게 다 너 좋으라고 하는 거야", "누가 너 잘못되라고 이러겠어?" 흔히 이런 말을 하면서 특정한 신조를 편든 채로 상대방의 선호를 자기 식으로 해석한다.

'당신은 한사코 이성애를 거부하고 있다. 당신이 동성애를 버리고 이성애 관계를 맺으면 그와 관련된 권리를 모두 누릴 수 있다. 그렇게 하는 것이 나에게도 너에게도 좋은 것 아니냐.'

이런 주장이 호혜적이라고 할 수 있을까? 호혜성은 특정한 성적 지향에서 좋다고 여기는 바를 타인에게도 따르라고 하는 강제와는 양립할 수 없다. 특정 성적 지향을 편드는 것이 아니라, 기본권의 주체들이 자기 지향에 따라, 상대방과 상호 동의에 따라 자유롭고 평등한 성적 관계를 맺을 자유를 보장하는 것이 여기서 필요한 호혜성이다. 이성애를 중심으로 설계된 기존의 결혼 관계가 포괄하지 못하는 다양한 가족관계를 보장(생활동반자법, 동반자등록법, 시민결합제도 등 이름과 형식은 다양하다)함으로써 '자유롭고 평등한 관계'라는 기본권 지위를 해치는 결함을 시정하는 게 상호적이고 호혜적인 방식이다.

호혜성은 다원성을 존중하는 토대 위에서 가능하다

상호성에 대한 오해 중 하나는 차이를 단순 나열하고는 이를 다양성으로 착각하는 것이다. 다 늘어놓고 전부 다르니까 서로 존중하라고 한다. 그런데 차이에는 저마다 근원이 다른 성질이 녹아 있다. 가령 어떤 차이에는 우월성이, 어떤 차이에는 열등성이 녹아 있다. 그런 차이를 똑같이 늘어놓으면 어떤 차이는 자연스럽고 당당하게 활보하고, 어떤 차이는 주눅 들어 조심스럽게 움직인다. 이렇게 서로 다른 처지에 속한 개별 당사자들의 욕구가 실생활에서 직접적으로 구체적으로 부닥칠 때, 과연 각자의 욕구가 늘 호혜적으로 만족될 수 있을까?

횡단보도를 냅다 뛰어 건널 수 있는 민첩한 신체가 있고 깜빡이가 하나하나 줄어드는 1초 1초가 야속하게 느껴지는 신체가 있다. 건축 비용을 한 푼이라도 아끼려는 건축주와 폭염이 고조되는 시간대에 노동을 피하려는 노동자의 요구가 있다. 점멸 신호 시간을 늘려달라는 요구와 신호를 빨랑빨랑 바꿔달라는 요구, 공사 기간을 줄이려는 요구와 생명의 안전을 추구하는 요구가 호혜적으로 만족될 수는 없다. '누이 좋고 매부 좋다'는 말처럼 모두의 욕구와 이해관계를 만족시킬 수는 없다. 솔로몬 왕이 백 명 있어도 개별 욕구를 모두 만족하는 판단을 내릴 수는 없을 것이다. 또 솔로몬 왕이 꾀를 냈다고 하는 '아이를 둘로 갈라 나눠 가지라'는 식

의 판단은 부닥치는 상대를 똑같이 다루기는 했지만 상호
적이지도 호혜적이지도 않다. 누군가에게 뭔가 할 수 있는
힘이 배분될 때 그렇게 힘을 배분함으로써 발생하는 관계
가 평등하고 자유로운 기본권의 지위를 지키는 정당한 관
계인가를 따지는 일이 필요하다.

사람의 차이는 상품을 진열하는 것과는 다르다. 평등하
고 자유로운 관계를 위한 제도적 선택은 진열품 중에서 가
성비가 좋은 걸 따져 고르는 선택과도 다르다. 요구하고 주
장한다고 해서 다 권리 주장이 아니다. 어떤 요구와 주장은
이기주의가 발현된 것일 수도 있다. 대규모로 뭉쳐서 주장
한다고 해서 뭉쳤다는 규모 자체가 정의로움을 증명하는
것도 아니다.

다원성은 개인의 이기주의를 단순 나열하는 것과 같지
않다. 이익집단의 다양성과도 다르다. 흔히 이기적인 개인
은 1인칭 관점에 빠져서 자신에게 최선의 이익이 되는 것만
을 고집하고 사람들은 그걸 합리적이라 여긴다. 그런데 폐
기물 정화 비용이 아까워 몰래 내다버리는 일이 어떤 개인
에게는 합리적이겠지만, 타인에게도 사회에도 전혀 합리적
이지 않다. 자기의 만족을 최대로 얻으려고 타협하는 선택
이 '합리적'이라면 권리의 세계에서는 '합당한' 것을 고려해
야 한다. 권리의 세계에 들어선다는 것은 다른 사람과 관계
를 맺는 공적인 세계에 들어서는 것이다. 여기서는 공존과
협력의 조건을 서로 제시하고 수용해야 한다. 합당하다는

것은 사적으로 합리적인 것이 아니라 공적으로 정의로운 것을 추구하는 것이다.

합당함이라는 점에서 사적 이익으로 뭉친 이익집단 운동과 사회정의를 향한 운동 사이에 차이점이 생긴다. 자원, 조직, 권력의 불평등 때문에 어떤 이익집단의 이해관계는 지배적인 반면 나머지 이해관계자들은 소리조차 내지 못할 수 있다. 억압받는 사람들이 지배적인 이익집단들과 동등한 위치에서 공적으로 당당히 권리를 표현할 수 있으려면, 그런 표현의 장이 기본권으로 보장되어야 한다.

특권 집단의 관점이 마치 보편인 양 통용되는 기준에 맞서기 위해, 배제된 사람들은 일단 꿈틀거리며 '우리가 여기 있다'고 신호를 보내려 한다. 평등한 자유에 대한 요구를 맞불 작전에서의 대결과 대립으로 모는 것은 그런 신호를 무시하려는 시도다. 일단 자기의 주장을 공적인 문제로 만들어 공적으로 다뤄지게끔 설득해보라는 장을 인정해야 한다. 그런 장이 열리면 때로는 나에게 비합리적이고 성가시다고 여겨질 수도 있고, 때로는 내 편의 이익에 반할 수도 있다. 그러나 그것이 자유롭고 평등한 관계라는 기본권의 지위를 지키려는 것이라면 상호적이고 호혜적인 것이다.

평등한 자유를 위한 요구

장애인 이동권을 위한 시위는 꽤 잦고 오래되었다. 이런 시위가 한두 번 있었던 게 아니었는데 2018년 어느 날 신길역에서 벌어진 시위에는 반감이 유독 심했다. 휠체어를 탄 장애인들이 일렬로 지하철에 탔다가 내리는 방식으로 벌인 시위였다.

장애인 리프트는 계단 바닥에서 1미터 정도 높이에서 오르내리는 구조로 만들어져 경사가 상당히 가파르다. 경험자들은 안전장치 없이 롤러코스터를 타는 느낌이라고 말한다. 이 위험한 리프트를 사용하다가 장애인이 사망하기까지 하는 일이 거듭되자 휠체어 리프트를 없애고 엘리베이터를 설치해달라며 장애인이 리프트에서 추락, 사망한 신길역에서 시위를 벌인 것이었다. 시위 때문에 지하철 운행이 최대 13분까지 지연되자 일부 승객들의 항의가 거셌다.

"당신들만 인간이야? 인간이냐고? 나도 집에 가야 되는데." "일반 시민들한테 피해를 준다는 생각은 안 해보셨어요?" "당신들만 권리가 있어? 진짜 짜증 나."

다른 반응도 있었다. 유아차를 끌고 나온 한 시민은 이렇게 말했다. "엘리베이터 없는 역에 가면 너무 불편하다. 이런 요구가 당연하다고 생각하는데 잘 해결되어서 좀 편하게 다니면 좋겠다."

또 다른 시민은 "신길역에서 사고로 장애인 한 분이 돌아가셔서 엘리베이터를 설치해달라고 요구했는데, 서울시랑 서울교통공사가 법적 책임 없다고 해서 시위하는 걸로 알고 있다"고 했다. 어떻게 그리 정확히 아느냐고 기자가 묻자 그 시민은 "지하철이 계속 멈춰 있으니 궁금해서 검색해 봤다"고 답했다('장애인들, 지하철 연착 투쟁 선포', 〈비마이 너〉 2018. 8. 14.)

혼잡한 도심에서 집회·시위가 벌어지면 당장 길이 막힌다. 조용히 걷고 싶은 사람, 막히는 거리를 통과해 어서 목적지에 가고 싶은 사람, 장사에 방해를 받고 싶지 않은 사람 등 사람마다 욕구는 다양하다. 정부 정책을 비판하거나 사회 개혁을 촉구하는 집회를 하면서 길거리에 있는 모든 사람의 그때그때 달라지는 욕구를 일일이 충족할 수는 없다. 그런데 집회 장소에서의 개별적인 욕구와 모든 구성원에게 보장된 기본권은 동등한 위치에 놓고 비교할 수 있는 대상이 아니다. 입장과 욕구가 바뀌면 집회에 반대하던 사람이 다른 내용으로 집회를 열 수도 있을 것이다.

집회는 다원적인 사회에서 다양한 바를 추구하는 사람들이 자신들의 정치적 신조를 추구하고 실현하는 행위다. 집회를 통해 공공의 장에서 공적인 의사소통을 꾀하고, 사회를 운영하는 원리에 영향을 끼치려 한다. 이런 자유는 '자유롭고 평등한 관계'의 유지라는 공존의 규칙으로, 누구에게나 기본권으로 설정되어 있다. 각 사람의 그때그때의 욕구 충족에 방해가 된다는 이유로 집회를 금지한다면 '공공의 장에서의 의사소통'이라는 공존의 과제를 수행할 자유가 사라진다. 이런 기본적 자유를 희생하는 대가로 남는 것은 우열을 판단하는 기준뿐이다.

집회·시위의 자유는 광장에서 부딪치는 개별적인 욕구들이 아니라 공통의 자유를 지키기 위해 기본권으로 작동한다. 개별 상황에서 불편함을 감수하고라도 지켜야 하는 공존의 규범이다. 이런 이유로 집회·시위의 자유는 헌법으로 보장하는 기본권이다.

여기서 정부는 정부에 우호적인 의견이건 반대하는 의견이건 어느 한쪽의 집회는 인정하면서 다른 쪽 집회는 금지하고 억압해서는 안 된다. ('조용히 걷고 싶다' 같은) 개별 욕구를 충족하겠다고 집회·시위의 자유라는 기본권을 포기하도록 해서는 안 된다. 동료 시민들도 마찬가지다. 1인칭 관점에서 당장 짜증나고 불편하다고 해서 평등한 자유의 관계를 요구하고 지키려는 기본권의 행사를 막아서는 안 된다.

잘못된 대립 관계 설정

'국민의 이름으로', '국민 경제에 이익이 되는', '전체 공동체의 복리를 위해'….

기본적 인권은 주로 소수의, 힘없고, 인기 없는 주장에서부터 발화되어왔다. 그런 발화와 권리를 제한하려 들 때 흔히 '전체 공동체'의 이름이 동원된다. 그러면서 공동체의 이익이 우선인가, 개인의 이익이 우선인가 하는 식으로 대립각을 만든다. 질문 자체가 공동체의 이익은 선이고 개인의 이익은 이기적인 악이라는 답을 유도한다. 이게 정당한 구도일까? 여기서도 마찬가지로 '대(對)'의 관계에 서려면 양쪽이 동등해야 한다는 점을 떠올려보자. 공동체가 개인과 대립항을 이룰 수 있는 동등한 범주인가. 설정 자체가 틀렸다. 어떤 공동체든 다양한 개인으로 구성된다. 개인은 이미 공동체에 속한 구성원이다. 개념 범주가 다른 것을 나란히 대립항에 놓을 수는 없다. 어떤 개인과 공동체의 다른 구성원들이 대립하는 상황은 얼마든 있을 수 있다. 그러나 공동체의 다른 구성원들은 아무리 다수이고 힘이 세더라도 공동체 자체는 아니다. 같은 공동체에 속해 있다 하더라도 법 제도와 정책으로부터 받는 영향은 사람에 따라 제각각이다. 그런데 그중 어느 한쪽을 공동체로 지칭하면서 다른 쪽의 질문과 이의를 무시한다면 공동체라는 이름을 도둑질하는 것이다.

그 결과 공동체를 사칭한 일부 구성원들이 나머지 구성원들의 삶을 결정할 권한이 있다고 착각하게 된다. 자주 경험해왔듯이 '공동체'로는 정부로 대표되는 국가, 주류인 다수, 대기업의 이해관계가 흔히 거론되고, 이기적인 악으로 여겨지는 '개인의 이익'으로는 소외된 지역 주민, 소수자, 영세 사업자나 노동자 등이 배치된다.

공권력이 해야 할 일은 스스로 공동체의 이익을 대표한다고 가정하고 공동체와 개인의 이익이 대립한다는 식의 관계를 주장하는 것이 아니다. 일부 구성원의 의견을 공동체의 의견이라는 명목으로 위장하는 것도 아니다. 공권력이 해야 할 일은 공동체의 각 구성원이 타인과 맺는 관계에서 무엇을 할 수 있고 무엇을 할 수 없는지를 정한 제도적인 규칙, 즉 권리를 보장하는 것이다. 공동체의 이익이란 기본권의 주체들 사이에 평등하게 자유로운 관계가 성립해야 한다는 요구를 표현한 것이라고 이해해야 한다.

따라서 정부의 권한은 공동체 구성원 사이의 근본적인 관계, 즉 자유롭고 평등한 관계를 위배하지 않는 한도 내에서 가지는 권한, 근본적인 관계가 위태로울 때 그 관계를 복구하는 권한(달리 말해 권리 관계에서 취약한 이들의 권리를 지원하는 것), 나아가 그 관계를 더 강화할 수 있는 구체적인 조치를 취할 권한을 말한다.

공동체 대 개인이라는 식 말고도 권리의 대립 관계를 잘못 설정하는 경우는 흔하다. 인정하고 싶지 않은 권리 요구에 맞닥뜨렸을 때 그것의 정당성을 희석하려고 오인하기 쉬운 대립 관계를 만들고 과장하는 경우다. 가령 교사의 권리 대 학생의 권리 같은 구도다. 둘은 대립하는 권리가 아니다. 학교에서 표현의 자유는 교사에게도 학생에게도 중요한 기본권이다. 성차별로부터 자유로울 권리도 마찬가지다. '여성' 교사에 대한 성폭력은 학교 관리자, 동료 교사, 학생, 학부모, 그 누가 가해자이건 인권을 침해한 문제다. 학생에 대한 성폭력도 마찬가지다. '교사가 학생에게 성희롱을 당하는 마당에 학생 인권 웬 말이냐'라는 말은 대립 관계를 잘못 설정한 것이다. '교사의 지도권과 학생의 인권이 대립한다'는 말도 이상하다. 학생의 인권을 존중하자는 요구는 지도와 훈육의 방법에 학생의 기본권을 훼손하는 내용이 포함되어서는 안 된다는 것이지, 교사의 지도권을 무시하자는 게 아니다. '체벌권이 없으니 학생을 지도하기가 어렵다'는 말은 '학생을 인격적으로 대하면 교육을 할 수가 없다'는 말이 된다. 학생 인권을 존중하자는 요구는 평등하게 자유로운 관계에서 교육이 이루어지도록 학교 환경을 조성하는 내용이다. 어떤 조직에서 가장 불리한 처지에 있는 사람의 발언권과 참여가 증진되면 전체 구성원의 권리가 증진된다. 그렇게 함으로써 부당한 권위를 잠식하고 정당한 권한을 확립할 수 있다. 권위가 아니라 관계를 살리는 것이다. 학생 인권을 강화하는 조치는 교사의 권리를 없애려는 목적이 아니라 수평적인 관계 속에서 소통의 자유를 강화하기 위한 목적에서 정당화된다.

노동자를 자유로이 뽑을 고용주의 권리와 여성 노동자의 노동권이 대립한다는 구도는 어떤가? 성차별은 다양한 법제도로 금지하고 있다. 그런데 아직도 많은 고용주가 이런 주장을 한다.

"왜 나한테만 손해 보라는 거야? 일하다 임신하고, 출산하고, 육아휴직 가고…, 그러면 일에 지장이 있을 게 뻔한데, 노동자의 권리만 중하고 내 권리는 중하지 않은 거야? 어떤 사람은 뽑고 말고는 내 맘이지, 그것두 내 맘대로 못하면 뭣 하러 기업을 하겠어?"

그러면서 입사한 여성 노동자들에게 결혼과 동시에 퇴직하겠다는 약속을 요구하기도 한다. 그 결과 혼인, 임신, 출산을 계획한 여성만이 아니라 그럴 가능성이 있다는 이유만으로 모든 여성이 고용과 고용 관계 유지, 승진에서 차별을 당한다. 여기서 고용주가 생각하는 대립항은 '고용의 자유(또는 계약의 자유) 대 노동자의 혼인과 가족생활의 자유'다. 관계 설정 자체가 틀렸다.

고용주건 노동자건 모든 사람은 자신이 원하는 사람과 서로 동의한 가운데 친밀한 관계를 맺을 권리가 있다. 그 관계에는 혼인이 포함될 수도 있고 안 될 수도 있다. 고용주는 자신의 혼인의 자유를 포함한 친밀권을 행사하는 데 아무런 문제가 없다. 즉 자기 몫의 권리를 행사하고 있다. 그러면서 동시에 고용을 빌미로 여성 노동자 몫의 권리까지 좌지우지하려 하고 있다. 여성 노동자는 이 기업에 취업하려면 친밀권 행사를 포기해야 한다. 이것은 평등하게 자유로운 관계에서 벗어난 것이다. 이런 일이 기본권의 주체에게 발생해서는 안 되기에, 평등하게 자유로운 관계를 지키기 위해 고용에서 성차별 등을 금지하는 입법이 정당화된다. 여성 노동자의 자유를 정당하지 못한 방식으로 제한하는 행위를 완화하고 제거하기 위해 국가가 규제한다면, 이는 고용주의 자유를 침해하는 것이 아니라 평등하게 자유로운 관계를 위한 정당한 제한이 된다.

권리의 상호성을 지지하는 장치

각 사람의 권리는 맨몸으로 부딪치는 게 아니다. 입법을 비롯한 다양한 조정 장치를 매개로 만난다. 그런데 조정 장치는 고려하거나 상상하지 않고 내가 싫거나 거북하다고 해서 공존할 수 없는 권리로 여긴다면, 이는 평등한 자유의 관계를 심사숙고하는 태도와는 거리가 멀다. 가령 가치관이 다르면 공존할 수 없으니 '사생결단 끝장을 내야 한다'는 식으로 여기거나 '악법도 법이니 통용되는 규칙을 그냥 따르라'고 강요하는 식이다. 또는 조금이라도 해를 입을 것 같으면 당장 집회·시위 같은 활동을 죄다 금지해야 한다고 요구하는 태도도 여기에 해당한다.

공존을 위한 조정 장치는 기본권 주체들이 평등하게 자유로운 관계를 맺도록 작동해야 하지, 이런 관계를 훼손하는 것이어서는 안 된다. 가령 출생률이 떨어져서 위기라고들 하는데, 출생률을 높이겠다고 '해고할 때 독신자를 일순위로 해고한다'거나 '독신자의 공직 출마를 금지한다'는 식의 대책이 수립된다면 어떨까. 독신자에게 징벌적인 불이익을 주는 조치를 취해서 출생률을 높여보겠다는 것인데, 이것은 재생산권에 대한 특정 개인들의 자유를 제한함으로써 이들의 근본적 지위를 부정하는 것이다. 출생률을 높이려는 대책은 일과 양육이 양립 가능한 노동 조건을 만들고, 성차별을 시정하고, 아동 친화적인 환경을 조성하는 등 기본권 주체들의 평등한 자유를 증진하는 방향으로 이루어져야 한다.

2014년 2월, 서울 어느 반지하 셋방에서 환갑인 어머니와 30대인 두 딸이 70만 원을 담은 흰색 봉투를 남기고 스스로 목숨을 끊었다. 그들이 남긴 메모에는 이렇게 적혀 있었다.

"주인아주머니께… 죄송합니다. 마지막 집세와 공과금입니다. 정말 죄송합니다."

한때 단란했던 가족사진이 그들이 사라진 방 안 벽에 걸려 있었다. 사진 속 아버지는 암으로 세상을 떠났고 오랜 투병 기간 동안 쌓인 병원비가 빚으로 남았다. 큰딸도 병이 있었으나 치료를 받지 못했고 작은딸은 임시직 일자리와 실업 상태를 오갔다. 카드빚으로 생활비를 대느라 두 딸 모두 신용불량 상태가 되었다. 어머니가 식당일을 다녀 번 150만 원 남짓한 돈으로 세 식구가 한 달을 살았다. 죽기 한 달여 전 어머니가 빙판길에 넘어져 팔에 깁스를 한 뒤로는 그마저도 벌이가 끊겼다. 생계가 막막한 와중에 세 모녀는 어디에도 도움을 구하지 않았다. 그러고는 버티다 못해 삶을 마치기로 마음먹었을 것이라 추측할 뿐이다.

해가 바뀌고 달이 바뀌어도 우리는 이런 사연을 계속 접한다. 해고, 질병, 가정폭력, 이혼, 집세 상승 등이 원인으로 지목된다. 그러나 그건 정황을 묘사한 것일 뿐 우리 사회가 뭘 잘못했고 뭘 해야 하는지에 대한 해석은 아니다. 여기서 '잘못'이란 사람을 직접 죽이는 행위하고는 상관이 없다. 세

모녀의 죽음에 직접 폭력을 행사한 사람은 아무도 없다.

우리가 느끼는 책임은 '뭔가를 저질렀다'가 아니라 '뭔가를 하지 않았다'에 대한 것이다. 이때 느끼는 죄책감과 책임감은 무엇일까. 세 모녀의 죽음을 일종의 '사회적 살인' 행위라고 부르는 경우가 있다. 이때 '사회적(social)'이라는 말의 라틴어 어원 socialis는 사회 속에서 우리가 연을 맺었다, 즉 관계를 맺었다는 의미다. 사회적 권리란 그런 관계 속에서 누릴 수 있는 권리이고 그 권리를 위해 자원을 공공적으로 사용할 수 있다는 의미다. 사회적 위험이란 개인적 잘못이 아니라 어떤 조치를 취하지 않으면 누구에게든 언제든 벌어질 수 있는 일이라는 의미다. 그러므로 우리가 느끼는 책임은 사회 속에서 결연한 사람으로서 그 관계성을 지키지 못했다는 데서 온다.

뭘 해야 하는지에 대해서도 마찬가지다. 우리 중 누구에게도 세 모녀의 삶을 직접 책임질 의무는 없다. 세 모녀의 생활 반경에서 직접 만났던 사람이라도 직접 밥을 주거나 돈을 주거나 치료해주어야 할 의무는 없다. 선의로 하겠다면 막을 이유는 없지만 하지 않았다고 추궁하는 것은 타당하지 않다. 그럼 사회적 관계 속에서 우리는 무엇을 해야 하는가. 국가가 강제력을 가지고 실현해야 할 가치를 공공적으로 정하는 일이다. 우리 중 누군가가 원치 않는 질병, 장애, 실업, 사고 같은 어찌할 수 없는 위험으로부터 벗어나 인간다운 삶을 지킬 수 있도록, 필수 자원을 권리로서 제공받을 수 있도록 하는 것이다. 권리로서 요구할 수 있는 정도, 강제력을 가지고 실행할 수 있는 정도가 무한대일 수는 없다. 바로 그럴 때 모든 사람의 '평등하게 자유로운' 관계를 지탱할 수 있느냐가 그 한계를 정한다.

건장하고 안정적인 소득이 있는 사람이 있고, 자신이 아프거나 돌봐야 할 사람이 있거나 소득이 불안정한 사람이 있다. 이들에게 뭐가 됐든 똑같이 대우해야 정의로운 것일까, 맥락에 따라 다르게 접근해야 정의로운 것일까. 모든 사람의 평등한 자유를 존중하는 것이 인권 규범의 핵심이고 사람들을 처지에 맞게 서로 다르게 대우하려면, 정당한 이유가 제시되어야만 한다. 가령 공공적으로 누군가를 지원할 때 가장 불리한 개인과 집단이 당연히 대상에 포함되고 그들이 우선순위가 된다. 이것이 '다르게'를 정당화할 수 있는 타당한 이유로 받아들여지는 사회와 그렇지 않은 사회에서 평등한 자유의 관계는 크게 다를 것이다.

보편적으로 평등한 자유를 보장하려면 이를 보장하기 위한 부담도 적절하게 나누어야 한다. 배고픈 사람에게 식당 주인이 공짜로 밥을 제공할 의무는 없다. 사고를 당한 사람을 보고 119에 신고할 의무는 있지만 전문가가 아닌 사람이 위험에 몸을 던질 의무는 없다. 그러나 배고픈 사람을 계속 굶주리게 하는 것, 사고 당한 사람을 방치하는 것에는 분명 책임을 물어야 한다. 누구에게 물을 것인가? 사회 구성원들이 같이 책임질 방도는 있다. 가령 과세를 공정하게 해서 재원을 마련해 평등한 자유의 관계를 지킬 만한 가치가 있는 일에 지원하는 것이다. 이것은 자선이나 시혜가 아니다. 한계선 아래로 추락하기 쉬운 가장 취약한 사람을 지원하는 것은 평등한 자유의 선이 무너지지 않도록 해 모두의 권리 체계를 유지하고 강화하는 일에 해당한다.

정리하자면 권리의 상호성은 이분법적인 대립 속에서 똑같은 것을 기준으로 똑같은 것이 오간다는 뜻이 아니다. 비대칭적인 권력 관계 속에서 우리의 권리가 서로 맞물려 있다는 뜻이다. 가는 게 있으면 오는 게 있다, 나 하나 너 하나, 기브 앤드 테이크(give and take) 식으로 주고받는 관계가 아니라 '세 모녀'의 경우처럼 누구는 형편에 따라 둘을 가져가도 되고 기여하지 않고 가져가도 되는 것이다. 평등하게 자유로운 관계를 지탱하는 공통 기반을 지지하는 것, 그것이 권리의 상호성을 존중하는 것이다.

5장

자유

———

서로를 만나는 힘

허먼 멜빌의 1853년작 소설 『필경사 바틀비』는 "그렇게 안 하고 싶습니다(I would prefer not to)"라는 문장으로 잘 알려져 있다. 필경사는 글씨를 써서 문서의 사본을 만드는 직업이다. 소설 속 변호사는 부동산 양도, 권리 취득을 비롯한 온갖 난해한 문서를 정리하기 위해 추가 인력이 필요했다. 그는 바틀비라는 핼쑥해 보이는 청년을 고용하고는 자질구레한 일을 처리해야 할 때 부르기 쉽도록 자기 자리와 가까운 곳에 바틀비의 자리를 배정했다. 처음에 바틀비는 어마어마하게 많은 일을 해치운다. 밥도 먹지 않고 휴식 시간도 없고 퇴근도 하지 않고 일한다. 업무에 굶주린 사람처럼 일만 해댄다.

그러던 어느 날 변호사가 문서 검토를 지시하자 바틀비는 "안 하고 싶습니다"라는 말로 고용주를 놀라게 한다. 왜 그러느냐고 변호사가 따져 묻자 바틀비는 안 하는 게 좋기 때문이라 답한다. 그 후로도 바틀비의 거부는 계속된다. 어떤 지시와 요청에도 같은 말만 대꾸할 뿐이다. "안 하고 싶습니다." 급기야 "현재로선, 조금 더 합리적이지 않았으면 좋겠습니다"라고 하더니 "더는 안 합니다"라고까지 한다. 이유를 따져 묻는 고용주에게 "이유를 모르시겠습니까?"라고 대꾸한 바틀비는 일체의 필경을 거부하고, 퇴사를 거부하고, 건물에서 나가라는 지시도 거부한다. 결국 건물주가 경찰에 신고해 부랑자라는 이유로 수감된 그는 구치소에서 먹는 일마저 거부하다 쓰러진다. 결국 바틀비는 죽음을 맞고, 그의 죽음을 수습한 변호사는 알게 된다. 바틀비가 자신에게 고용되기 전에 수취인 불명 우편 처리소에서 말단 직원으로 일했고, 어느 날 갑자기 구조조정으로 해고를 당했었다는 것을.

부조리 소설의 최고봉이라 불리는 이 소설의 내용을 간단하게 해석할 수는 없다. 다만 '그렇게 안 하고 싶습니다'라는 바틀비의 외침을 우리 시대의 자유란 무엇인가 하는 물음 속에서 되새겨보려 한다.

그렇게 안 하고 싶습니다!

실업계 고교를 졸업하자마자 작은 회사에 취직한 어느 여성의 이야기다. 그곳은 회사라고 부르기에도 민망할 정도로 작고 누추한 사무실이었다. 사장과 친구들이 수시로 술자리를 여는 곳이기도 했다. 이 여성은 주어진 업무가 명확하지 않아 은행 심부름, 간식 대령, 청소 같은 갖은 허드

렛일을 시키는 대로 해야 했다. 첫 직장인지라 첫 단추를 잘 못 끼웠다는 생각이 들면서도 바로 그만두는 건 무책임한 것 같아 당분간 버텨보기로 했다. 출근 시간은 정해져 있는데 퇴근 시간은 그렇지 않았다. 사장 눈치를 보다 '이제 그만 가봐' 하면 그제야 가방을 들고 나왔다. 그러던 어느 날은 사무실에서 사장의 술자리가 길어졌다. 시계가 열 시를 향해 가는데 퇴근하라는 눈치가 없다. 책상에서 읽히지도 않는 책을 보다가 몇 번이나 눈이 마주쳤지만 사장은 퇴근하라는 말을 하지 않는다. '모르겠다, 더 있을 수 없다, 이제는 가야겠다'라고 마음먹은 여성이 자리에서 일어났다. 그때 화장실에 다녀오던 사장이 말한다.

"어! 아직 있었어? 이제 가봐."

'이제껏 내가 눈에 보이지도 않았던 건가?'

여성은 퇴근하자마자 친구에게 들렀다. 친구 얼굴을 보자마자 눈물이 터져 나왔다. 친구에게 자초지종을 얘기하다 보니 설움은 더 짙어졌다. "우리 엄마가 어떻게 날 낳고 키웠는데, 이런 대접이나 받고 살라고 키우진 않았을 텐데…" 듣고 있던 친구는 아무 말도 할 수 없었고 같이 부둥켜안고 울 수밖에 없었다.

특성화고 3학년이었던 어느 현장 실습생이 있다. 전공과는 상관없는 업무에 배치를 받았고 장시간 노동을 하느라 잠이 모자랐다. 조금이라도 쉬고 싶은데 회식 참가를 강요당했다. 담배도 어지료 피워야 했고 술두 삼켜야 했다 선임

직원은 그의 뺨을 때리고 머리를 짓밟으며 폭행과 욕설도 했다. 출근이 너무 무서웠다. 이 학생은 그나마 고통을 털어 놓던 트위터 친구들에게 마지막 말을 남겼다. "너무 두렵습니다. 내일 난 제정신으로 회사를 다닐 수 있을까요?" 그리고 그는 회사 옥상에서 뛰어내렸다.

두 사례의 시간차는 30여 년이다. 앞의 얘기는 1980년대 중반, 뒤의 얘기는 2014년 초에 벌어진 일이다. 세상이 많이 나아졌다고들 하는데 그건 누구 기준에서일까? 두 사례의 주인공은 '그렇게 안 하고 싶다'는 말을 결코 하지 못했다.

장시간 저임금 노동, 직장 괴롭힘, 성희롱, 노동 재해가 넘쳐나는 온갖 일터에서 '그렇게 안 하는 편을 선택하겠다'라는 말을 할 수 있는 자유는 여전히 발붙이지 못하고 있다. 얄궂게도 노동권을 다른 말로 하면 '노동의 자유'다. 자유롭지 못한 것의 대표적 보기인 노동에 자유가 붙다니, 뭔가 이상하다.

'인간은 자유다'라는 말은 부자유한 현실을 그럴듯하게 위장하거나 부자유한 사람들의 속을 긁어놓으려는 조롱일까? 그럴 수도 있고 아닐 수도 있다. 우리가 자유를 어떻게 생각하고 다루느냐에 따라 달라진다.

"아무도 너에게 강요하지 않았어. 학교도 취업도 네가 선택한 거야. 자유롭게 선택한 결과니까 네 책임이지."

앞서 이야기한 두 노동자에게 이런 말을 한다면 이들은 자유의 이름으로 조롱받는다고 느낄 것이다. 피하고 싶은 폭력을 선택의 자유니 계약의 자유니 하는 말장난으로 위장하고 있다면서 말이다.

"너는 입이 없니? 왜 그 자리에서 바로 뭐라고 대꾸하지 않았어?"

이런 말도 마찬가지다. 이런 말을 들으면 결국 모든 건 못난 내 탓이라고 생각해 주눅 들고 자책할지 모른다. 그리고 결국 자유는 고립이고 독박일 뿐이라고 느낄 것이다.

자유란 말을 다르게 쓰고 싶다면 어떻게 해야 할까? '그렇게 안 하는 편을 선택하겠다'고 말할 수 있는 자유를 실제로 누리려면 무엇이 있어야 할까?

자유(freedom)라는 외침을 유언으로 대신하는 영화 속 영웅들, 현실 속 유명인들의 자유에 대한 예찬, 광고 속 모델들이 건네는 '네 멋대로 해봐'라는 자유의 속삭임…. 그런 자유에 대한 포장을 걷어내고 '그렇게 하고 싶지 않다'라고 말할 수 있는 현실 속 자유가 절실하다. 자유를 박탈당했거나 그런 위협을 느낄 때 '이건 네 잘못이 아니야. 그건 타자의 폭력이고 강자의 폭력을 방치한 사회의 잘못이야'라고 말해주는 곁의 사람들, '이건 당신 혼자는 감당하기 어려운 문제고, 당신의 자유를 지원하는 이런 법과 제도가 있다'고 내밀 수 있는 사회적 장치가 필요하다. 이런 게 있어야 '그렇게 안 하는 편을 택하겠다'라고 말할 자유를 실제로 누릴 수 있다. 자유의 의미부터 살펴보자.

자유의 의미

"오늘 부로 이런 일은 끝나야 돼⋯."

이 말을 한 사람은 피부색 때문에 경찰들에게 괴롭힘을 당해왔다. 경찰은 길거리에서 유독 흑인 시민을 볼 때마다 검문하고 몸수색을 하고 죄인 취급하면서 괴롭히는 일이 잦았다. 소설 속 바틀비가 아니라 현실의 인물인 에릭 가너 (Eric Garner)는 '그렇게 안 하고 싶다'며 몸수색을 거부했다. 몸수색을 거부했을 뿐 어떤 공격 행위도 하지 않고 두 팔을 활짝 벌린 채 제자리에 서 있었다. 하지만 경찰은 그를 짓눌렀고 목을 졸랐다. 숨을 못 쉬겠다고 절망적으로 호소했으나 내리누르기는 계속됐고 결국 그는 숨을 멈췄다. 2014년 미국 뉴욕 거리에서 일어난 일이다.

"오늘 부로 이런 일은 끝나야 돼⋯."

자기 존엄성을 모욕하는 행위를 더 이상 용납하지 않겠다는 이 말은 자유가 당연한 사실이 아님을 보여준다. 자유는 언제 어디서든 똑같은 것이 아니라 특정한 역사와 사회라는 맥락에서 인간성에 대한 억압에 맞서 구성된다. 자유는 때가 무르익어서 저절로 등장한 게 아니다. 어느 시대 어느 사회에서나 인간성을 억압하는 권력에 맞서 용기를 낸 사람들이 있었기에 자유는 이상에서 사실로 변환되어왔다. "오늘 부로 이런 일은 끝나야 돼"라는 실천들이 그런 변화를 가져왔다.

근대 이전의 자유는 기득권의 자유였다. 귀족의 자유 등 신분 집단에 따라 내용이 서로 다른 자유였다. 신분제의 구속을 떨쳐낸 인권혁명으로 출현한 자유는 특정 계급의 자유가 아니라 모든 사람의 자유다. 가령 신체의 자유라는 권리는 신분제 사회에서는 모두의 권리가 아니었다. 영국 같은 곳에서는 귀족 집단이 왕권에 대항해 같은 계급의 일원에게 보장되도록 약속 받은 것이었다. 보통의 아무개들은 누릴 수 없는 권리였다.

반면 오늘날 인권으로서 신체의 자유는 모두의 권리로서 누구든 고문이나 자의적인 체포, 구금 등으로부터 자유로워야 한다는 것이다. 그럼에도 불심검문에 저항하다 죽어가는 시민이 있고, 검문에 쫓기다 죽음으로까지 내몰리는 미등록 이주 노동자가 있다. 신체의 자유가 모든 사람에게 사실로 존재하느냐, 어떻게 사실로 만들 것이냐가 자유의 역사가 던지는 질문이다. 그렇지 않다면 아무리 21세기라 할지라도 신체의 자유는 보편적인 자유가 아니라 기득권층만의 자유, 특권에 불과하다.

옛날에 기득권의 자유가 신의 섭리라거나 아주 옛날부터 그래왔다고 관습을 확인하는 것으로 보장되었다면 오늘날의 자유는 구성원들이 공론을 통해 만들고 또 재구성하는 법제도로 보장된다. 오늘날 사회가 공통의 기준으로 삼는 자유는 국제인권선언과 협약들, 헌법 등에 담겨 규범으로 정해져 있다. 규범화된 가치라는 건 오늘날 인간이 인간성을 존중하고 지키려면 마땅히 따라야 할 원칙이라는 의미다. 물론 인권 규범이 제시한 자유들은 그 자체로 완결적인 것도 아니고 닫혀 있는 것도 아니다.

인권 규범이 제시한 자유들이 완결적이지 않다는 건 무엇보다 그것이 최소의 기준이라는 뜻이다. 최고이자 최선의 자유를 정하기란 불가능하다. 사람마다 추구하는 가치가 다양하기에 어느 하나로 통일할 수 없고 도달해야 할 최상에는 한계가 없을 것이다. 따라서 인권 규범은 일단 누구도 빼앗겨서는 안 되는 기본적 자유를 정하는 데서 출발했다.

기본적 자유는 크게 두 가지에 집중한다. 하나는 인간이라면 당연히 겪지 말아야 할 고통의 목록을 정하고 '이것만은 피하자'는 최소 목표를 정한다. 이 목표는 추상적인 것이 아니라 20세기에 인류가 겪은 잔학 행위와 공포라는 구체적인 경험에서 나왔다. 다른 하나는 '이것만은 꼭 하자'는 목표다. '이것만은 꼭 하자'는 '이것만은 피하자'와 뗄 수 없는 관계다. 2차대전의 참상을 겪은 인류는 사람들이 독재를 추종하고 타자를 증오하고 배제하는 쪽으로 치닫지 않으려면, 기본적인 생존이 공공적으로 보장되어야 한다고 인식하게 되었다. 이런 이유로 노동의 자유, 기본적인 교육과 의료, 사회보장 등이 사람이라면 공통으로 누려야 하는 기본적 자유로 〈세계인권선언〉에 명시되었다.

'이것만은 피하자'보다 '이것만은 꼭 하자'에 대한 답이 더 복잡하기는 하다. 당장 보편적인 대답을 하기 힘들다. 기본적인 사회보장의 내용은 그 사회에서 구상하는 삶의 폭에 따라 달라질 여지가 있다. 내가 속한 사회에서 내가 인간으로서 당연히 누려야 할 자유라는 게 도대체 뭘까? 선뜻 답하기가 어렵다면 아래와 같은 체크리스트를 보자.

· 조기 사망하지 않고 평균 여명을 누릴 수 있는가?
· 출산 관련 건강 상태를 포함해 좋은 건강을 누릴 수 있는가? 충분한 영양을 취할 수 있는가? 적절한 주거를 가질 수 있는가?
· 성폭력을 비롯해 폭력적인 공격으로부터 안전한가?
· 타인의 존엄성과 동등한 가치를 지닌 존엄한 존재로서 대우받을 수 있는가?
· 인간답게 일할 수 있고 다른 노동자와 상호 인정 속에서 의미 있는 관계를 맺을 수 있는가?

센(Amartya Sen)과 누스바움(Martha Nussbaum)이라는 학자가 제시한 '핵심적 인간 역량' 지표에 담긴 질문 중 일부다. 이 지표는 사람이라면 누구나 이런 역량을 발휘할 수 있어야 실질적인 자유가 열려 있다고 볼 수 있다는 취지로 만들어졌다. 기본적 자유를 누린다는 건 이런 질문들을 따져보고 점검할 수 있는 구체적 척도를 그 사회가 갖는 것이다. 사회마다 일반적으로 추구하는 가치에 따라 '어떤 자유냐'에 여러 의견이 있고, 기본적 자유가 합당한지 여부도 그에 따라 달라진다. 인권 규범이 '닫혀 있지 않다'는 건 바로 그러한 의미에서 우리에게 할 일을 남겨두었다는 말이다.

그렇다면 기본적 자유를 정의하고 또 그 폭을 확장하려면 무엇을 해야 할까? 자유롭지 못한 사람들에게 먼저 물어보는 게 현명할 것이다. 앞서 본 바틀비나 현장 실습생 같은 이들에게 물어보는 것이다. 사회는 그들을 통해 자유를 위태롭게 하는 위험 신호를 알아차릴 수 있다. 자유의 위험을 알려주는 이들은 그저 희생자나 비참한 대상이 아니라 자유의 전령으로 여겨질 수 있다. 자유롭지 못한 사람들은 흔히 공론의 장에서 의사를 표현하기가 어렵다. 그들이 자유의 전령이 될 수 있도록, 보다 적극적으로 표현할 수 있도록 통로를 만드는 것 자체가 기본적인 자유를 다시 정의하고 자유의 폭을 확장하는 실천이 된다.

2013년 겨울과 이듬해 봄에 걸쳐 '안녕들 하십니까?'라는 대자보 열풍이 불었다. 철도 민영화에 반대한 노동자들의 파업이 있었고 뒤이어 많은 노동자가 직위 해제된 사건이 있었다. 대자보는 그 일련의 사건들을 마주한 한 대학생이 우리 그냥 이대로 살아가도 괜찮겠냐는 질문으로 사회 구성원을 초대하는 글이었다. 이 초대에 응답이 이어졌다. 대학가에서 처음 시작된 대자보 의견 나누기는 초중고생, 다양한 직종의 노동자 등 각계각층, 다양한 사람들이 참여해 그들의 생활 현장으로 옮겨 붙었다. 사람들은 온라인에도 대자보를 올렸고, 힙합 음악과 이미지 등 형식도 다양해졌다. 대자보를 쓴 사람들은 자기 생활공간, 학교, 일터 이야기를 꺼내놓으며 한국 사회의 안녕을 물었다. 서로 모르는 사람들이 직접 또는 가상의 공간에서 만나 저마다 처한 사회의 조건을 이해하고자 이야기를 나눴고, 새로운 조건을 만들려면 무엇을 해야 할지 고민했다.

저는 다만 묻고 싶습니다. 안녕하시냐고요. 별 탈 없이 살고 계시냐고요. 남의 일이라 외면해도 문제없으신가, 혹시 '정치적 무관심'이란 자기합리화 뒤로 물러나 계신 건 아닌지 여쭐 뿐입니다. 만일 안녕하지 못하다면 소리쳐 외치지 않을 수 없을 겁니다. 그것이 무슨 내용이든지 말입니다. 그래서 마지막으로 묻고 싶습니다. 모두 안녕들 하십니까!

축제의 밤이 끝나면 우리는 다시 학생으로, 가족의 일원으로, 직장으로 돌아가야 합니다. 거기서도 여전히 삶은 지리멸렬하게 지속됩니다. 거기서도 타인의 행동과 몸짓이 지니는 의미를 기억할 필요가 있습니다.

철학자 한나 아렌트는 바로 이런 행위가 자유라고 했다. 자유란 '자신의 행위와 언어로 타자와 만날 수 있다는 것'이고 '그렇게 만난 타자들과 함께 기존의 주류 세계를 바꾸려 하는 것'이다. '안녕들 하십니까' 대자보를 송·수신한 사람들이 그렇지 않은가. 자기 문제를 적극적으로 드러내고 서로를 호출하고 응답하면서 당장의 학업과 먹고사는 문제를 벗어나 '하던 대로'의 세계를 바꾸려면 무엇을 해야 할지 고민했다. '그래서 밥이 나와 떡이 나와?', '결국 남은 게 뭔데?'라고 비웃는 건 자유를 밥과 떡 같은 물건으로 보는 오류다. 타자와의 만남, 즉 관계 속에서 사람들은 새로운 정치적 사건을 일으켰고, 세계를 다르게 구성해보는 자유를 경험했다. 자기에게는 보이지 않던 세계를 타자의 관점을 통해 알게 되었다. 자유는 혼자서 마음대로 할 수 있는 게 아니라 타인들과 함께 행위하는 것이라는 경험은 또 다른 사건으로 언제든 다시 돌아올 수 있다. 그로부터 3년 뒤 2016년 겨울을 밝힌 촛불처럼 말이다. 그리고 이 순간 우리가 추구하는 어떤 만남의 자유는 또 다른 사건을 불러일으킬 수 있다.

자유의 자원

진로나 학업 문제 등으로 의견이 다를 때 청소년들이 보호자에게 주로 듣는 말이 있다고 한다. "네 자유라고? 그럼 네가 돈 벌어서 알아서 먹고살아. 지금 입고 있는 옷도 신발도 다 내가 사준 거니까 다 벗어놓고 나가!"

시설에서 벗어나 지역 사회에서 다른 이들처럼 살고 싶다는 장애인에게 쏟아진다는 말도 있다. "자유롭게 살고 싶다고? 그럼 활동 지원이나 복지 급여 같은 거에 의존하지 말고 뭐든 다 알아서 해. 그럴 자신 있으면 자립해서 생활해봐."

재벌을 비판하는 글을 쓰려는 기자 등이 주로 듣는다는 말에는 뭐든 자유를 주장하려면 '혼자 다 알아서 하라'는 생각이 담겨 있다. "표현의 자유라고? 자유, 말이야 좋지. 그럼 마음대로 써봐. 그런데 말이야, 행여 광고 수주 떨어지면 그건 죄다 당신 책임이야. 광고 떨어뜨리고 명예훼손 소송에 휘말리는 기사를 누가 좋아하겠어?"

자유에 대한 오해 중 대표적인 것은 자유를 행사하는 힘이 오로지 자기 자신한테서만 나와야 한다고 생각하는 것이다. 물론 자유를 행사하려면 자기 역량이 필요하다. 하지만 그게 다가 아니다. 자유는 관계이기에 자유를 지키고 누릴 수 있는 자원도 관계 속에서 나온다. 흔히 자기 역량이라 부르는 것도 단독으로 만들 수 없다. 어디까지나 타자와의 교류와 협력, 사회적 자원을 이용해서 길러진 것이다.

관계성을 무시하고 자유의 자원을 개인의 것으로만 파악하면 부자유함은 개인이 가진 내적 제약의 문제로 부각된다. 그리고 사회적 자원이 없거나 어느 한쪽으로 쏠린 현실은 고려하지 않고 자유를 외부에서 간섭하지 않으면 되는 문제라고만 생각하면 심각한 부자유가 방치된다. 심각한 부자유는 강자의 횡포와 무책임이 활개 칠 자유와 연결될 뿐이다.

앞서 등장한 청소년, 장애인, 기자에게 알아서 하라고 하는 건 사실상 부자유를 강요하는 것이다. 자유를 위해 필요한 타자와 사회의 자원을 철회하겠다는 협박이나 마찬가지다. 신체적 경제적 역량, 무릅써야할 위협 등 저마다 가진 내적 제약을 빌미로 그가 추구하고자 하는 삶의 가치를 막아서는 안 된다. '알아서 해' 혹은 '마음대로 해'라는 말은 사실상 허용하지 않겠다는 강요와 지배를 행사하고 있는 것이다. 이들이 추구하고자 하는 가치를 같이 고려하고 어떻게 하면 그것에 접근 가능한 것인지를 함께 도모하는 것이 자유를 존중하는 방식이다. 타자와 사회는 자유를 위한 자원을 제공할 책임이 있다.

자기가 원할 때 원하는 방식으로 이동하고 싶은 사람이 있다. 그에게는 이동하려는 의지가 있지만 척수장애가 있다. 전동휠체어는 그의 이동 의지를 보조하는 외적 자원이다. 이것만으로는 충분치 않다. 자기 방에만 머무는 대신 전동휠체어를 타고 밖을 다닐 수 있으려면 턱 없는 이동로, 화장실, 엘리베이터 같은 사회적 자원이 필요하다. 사회에서 이를 지원할 책임이 있다고 여길 만큼 이동 약자들에게 이동할 자유가 중요하다고 이들의 기본적 자유를 인식하고 합의해야 비로소 자원이 투입된다. 헌법으로 규정된 평등한 자유는 사회적 자원의 투입을 정당화하는 규범적 자원이 된다. 그리고 헌법, 정치적 합의, 그에 따른 구체적인 정책과 시행은 이동의 자유를 뒷받침하는 제도적 자원이다. 이렇듯 이동의 자유는 자기 자신과 타자, 사회적 자원이 어우러져 정의되고 확장된다. 그런 의미에서 '네가 알아서 해', '너 혼자 힘으로 해'라고 말하는 것은 자유의 힘을 차단하는 행위다.

자유에 대한 위협

타자와의 만남과 교류, 즉 관계성을 빼고는 자유를 생각할 수 없다. 자유를 누리려면 나의 내적 역량뿐 아니라 타자와 사회의 자원이 반드시 필요하다고 했다. 그런데 자유의 필수 자원인 나 자신, 타자, 사회가 자유에 대한 위협으로 작동한다면 어떤 일이 벌어질까?

먼저 나 자신부터 생각해보자. 자유란 '추구하고 향유할 만한 가치가 있는 바람직한 상태를 위해 뭔가를 할 수 있는 힘'이다. 내가 이 힘을 발휘하려면 추구하고 향유할 만한 가치가 있다는 판단이 필요하다. 그냥 '하고 싶어', '갖고 싶어'라는 욕망은 판단을 생략하고 건너뛴다. 자유를 향한 의지는 그런 욕망과 달리 성찰적인 판단을 거쳐야 한다. 성찰적이란 건 정보를 수집 검토하고 타인의 의견을 묻고 청한다는 것이다. 타인의 의견은 강요나 현혹, 지배에 의한 것이 아니라 정당한 개입과 교류여야 한다.

판단에는 평가가 개입된다. 인권에서 말하는 척도는 당장의 쾌감, 타자를 수단으로 여기는 이익이나 쓸모 같은 척도에 의한 평가가 아니라, 타인의 동등한 자유, 즉 '기본적 자유'다. 기본적 자유는 그 자유를 지키기 위해 타자가 존중해야 할 의무가 있고 사회적 자원을 투입해도 정당한 것들이다. 따라서 타인이 그것을 진지하게 고려해야 할 이유가 게시되어야 하고 지원의 책무를 부여할 만큼 사회적으로 중요한지 물어야 한다.

이번에는 자유를 위협하는 타자를 생각해보자. 자유라는 이름으로 자유를 위협하는 경우는 관계성을 빼고 자유를 생각할 때다.

요즘 많은 이가 스마트폰으로 가짜뉴스와 혐오표현을 접하고 직접 유통한다. 평소 말이 없던 분들도 그걸 토대로 "요즘 젊은 여성들은 말이야"로 시작되는 '김치녀' 같은 얘기를 거리에서 함부로 늘어놓는다. 특정 정치 세력에 대한 근거 없는 비방, 특히 성소수자를 거의 악마 같은 존재로 만들고 저주하는 표현도 많이 거침없이 내뱉는다.

유감스럽게도 이들은 기본적 자유에 대한 판단과 평가를 생략하고 있는 것 같다. 자유를 향한 의지가 있어야 할 자리를 아집, 독선, 고집이 대신 차지한다. 정보와 소통을 필터링해서 자기 마음에 맞는 의견들만 챙겨 듣고 사실 여부를 검증하지 않는다. 나아가 편향된 정보에 기초해서 행동한다. 여성이나 성소수자 등 자기 관점에서 탐탁지 않은 타자의 문제에 소극적으로 물러나 있는 데 그치지 않고, 그들의 문제가 공적으로 다뤄지는 것 자체를 반대하거나 방해한다. 자기는 자유로이 할 수 있는 행위가 타자에게는 가당치 않은 일이라고 주장한다. 때로는 이런 훼방을 공동체라는 이름으로 또는 다수자라는 이름으로 벌인다. '사회적 독재'라 할 만한 일이 벌어지면 다수의 사고나 관습을 따르지 않는 소수자들은 비정상으로 취급받고 배제될 위험이 있다. 심한 경우에는 폭력과 범죄의 대상이 되기도 한다.

　끝으로 자유를 위협하는 사회를 생각해보자. 기업 권력이 강자의 횡포를 '시장의 자유', '경영의 자유'라는 명분으로 옹호한다면 어떻게 될까? 국가 권력이 권리의 방패가 아니라 스스로 찌르는 창이 되는 경우는 또 어떤가. 기업과 국가 권력은 억압하기만 하는 게 아니라 유혹하기도 한다. '힘들게 자유를 쓰지 말고 포기하면 차라리 편해', '네가 가만 있기만 하면 알아서 해줄게'라며 유혹한다. 그럴 때 누구는 자유를 행사하는 것보다 권위에 복종하는 게 편하고, 힘들게 요구하는 것보다 웬만하면 주는 대로 받는 게 편할 수도 있다. 그렇게 내가 자유를 포기할수록 권력은 더욱 강해진다. 권력을 휘두르지 않아도 권력이 원하는 대로 조용히 매사가 처리될 테니 말이다.

　이렇듯 자유에 대한 위협은 전방위적이다. 정치적·사회적·경제적 자유, 어느 하나를 따로 떼어 사고해서는 자유를 정립하기가 어렵다. 자유에 대한 위협은 억압과 유혹이라는 두 얼굴을 가지고 있다. 그리고 우리는 여기에 휘둘리기 쉽다. 그렇다면 흔들리고 불안하지만 계속 가야 할 자유의 길은 어떤 것일까?

자기 자신에 대한 자유

자유라고 하면 흔히 떠올리는 '내 마음대로 한다' 또는 '내 마음대로 할 수 있다'라는 말을 두 가지로 나눠 생각해보고 질문할 수 있다. 하나는 '내가 하고 싶은 대로 하기 위해 타자를 배제해야 한다'는 것이고 다른 하나는 '나는 내가 다스린다'는 것이다. 여기서 우선 타자를 배제하는 게 과연 가능한지, 그것이 정당한지 물을 수 있다. 그래서 '나의 자유에서 남을 물리칠 수 있는가' 하는 질문을 해야 한다. 한편 내 마음대로 했지만 찜찜하고 후회되는 경우라면 내가 나를 다스린 것인지, 내 안의 또 다른 나에게 휘둘린 것은 아닌지 물을 수 있다. 따라서 '나는 언제나 확고한 나로서 나를 지배하는가'라고 물을 수 있다.

첫 번째 질문부터 생각해보자. 거듭 말했듯이 세상은 혼자 살아갈 수 없다. 타자로부터 완전히 자유로운 개인으로서 누리는 자유란 이론적으로도 현실적으로도 아예 불가능하다. 그럼에도 타자를 고려하지 않고 나의 자유를 행사하겠다는 것은 타자의 자유는 무시하고 내가 내 마음대로 타자를 지배하겠다는 말과 같다. 현실 세계는 타인이 존재하지 않는 가공의 세계가 되고 나의 자유는 자유가 아닌 지배로 탈바꿈한다. 그러나 이 세계는 타자와 공유하는 것이니 나와는 다른 사람들이 이 세계에 존재한다는 사실을 무시하고서는 자유를 추구할 수가 없다.

두 번째 질문도 생각해보자. 자유를 행사하는 주인으로서 나는 언제나 확고하고 확실한 '나'인가? 살아오면서 늘 느끼지만 나는 어느 정도 일관성을 가진 사람이면서도 늘 변화한다. 어젯밤에 단단한 결심을 하고 잤는데 아침에 일어나서는 전혀 다른 판단을 내리기도 한다. 그런 변화는 간밤에 친구와 한 통화에서 영향을 받은 것일 수도 있고, 내 안에 있는 또 다른 나와 대화한 결과일 수도 있다. 내가 나라고 주장하는 나는 늘 동일한 하나의 내가 아니라 이런저런 변화와 복수성을 지닌 존재다. 흔들리고 변화하는 나를 부정한다면 내가 나이면서 동시에 '다른 사람처럼' 될 가능성이 닫힐 것이다. 어떤 편견에 꽁꽁 매여 다른 소리는 들은 척도 안 하면서 고집을 부리는 나, 나쁜 습관이라고 여기면서도 내 욕망을 이기지 못하고 욕망에 질질 끌려다니는 나, 이런 모습은 스스로 봐도 자유롭지 못하다.

내가 추구하는 자유에는 변화를 거부하는 완고하고 경직된 나로부터의 자유도 포함된다. 이런 자유를 촉진하는 데 타인의 의견과 자극, 타인과의 교류가 중요하다. 타인이 대신 결정해주는 것과 영향을 주고받는 것은 엄연히 다르다. 나는 나와 다른 타자와 만나고 영향을 주고받으면서 나를 자유롭게 변화시킬 수 있다.

자유가 현실 생활에서 구체적으로 문제가 되는 것은 '자유로운 영향을 주고받느냐'와 '지배하고 지배받느냐'의 차이다. 점심때마다 자주 겪는 선택의 어려움을 떠올려보자.

'짜장이냐 짬뽕이냐' 하는 갈등이 대표적이다. 결정하지 못하고 머뭇거릴 때 친구가 말한다. "둘 다 맛있겠지만 너는 요즘 건강 때문에 나트륨을 줄여야 한다고 노래 불렀잖아. 그러니 면보다는 볶음밥을 먹는 게 어때?" 나를 걱정해주는 친구의 말에 나는 그 제안을 흔쾌히 받아들인다. 이런 경우는 어떤가? 상사와 식사를 같이하게 됐다. 자기가 살 테니 마음껏 주문하라면서 상사가 메뉴판을 잡았다. 다들 상사가 먼저 주문하기를 기다리며 눈치를 보는데 상사가 "난 그냥 짜장면!"이라 말하고 메뉴판을 넘긴다. 다들 "저도요"라고 하거나 짜장면 가격에 준하는 것으로 선택할 수밖에 없다. 아무도 강요하지는 않았다. 앞의 사례에서 나는 자유롭다고 느꼈지만 뒤의 경우에는 그렇지 않았다. 노골적인 강제는 없었지만 분명 강요받고 있다고 느꼈다.

자기 생각과 행위의 자유는 타인과의 관계 속에서 헤엄칠 자유다. 물을 떠나서는 헤엄칠 수 없다. 헤엄칠 자유를 띄워주는 '물'은 우리 사이에 있어서 나나 타자, 어느 한쪽이 배타적으로 소유할 수 없다. 이런 '물'에 해당하는 것이 기본권으로서의 자유, 누구나 누려야 할 공통의 자유다. 달리 말하면 서로 '다르게' 헤엄치며 살아가기 위해서 우리에게 '공통'의 물이 필요한 것이다.

타인과 공유하는 자유, 같으면서 다를 자유

우리가 추구하는 자유의 가치들은 아주 다양하다. 그중에서도 공통의 척도로 측정 가능한 가치들이 있다. 앞서 살펴본 기본적 자유가 그렇다. 그리고 이와 달리 공통 척도로 측정이 불가능하고 비교도 불가능한 자유의 가치들이 있다. 가령 프로게이머가 되고 싶은 자유와 수학자가 되고 싶은 자유는 비교가 불가능하고 우열을 가릴 수 없다. 필수 영양을 섭취할 수 없는 상태에 놓인 사람은 자유롭지 못하지만, 먹을 만한 역량이 있음에도 정치적, 종교적인 이유로 단식을 감행한 사람은 자유롭다. 단 하나의 최상만이 있는 게 아니라 아주 다양한 좋은 것들이 있고, 사람은 저마다 자기 가치에 따라 좋은 것을 추구할 자유가 있다. 공통적이지 않은 자유는 바로 '다르게 살' 자유다.

'공통의 자유'와 '다르게 살 수 있는 자유', 이 두 가지는 서로 보충하는 관계다. 하나는 공통의 척도에 비추어 누구에게나 보장되어야만 하는 기본적 자유, 다른 하나는 자기 자신의 척도에 비추어 자기가 좋다고 여기는 가치를 추구할 수 있는 자유다. 다른 말로 하면 일반적 자유와 개인적 자유라 할 수 있다. 공통된 일반적 자유, 기본적 자유가 안정적이어야 자기 가치를 추구할 자유를 누릴 수 있다. 기본적 자유가 위협받으면 살아남는 데 급급해 자기만의 가치 있는 삶을 추구하기가 아주 버겁다.

기본적 자유를 보장하는 것은 다원적인 가치를 추구하는 데 도움이 된다. 그래야 사회의 지배적인 다수가 자신들만의 척도로 타자의 자유를 제약하는 것이나 주류와 다른 가치를 가진 소수자나 개인의 자유를 제약하는 것, 특히 공권력을 동원해 특정 가치를 개인에게 강제하는 것을 저지할 수 있다. 자유의 힘으로써 다수의 폭력을 제지하고 부당한 권력에 저항할 수 있다. 그럼으로써 자유의 가능성을 확장하고 다양성을 더 풍부하게 키울 수 있다.

타자의 동등한 자유를 침해하는 자유는 허용되어서는 안 된다. 이 역시 둘로 나눠 생각할 수 있다. 공통적인 차원의 자유라면 내가 누릴 수 있는 기본적 자유를 타자도 동등하게 누리도록 옹호하는 것이 자유에 책임을 지는 것이다. 자원이 없어 나와 같은 자유를 누리지 못하는 타자가 있다면 공공의 제도로써 그에게 자원이 충족되도록 요구해야 할 것이다.

공통적이지 않은 차원의 자유라면 나와 다른 가치를 추구하는 타자의 자유를 나의 가치로 재단하고 제한하지 않는 것이 자유에 책임을 지는 것이다. 나의 정치적 종교적 신념, 성 관념, 능력의 뛰어남에 대한 관념 등을 타자에게 강요해서는 안 된다. 자신들은 자유를 누리면서 종교와 정치의 분리를 흔들거나 다른 종교를 탄압하거나 비이성애자에게 법적인 불이익을 주려는 세력이 있다면, 그런 세력이 밀어붙이는 대로 법이나 제도가 왜곡되지 않도록 막을 책임이 모두에게 있다.

자유는 자유의 이름으로 지켜진다. 자유의 이름으로 자유를 침해해서는 안 된다. (공권력을 포함해서) 타인의 생명이나 신체에 대한 침해는 폭력을 휘두르는 자의 자유가 될수 없다. 물리적 위해만이 아니라 정신적 감정적 폭력도 마찬가지다. 타인의 존엄성과 인격을 모욕하는 차별 발언이나 혐오표현은 타인의 자유를 침해하는 것일 뿐 표현의 자유가 될 수 없다.

자유는 공통의 문제다. 타인과 격리되는 것을 자유로 여긴다면, 타인에게 생긴 사태에 관심이 없다면, 무슨 일이 벌어지건 당한 사람이 알아서 해야 할 문제로 여기고 도외시한다면…, 자유를 상실하고 위협당하는 일이 나 빼고 다른이들에게만 일어날까? 내가 당하지는 않더라도 자유를 상실한 사람들이 즐비한 곳에서 나는 자유를 음미할 수 있을까?

타자에게 일어나는 사태에 관심을 갖는 일은 우리 '사이'에 있는 공통 세계에 관심을 갖는 것이다. 타자와의 교류는 분명 즐겁지만은 않다. 부대낌이 부담되고 불쾌할 수도 있다. 되도록 거리를 두고 관계든 정보든 걸러내고 차단하고 살면 편할 것이고, 그것이 자기 자유로 느껴질 것이다. 그러나 이렇게 격리하고 차단한 가운데 누리는 자유는 자유를 배반한 것이다. 솔직하게 말하자면 자유는 힘들고 피곤한 것이다. 고립과 단절이 자유의 성격이라면 기본적 인권으로 그토록 굳게 사수해야 할 이유가 없을 것이다.

6장

평등

―

차이를 고려하는 세심한 원칙

의자 게임이라는 것이 있다. 참가자들은 노래를 부르며 의자 주위를 돈다. 마련된 의자 수는 참가자 수보다 적다. 심판이 갑자기 호루라기를 불면 참가자들은 누군가를 밀치고 의자를 냉큼 차지하고 앉는다. 몸싸움에서 져서 앉지 못한 사람은 탈락한다. 의자 수를 줄이고 게임을 할수록 탈락자가 계속 는다.

'모두가 과자를 받는 게임'이라는 것도 있다. 『이상한 나라의 앨리스』라는 소설에서 앨리스는 이상한 굴속으로 빨려들어가 기묘한 모험을 하게 된다. 이 소설에 나오는 장면이 있다. 강물에 흠뻑 젖은 새가 다른 짐승들에게 몸을 말리기 위한 경주를 하자고 제안한다. 일단 경주선부터가 특이하다. 일직선이 아니라 동그라미다. 동그라미니까 누구든 어디서 출발하든 상관없다. 달리고 싶은 만큼 달리다 언제든 원할 때 멈추면 된다. 다들 뒤죽박죽으로 달렸는데 경주가 끝나자 모두의 젖은 몸은 말라 있었다. 그렇게 경주가 끝나자 '모두가 이겼다'고 선언하고 앨리스에게 상을 달라고 한다. 앨리스는 자기 주머니에 있던 과자를 모두에게 상으로 나눠준다.

의자 게임이 규칙인 곳에서는 상대의 이익이 곧 나의 손실로 여겨지고 누군가가 평등을 요구하면 나에겐 불평등하게 느껴진다. 누군가의 행복이 곧 나의 불행이 되는 사회는 우울하고 불안하다. '격차 사회'라는 말처럼 불평등의 골이 깊어지고 있다. 그런데 누군가에겐 그것이 불평등의 골이 아니라 능력에 따른 당연한 결과로 여겨질 것이다. '마태 효과'라는 말이 있다. '가진 사람은 더 받아 넉넉하게 되겠지만 못 가진 사람은 그 가진 것마저 빼앗길 것'이라는 성경 구절(마태복음 13장 12절)에서 따온 말이다. 경제적으로 우월한 특권을 누리면 정치적으로 영향력이 세고, 법적으로도 특별 대우를 받고, 사회적으로 높은 인정을 받는다. 그 반대편의 상황이 어떤지는 말할 것도 없다.

그런데 참 이상하다. 우리 사회가 규범적으로 합의한 가치는 평등이기 때문이다. 불평등은 인간의 동등한 존엄성을 보장해야 한다는 규범적 가치를 훼손한다. 규범은 평등인데 현실은 불평등하다. 그럼 규범적 가치를 바꿀 것인가, 규범을 해치는 현실을 바꿀 것인가? 의자 게임과 모두가 과자를 받는 게임, 둘 중 어느 쪽을 규칙으로 삼을 것인가?

평등의 가치와 목적

평등은 나와 타인을 수평적으로 연결하는 가치다. 관계 (關係, relationship)란 낱말은 '이어진 매듭' 또는 '묶어진 매듭'이란 뜻이다. 타인과 이어진 매듭, 즉 관계 속에서 살아가는 게 인간의 존재 양식이다.

'끈 떨어졌다'라는 말을 쓸 때가 있다. 우물에 두레박을 던졌는데 끈이 떨어지면 두레박만 둥둥 떠 있고 정작 물을 길어 올릴 수는 없다. 연 날리던 끈이 떨어지면 연은 사라져버리고 손에는 실타래만 남는다. 이렇듯 사물끼리도 연결되어 있던 끈이 사라지면 꼼짝 못하거나 쓸모없어지는 상황이 된다. 그런데 인간 사이에서 끈이 떨어진다는 것은 관계의 매듭에 끼지 못하고 떨구어지는 것이니 타인으로부터 인정받지 못하고 배제된 상황에 놓였다는 말이 된다. 이건 그저 섭섭하고 아쉬운 정도에서 그치지 않고 사회 속에서의 생존을 위협할 수 있다.

한편 매듭으로 이어졌다고 해도 수직적이냐 수평적이냐, 상호 의존적이냐 일방적이냐에 따라 매듭의 성격은 달라진다. 수직적으로 이어진 매듭에서는 마음에 들지 않으면 밑을 잘라버리면 그만이고, 일방적 관계에서는 타인에 대한 인정의 문을 닫아버리면 그만이다. 수평적인 매듭에서는 어느 한 군데가 끊어지면 매듭이 전부 망가진다. 상호 의존적 관계에서는 호불호를 떠나 상호 인정이 끊김 없이 유지되어야 생존이 가능하다. 평등은 바로 그 관계의 생태계를 지속 가능하게 유지하는 근본 요소다. 살 만한 사회를 유지하려면 복잡다단한 관계의 사슬을 수평적 매듭으로 잘 묶는 일이 중요하다.

평등은 나와 타인의 고통을 공통의 감각으로 느끼게 한다. 혼자 지내는 사람은 아플 때 가장 서럽다고들 한다. 신음 소리에 응답해주는 이 없고 목이 타도 물 한 잔 건네줄 이 없으면 정말 더 아플 것 같다. 같은 고통이라도 곁에서 반응해주는 사람이 있으면 겪어내는 게 한결 수월하다. 아파본 사람은 그 고통을 대강이나마 이해할 수 있다. 내 몸이나 마음의 고통과 꼭 같게 느끼는 건 불가능하겠지만, 나의 고통에 견주어 비슷한 걸 느낄 수 있기 때문이다. 그런 이라면 얼마나 힘들지를 상상하며 타인의 고통을 덜어주려 노력할 것이다.

마찬가지로 평등한 사회일수록 내가 이해하고 공감하는 타인의 폭이 넓어질 수 있다. 아주 애쓰지는 않더라도 나와 '같은' 사람이라는 감각이 있다면 타인의 고통을 덜어주고자 뭐라도 해야 한다고 생각하기 쉽다. 평등은 인간의 고통에 대한 공통의 통각(痛覺)이라 할 수 있다. 불평등한 사회일수록 타인의 고통에 무감할 것이다. 나와 '같은' 사람이라는 감각이 없으니 무덤덤할 것이고 타자의 고통이 내게 무슨 의미가 있다고 여겨지지 않을 것이다.

평등은 사람을 당당하게 관계 속에 등장하도록 한다. 인간은 밥상에 둘러앉는 존재다. 우리는 식구라는 말을 자주 쓴다. 한집에서 살며 끼니를 함께 하는 사람을 가리키기도 하지만, 같은 조직에 속해 함께 일하는 사람들을 일컬을 때도 식구라고들 한다. 서러운 경험 중에 으뜸은 먹는 것 가지고 차별하는 거다. 여기서 먹는 것은 먹는 대상, 물질적인 음식만을 가리키지 않는다. 모두들 식탁에 앉아서 먹는데 누구는 바닥에 웅크리고 먹어야 한다거나, 모두들 같은 시간에 먹는데 나중에 따로 부스러기를 먹어야 한다거나, 먹는 메뉴와 서비스 방식에 철저한 구분이 있다면, 사람들은 깊은 곳에서부터 분노와 모욕을 느낀다.

평등이라 하면 흔히 경제적 평등, 즉 '밥의 양'을 따진다. 그러나 평등은 밥 자체가 아니다. 식탁에서 같이 어울리는 것이다. "넌 닥치고 밥이나 먹어"라고 할 때 밥은 평등을 구현하는 것이 될 수가 없다. 동등하게 한 식탁에서 대화를 나누며 먹을 수 있어야 같이 먹는 것이다. 그게 아니면 눈칫밥이요, 생존을 위해 꾸역꾸역 삼켜야만 하는 칼로리에 그친다. 나를 당당하게 드러내고 말하며 어울릴 수 있을 때 인간으로서 먹는 행위가 된다. 평등이란 나를 식탁에서 당당하게 드러내고 어울리는 것이다. 사람이라면 누구나 서로 대화를 나눌 만한 자격이 있다.

평등은 민주적인 정치 체제를 이루는 핵심이다. 드라마에 자주 등장하는 시대극의 특징은 신분 제도를 바탕으로 한 피라미드 구조의 사회다. 타고난 신분의 위계 속에서 고

귀함과 비천함이 정해져 있다. 권력을 놓고 수단과 방법을 가리지 않는 각종 음모와 술수가 펼쳐진다. 흔히들 이때 벌어지는 권모술수를 정치라고 오해한다. 그러나 그건 정치가 아니다. 타고난 신분에 따라 불평등과 배제를 당연시하는 그들끼리 벌이는 다툼은 더 큰 지배력을 위한 일방적 통치와 지배일 뿐이다.

인권의 사상과 혁명은 그런 통치를 정치로 바꾸어냈다. 정치란 공동체의 일을 함께 도모하는 것이다. 인권혁명은 그런 정치의 원칙이자 제1목적이 인권의 보장이고, 정부는 그것을 실현하기 위한 수단일 뿐이라 했다. 그리고 수단이 수단임을 망각하고 목적인 것처럼 굴면, 정치의 진짜 주권자들은 언제든 그런 정부를 뒤엎거나 바꿀 수 있다고 했다. 이런 정치 공동체의 구성원끼리는 위아래가 있을 수 없다. 정치 공동체의 구성원은 통치당하는 대상이 아니라 스스로 다스리는 자들이고, 스스로 다스리는 자들 사이는 동등한 주체로서 평등을 원리로 삼을 수밖에 없다.

평등의 배신

"내가 누리는 것들은 균등한 기회 속에서 정당하게 경쟁해서 내가 떳떳하게 쟁취한 것이다. 그렇지 못한 사람은 노력과 기여가 모자란 것이니 지금 그들의 처지는 그들이 자초한 것이다."

"정당하게 시험을 치르고 들어오지도 않았으면서 정규직으로 전환해달라고 요구하는 것은 비양심이다."

"나는 이렇게 뼈 빠지게 힘들여 버는데, 복지에 기대서 사는 사람들이 있다는 건 불평등하다. 다문화가족 지원, 여성에 특화된 지원, 이런 게 늘수록 정말 어려운 사람들을 도울 재원이 빠져나가는 거 아닌가? 중증 장애인처럼 자기 힘으로 어쩔 수 없는 처지에 있는 사람들을 빼고는 도와줄 가치가 없다."

주변에서 흔히 보고 듣는 주장들이다. 저마다 평등이라 여기는 것을 열심히 주장하고 옹호하고 있다. 그런데 평등에 기댄 주장들이 도리어 불평등한 구조를 떠받치고 강화할 수 있다. 평등의 배신이라 할 일들이 평등을 옹호한다는 주장과 뒤섞일 때가 잦다. 왜 이런 일들이 벌어질까? 혹시 평등이란 말을 쓰고는 있지만 평등에 대해 오해하고 있는 것은 아닐까?

오해 중에는 악의의 오해가 있고 선의의 오해가 있다. 악의적인 오해는 사실과 다르게 왜곡하거나 짐작하거나 부풀리는 것이다. 선의의 오해는 그럴 의도가 아니라 정말 좋게 해보려 했는데 도리어 나쁜 효과를 유발하는 것이다. 평등에 대한 오해 중에는 악의에서건 선의에서건 비슷한 효과를 보이는 것들이 있다. 대표적인 오해가 공정성과 획일성을 평등과 같은 것으로 취급하는 현상이다. 먼저 공정성에 대해서부터 살펴보자.

고위층 자녀 특채 등에서 나타나는 일종의 신분 세습, 반칙과 횡포 같은 일에 사람들은 분노한다. 그런 행태는 불의하므로 바로잡아야 한다는 것이 공정에 대한 요구다. 분명 선의에서 출발한 요구다. 특권과 부패에 맞서 반칙 없는 사회를 그리고 공정하게 경쟁해 노력한 만큼 보상받는 사회를 옹호하니까 말이다.

그러나 공정의 요구에 담긴 요소를 따져보면 모순이 있다. 이 모순 탓에 애초 의도한 선의와는 다른 변환이 일어난다. 균등한 기회, 정정당당한 페어플레이, 기여와 노력만큼의 보상, 결과에 대한 승복, 이런 것들이 공정의 요소다. 이를 가장 간단하게 실현하려면 똑같은 시험을 쳐서, 노력한 만큼 점수를 받고, 점수대로 등급화된 학교와 직장에 진출하면 된다. 이런 공정에서 일관된 것은 점수다. 점수는 곧 실력이고 능력이다. 점수대로 하자는 건 실력(능력)주의와 같은 말이다.

그리고 여기서 균등한 기회란 똑같은 시험을 치를 기회다. 그런데 누가 그 시험을 더 잘 치를까? 잘 먹고 운동도 해가면서 과외교사와 고급 학원의 지원을 받는 학생, 아르바이트를 하느라 잠을 못 자 수업시간에는 졸고 대충 끼니를 때우는 학생, 주변에 전문직인 가족과 지인이 많아서 보고 들은 경험이 풍부한 사람, 주변에 역할 모델이라 할 사람이 드물어 뭐가 좋은지 찾아볼 자극조차 받아보지 못한 사람…. 이런 상황이라면 과연 '똑같은 시험을 치를 기회'가 공정한 출발선이 될 수 있을까?

또 시험이란 건 주로 무엇을 평가하는가. 무엇이 주로 실력과 재능으로 평가되는가. 이 또한 특정 능력에만 쏠려 있다. 가령 누군가의 고통의 호소를 경청하고 이해할 줄 아는 능력, 누군가를 잘 돌보는 능력, 이런 건 시험으로 측정되지 않는다.

기회 균등 원칙은 형식을 따지는 데 급급하고, 공정성을 강조하기 위해 시험으로 측정하기에 편리한 것에 치중한다. 측정하기 쉽다는 건 관리하기 편하다는 것일 뿐 배경이 되는 자원을 동원한 능력의 차이 따위는 따지지 않는다. 이런 식으로 능력을 재는 척도가 시험 하나로 쏠리게 되면 자원을 동원하는 데 불리한 처지에 있는 사람이 더 불리하게 되고, 특권자들은 특권을 강화하기 더 쉽다. 외관상 공정한 경쟁이었으니 결과에 승복해야 하고, 특권층이 좋은 결과를 쓸어가더라도 실력대로 보상받았다고 정당화할 수 있다. 그 결과 특권 사회를 질타하는 공정에 대한 요구는 어느새 특권의 재생산을 옹호하는 논리로 탈바꿈한다. 기회 균등이라는 전제가 충족되려면 다양한 수준의 차별부터 없애야 하지 않을까? 성차별, 지역차별, 학력차별, 빈부차별 등이 제거되지 않는다면 공정한 출발선이라 말하는 게 머쓱하기 때문이다.

공정을 좇다가 결국 실력주의를 옹호하게 된 사람은 불평등한 결과를 어떻게 받아들일까? 전후 사정과 조건이 어쟀건 결과에 승복해야만 한다. 승자는 자기 몫이 정당하다고 여길 테고, 패자는 자기가 현실에서 탈락하거나 패배한 것을 자기 탓이라고 생각할 수밖에 없다. 그래도 왠지 억울하고 그게 아닌 것 같다면? 자기가 신뢰한 공정 논리와 경쟁적인 사회 구조를 의심해보고 비판적으로 따져볼 수도 있다. 그러나 그걸 따져봤자 딱히 답이 나올 것 같지 않으니 어쨌든 공정성을 계속 믿고 경쟁에서 이기려고 더 가열차게 노력해야 한다.

어쨌건 불만이 쌓였고 불만을 해소해야 할 텐데, 이런 사람들은 불만을 어떻게 해소할까? 여러 사회에서 목격된 공통의 방식이 있다. 만만한 대상에게 분풀이를 하는 것이다. 역사를 돌아보면 보통 사람들이 힘든 삶에 불만을 표출한 데서 잔학한 인권 침해가 시작되었음을 알게 된다. 동기는 공정을 따지는 데서 출발했다. 기대와 희망이 배신당했으나 시스템 자체나 강자에게는 화를 낼 도리가 없다. 자기보다 약자인 사람들을 찾아 괴롭히는 길로 들어서게 되었다. 이방인, 하층 계급 같은 특정 희생양에게 책임을 전가했다. 위계의 사다리에서 당연히 내 밑에 있어야 할 존재들이 왜 평등을 요구하느냐고 화를 내게 됐다. 취약하고 불리한 사람들을 흔들어대면서 왜 더 노력하지 않았냐고 추궁하고, 왜 나도 누리지 못하는 걸 약자라는 이름으로 누리느냐고, 역차별이라고 화풀이하게 되었다. 이런 식으로 공정을 요구하는 선의가 불평등을 정당화하는 악의로 변신한다.

평등을 찾아서

공정을 두고 오가는 이견과 마찬가지로 무엇을 평등화의 대상으로 삼아야 할지 또한 오랜 논쟁 사항이다. 평등화의 후보군은 다양하다. 복지, 자원, 기회, 역량…. 어떤 평등을 지향하고 무엇을 얼마만큼 포괄하느냐에 따라 평등화가 내세우는 바가 다르다. 각각 장단점이 있다. 그 성취와 한계를 따지는 일도 중요한데 그보다 근본적으로는 '운동장의 평등'이 필요하다. 구조적 불평등을 가리킬 때 흔히 '기울어진 운동장'이라고 비유한다. 운동장이 기울었다면 아무리 공정한 규칙(rule)을 적용해도 선수들이 제 기량을 발휘하리라고 기대할 수 없다. 여기서 선수들의 기량이란 평등을 성취한다는 것인데, 기울어진 운동장이라는 근본 문제는 건드리지 못한 채 평등화를 위해 뛰어보겠다는 각 선수의 성격을 알아보자.

우선 복지의 평등이다. 여기서 말하는 복지란 공리주의가 중히 여기는 복리후생의 측면으로서 삶을 경제적으로나 정신적으로 윤택하게 해주는 선호를 만족시키는 것을 말한다. 검은 고양이든 흰 고양이든 쥐만 잡으면 되는 것이고, 정부가 됐든 시장이 됐든 누가 나서든 각 사람의 아주 기본적인 선호를 충족한다면 복지의 평등이라고 간주한다. 문제는 사람마다 선호하는 '좋음'이 간단하지는 않다는 사실이다. 당장 머리를 가릴 지붕이 간절한 노숙인의 선호가 있고, 지하방을 벗어난다면 다섯 평짜리 공공주택이면 충분하지 않겠냐는 사람들의 선호도 있다. 다섯 평이 인간다운 생활을 할 수 있는 조건이냐고 묻는 사람들의 선호는 또 다르다. 절박한 것을 채워주면 복지가 충족된다고 보는 쪽이 있고, 절박함을 벗어나 인간다움을 충족할 선호, 일각에서는 '사치스러운' 선호라고 보는, 취향에 대한 존중도 필요할 수 있다.

자원에 제약이 있기 때문에 아주 기본적이고 필수적인 선호에만 집중한다 해도 선호에는 구멍이 있다. 억압받아 온 사람의 선호는 움츠러들기 쉽다. 남의 눈에 맞춘 가짜 선호를 자기가 원하는 것처럼 착각하기도 쉽다. 현실이 고되니 선호의 수준을 대폭 낮춰 잡기도 한다. 선호는 흔히 환경에 순응한다. 자신이 누릴 수 없다고 생각하는 것에는 아예 선호를 포기할 수도 있다. 복지를 제공하는 쪽에서 그런 취약층의 선호를 지나친다면 모든 선호를 똑같이 다뤘다고 해서 복지의 평등을 이뤘다고 할 수 없다.

이번에는 자원의 평등을 살펴보자. 스스로 어찌하지 못하고 불운의 희생자가 된 이들에게 자원을 투입해 보상해주는 경우다. 장애, 사고, 노화 등 어찌할 수 없는 이유로 불이익을 받은 희생자들에게 책임을 물을 수 없다고 보기 때문에 이들에게 사회의 자원을 투입하는 것이 정당화된다. 복지와 자원의 평등은 일정한 수준으로 자원의 분배가 필요하다. 그러나 자원이 평등하게 주어졌다고 해서 원하는 바를 성취할 수 있는 것은 아니다. 주어진 자원의 꾸러미로 부터 누구나 동일한 역량을 발휘할 수 있는 것은 아니기 때문이다. 똑같은 학비를 지원했더니 누구는 열악한 형편에서도 고등교육기관에 척척 진학하기도 하고, 누구는 기초 학습 능력도 취득하지 못할 수 있다. 그렇다고 후자에게서 교육의 기회를 박탈할 수는 없다. 똑같은 정도로 진학했다고 해서 평등을 성취한 것도 아니다. 복지든 자원이든 수단이지 그 자체가 평등의 목적은 아니다. 평등의 목적은 고유한 각 사람이 스스로 바람직하다고 여길 만한 상태와 성장을 이루는 것이다. 행복에 대한 평등한 접근을 보장하되 이러한 자유를 이용하는 것은 그들 자신에게 맡기는 것이다.

이렇듯 평등은 오직 하나가 아니다. 어느 한 척도에서 보면 평등화인데 다른 척도로 볼 때는 불평등하다. 그렇다고 해서 꼭 부당하다고 할 수도 없다. 평등은 차이를 고려하는 정교한 원칙이다. 맥락에 따라 어떤 차이에 주목하느냐에 따라 평등과 불평등의 개념이 달라진다. 가령 시장주의자, 자유주의자라 불리는 사람들은 불평등을 나쁘다고 보지 않는다. 자유로운 시장경제 안에서 개인이 재능과 자원을 자유롭게 사용한 결과이므로 재산과 소득의 차이는 정당하다고 본다. 이처럼 재산과 소득의 불평등을 대가로 개인의 자유를 옹호한다면 평등과 자유는 척을 지게 된다. '돈도 실력이다'라고 말하는 사람이 등장해도 하등 이상할 게 없다.

반면에 자유와 평등의 동행을 추구하는 인권에서는 맥

락에 따른 차이를 고려해 불평등을 시정하기 위한 정치적 활동을 중시한다. 필요에는 차이가 있는데 어떤 필요를 존중하느냐는 정치로 결정된다. 중립적인 기준을 택했다고 하지만 그 중립성이 지배적인 다수를 기준으로 했다면 다수자와 다른 소수자의 차이는 차별받는다. 여기서 자기 척도에서 똑같지 않다고 해서 불평등이라 단정할 수 없다.

가령 장애를 가진 사람이 스포츠 활동을 평등하게 보장받으려면 그에게는 그렇지 않은 사람에 비해 더 많은 자원이 투입되어야 할 것이다. 자원이라는 척도에서는 불평등하지만 스포츠 활동에 동등하게 접근하도록 하겠다는 목표에서는 평등한 조치다. 장애를 가진 선수가 스포츠 대회에 나가 메달을 경주하는 것, 거기서 받는 인정과 성취의 기쁨은 비장애인 선수와 다를 바 없다. 그런데 그 메달의 의미를 폄하한다면 신체의 불리함을 보호하는 데는 평등을 고려하지만 인정하고 존중하는 데서는 불평등한 것이다.

다른 한편으로 기회, 과정, 결과를 따로 떼어 어느 하나의 평등만을 볼 수는 없다. 평등은 전 과정과 연관되어 있다. 똑같은 재화를 분배하기만 하면 "내가 알아서 해줄게. 너는 잠자코 있어"라고 하면서 선호를 밝히고 결정에 참여하는 '과정'은 생략해도 괜찮을까? 구조적 불평등을 그대로 두고 형식적으로 차별을 금지하기만 해서는 차별이 사라지지 않는다. 물론 차별받는 집단 중에서 몇몇 뛰어난 개인들이 형식적인 '기회의 평등'을 이용해 출세할 수도 있다. 일종의 '사면 받은 칠면조'가 되는 것이다. 미국에서는 추수감사절을 앞두고 엄청나게 많은 칠면조가 희생된다. 그런데 백악관의 대통령이 특별히 사면하는 칠면조는 죽어서 식탁에 오르지 않고 계속 살아갈 수 있다. 이를 가리켜 '사면 받은 칠면조'라 한다. 몇몇 개인의 뛰어난 성공 사례가 있다고 특정 집단을 향한 차별이 사라지지는 않음을 비꼬는 표현이다.

그럼 '결과의 평등'이란 말은 적절한 걸까? 가령 경제적 평등이라 할 때 모든 개인을 정확히 동일한 물질적 상황에 놓이도록 해야 하는 걸까? 환자, 아이, 노인을 부양해야 하는 노동자와 그렇지 않은 노동자가 같은 가처분소득을 받는 것이 결과의 평등일까? 피아노를 치고 싶은 개인들이 있을 때 이들 모두가 같은 실력으로 피아노를 칠 수 있게 되는 것이 결과의 평등일까?

여기서 중요한 것이 평등은 획일화가 아니라는 점이다. 획일화는 말 그대로 모든 것이 줄을 친 듯 가지런하게 된 상태다. 그러나 각자의 개성과 차이를 억제하고 똑같아지도록 하는 건 불가능할 뿐 아니라 정당하지도 않다.

권리의 이름으로 평등화하려는 것은 개인으로서 조절하거나 다스릴 수 없는 환경을 평등화하는 것이다. 가령 건강할 권리를 생각해보자. 가까운 곳에 마땅한 응급의료 시설이 없고, 거주지와 노동 환경에서 오염과 위해물질에 노출되어 있고, 장시간 노동과 직장 괴롭힘이 지배적인 조직에서 일한다면 아무리 운동을 하고 다이어트를 해도 개인으로서는 제어할 수 없는 건강에 위해가 되는 요소들에 노출된 것이다.

물리적, 사회적, 제도적으로 평등한 환경은 개인이 자유롭게 자기 목표를 추구할 수 있는 상태를 마련해준다. 같은 환경이 보장되더라도 자기 능력을 발휘한 결과는 다 다를 것이다. 피아노에 접근할 수 있는 기회가 동등하더라도 피아노보다 공차기가 더 좋은 아이도 있고, 피아노를 치더라도 모두가 유명 콩쿠르 우승을 목표로 삼지도 않는다. 자기가 좋아하는 음악가의 곡을 연주하는 걸 즐기는 정도로 만족하기도 하고 같은 곡을 연주하더라도 연주자에 따라 다른 맛이 나게 연주하는 데 음악의 묘미를 느끼는 사람도 있다. 개인차에 대한 억제가 평등은 아니다. 평등하게 대우하는 원칙은 똑같이 대우하는 것이 아니라 '차이가 마땅히 인정되어야 한다'는 것이다.

평등하게 대우한다는 것은 개인에게만 해당하지 않는다. 피억압 집단에도 해당된다. 특출한 개인이 성공해 차별받는 집단을 홀로 탈출하는 것이 아니라 배제되어온 집단이 동등한 목소리로 대표되어야 한다. 경우에 따라서는 특정 집단에게 특별한 권리를 인정하는 것이 관계에서 소외되는 것을 막고 참여를 증진하는 길이다. 가령 국가인권위원회 위원을 구성하는 경우를 생각해보자. 이때 법 전문가 같은 특정 분야의 전문성과 경력을 우선해 위원을 선발한다면, 장애 여성처럼 그러한 능력에 접근이 어려운 피억압 집단은 발언권을 얻지 못한다.이런 때 차이를 존중하는 태도라면 사회적으로 대표되지 못하는 피억압 집단의 구성원을 우선으로 선발할 수 있다.

평등은 사회적 제도의 결과물이다

형식상 신분제 사회가 아니더라도 우리는 불평등이 아니라 오히려 평등을 부자연스럽게 여기곤 한다. 언뜻 봐도 자연적으로 사람은 엄청 불평등하기 때문이다. 각 사람은 생김새, 체력, 재능, 부, 속한 사회의 환경 등에서 특별히 유리하거나 불리한 상태로 세상에 태어났다. 성장하는 과정에서 후천적으로 겪는 기회나 자원의 불평등 또한 태생적 불평등 못지않게 작동한다. 가만있어도 매력적인 사람이 있고 하는 것 없이 미운 사람이 있다. 운명이니 팔자니 하는 말도 자주 한다. 그러니 만인이 평등하다는 건 이상적인 소리에 불과하지 현실과는 동떨어져 있다고 여긴다.

또 열심히 노력하는 사람과 그렇지 않은 사람을 평등하게 대우하는 게 부정의하게 보일 수도 있다. 불평등이 오히려 공정한 것 아니냐고 반문하는 경우도 많다. 능력이 다른 건 어쩔 수 없으니 중요한 일의 결정은 뛰어난 능력자들에게 맡기는 게 전체 사회를 위해 더 낫지 않겠냐고도 한다.

태생적이건 후천적이건, 개인적이건 사회적이건, 사람마

다 차이가 있는 건 분명한 사실이다. 평등은 차이를 부정하는 게 아니다. 그 차이 때문에 불리함이나 열악함을 강요받지 않도록 하는 사회적 장치가 평등이다. 평등하다는 건 사람의 능력이 모두 똑같다고 말하는 게 아니라 존엄성과 가치에서 동등하다는 것이다. 성과나 업적의 대가로서가 아니라 그저 사람으로서 받아야 할 사람다운 대접, 즉 권리의 평등을 누구나 누릴 수 있어야 한다는 것이다.

평등은 인위적인 것, 즉 사람들끼리 서로를 인정한다는 약속이다. 자연적으로 우리가 얼마나 다르건 사회 속에서 서로를 평등하게 귀하게 대접하겠다는 것이다. 법 앞의 평등은 법적으로 동등하게 대하겠다는 약속이고, 사회적 평등은 관습, 전통 등에서 '불완전'하거나 '비정상'으로 규정받는 사람이 없도록 하려는 것이고, 경제적 평등은 실업, 해고, 저임금, 근로 빈곤 등 누군가의 고통을 운이나 팔자 문제가 아니라 공적으로 같이 풀어야 할 사안으로 다루겠다는 것이다. 한마디로 평등은 자연적인 게 아니라 인위적인 사회제도의 결과물이다.

따지고 보면 불평등한 사회에서 우위를 보이고 대접을 더 잘 받는 것들, 다른 말로 하면 불평등으로 귀결되는 것들 또한 사회제도의 결과물이다. 사유재산이 대표적이다. 법과 제도로 밀어주지 않으면 성립될 수 없는 게 재산이다. 차별의 구실이 되는 어떤 정체성이라는 것 역시 자연적으로 이미 주어진 본질에 의해서가 아니라 사회적으로 만들어진 것이다. 장애 같은 경우, 성적 지향성의 경우 그리고 눈에 띄는 특질이 아니더라도 사람을 사람답게 대하는 태도와 문화가 결여되어 있고 제도로 굳어져 있는 경우라면, 불평등으로 악화된다.

평등을 침해당한 쪽이 구구절절 설명해야 하고 가해자를 설득하고 이해시켜야 하는 상황으로 내몰리는 게 구조적 불평등이다. 이런 불평등은 어쩔 수 없는 자연적인 것이 아니라 인간이 손댈 수 있는 인위적인 것이다. 인간은 평등을 옹호하는 제도를 만들 수 있고, 그런 제도는 모든 사람이 자기 자유의 가치를 평등하게 쓸 수 있도록 해준다. 제도는 평등한 참여 속에서 같이 만들 수 있는 것이다.

평등은 오직 하나가 아니다. 특정 항목에서 하나의 원칙으로만 평등을 규정할 수 없다. 경제적, 사회적, 정치적 차원에서의 평등 문제는 따로 존재하지 않는다. 긴밀히 연관되어 있다. 어느 한쪽의 원리나 원칙을 유일한 것인 양 고집하면 오히려 반평등의 문제가 생긴다.

예를 들어 법적인 차원에서는 개인을 평등한 존재로 취급한다. 재벌도 노숙인도 평등하게 서울역에서 잠자는 것이 금지되어 있다. 그러나 사회경제적 불평등은 길거리에서 잠잘 리 없는 사람과 그곳 말고는 갈 데가 없는 사람의 차이를 만든다. 또 노동자와 자본가는 법적으로 평등하게 계약을 맺을 권리가 있다. 그런데 한쪽은 착취를 경험하고 한쪽은 이윤을 경험한다. 흔히 말하는 자유계약을 맺을 법적 권리는 재산과 소득의 심대한 불평등을 대가로 하더라도 평등하다. 법이라는 한 가지 핵심 척도로 사람들을 평등하게 대우하는 것은 경제사회적 차원의 심각한 불평등을 다루지 못한다.

이번에는 척도를 바꿔서 경제적인 차원만을 본다고 가정해보자. 동일 노동 동일 임금은 평등을 위한 중요한 장치다. 그런데 여성에게 기대하는 역할과 암묵적인 요구 때문에 남성 직원은 프레젠테이션을 맡는데 여성 직원은 허드렛일이라 불리는 수발노동을 주로 맡는다. 이 두 직원이 설령 같은 임금을 받는다 해도 개인이 일에서 경험하는 자율성과 성취감은 다르다. 그런 차이가 쌓이면 남성에게는 승진의 타당한 사유가 되고 여성에게는 제자리를 맴도는 사유가 된다. 이런 차이 탓에 임금 격차가 벌어진다.

비슷한 임금을 받는 부부가 있다. 아이가 생기자 가사와 육아 노동을 여성이 전담하는 게 낫다고 결정할 수 있다. 직업 안정성이나 장래성을 봤을 때 남편이 일하는 쪽이 낫다고 판단해서다. 이를 강요가 아니라 여성 스스로 선택한 것이라고 하면서 여성이 남성에게 경제적으로 의존하는 현상이 정당화될 수 있다. 그리고 이런 선택(이란 이름의 강요)들이 쌓여서 여성의 고용과 승진을 차별하는 사유로 작동한다.

경제적 차별과 사회적 차별은 긴밀히 연관되어 있다. 이처럼 한 가지 척도로만 평등하게 대우하는 것은 다른 차원에서 심각한 불평등을 무시하는 일이 될 가능성이 있다. 그래서 평등을 고려할 때 인간이 지닌 다양한 차이를 다루어야 한다. 즉 평등을 향한 노력은 어느 한 척도에 치우치지 않고 여러 척도 사이의 긴밀한 연관성을 고려해야 한다.

비차별을 넘어, 획기적인 평등으로

기존 체제가 이미 보장하고 있는 권리들에서 배제되거나 열등한 취급을 받는 경우에 동등한 대우를 보장하는 것이 비차별이다. 비차별의 요구는 대개 있는 권리라도 동등하게 보장해달라는 당연하고도 소극적인 요구다.

그중 하나로 2007년 시작되어 2019년 7월 현재까지 지속되고 있는 인권운동이 있다. 차별금지법 제정 운동이다. 2007년 법무부는 "헌법상 평등의 원칙을 실현하는 최초의 기본법"이라는 이유로 차별금지법을 제정하려고 했다. 그리고 백 개가 넘는 단체들이 연대한 '차별금지법제정연대'는 "다양한 차이들이 평화롭게 공존하는, 그런 세상을 만들기 위해서" 이 법이 필요하다고 주장한다. 그러나 '자유로운 기업 활동을 막는다'는 재계의 반대와 '동성애 허용 법안'이라 주장하는 일부 종교 단체의 거센 공격으로 법 제정이 가로막힌 상태다. 차별금지법 제정 반대뿐 아니라 성차별, 인종주의, 장애차별 등에 문제를 제기하면 '역차별'이라는 구도를 만들어 공격하는 일이 잦다.

이런 주장들의 요약판이라 할 수 있는 문장이 있다. "우리는 (소수자가 아니라는 이유로) 차별을 받고 있고, 우리를 차별하는 주체는 경쟁 원리를 무시하면서 ○○만 더 우대하는 정부다." 여기서 ○○에는 여성, 이주민, 장애인 등 차별의 피해자들이 들어간다. 차별의 피해자가 도리어 차별을 조장하는 가해자가 되어버리는 모순이 이 한 문장에 그대로 담겨 있다. 비차별의 소극적인 요구마저 거부하는 것이 한국 사회에서 기승을 부리는, 차별금지법 제정을 반대하는 반권리 운동이다.

적극적인 반평등 운동만이 문제는 아니다. 가령 비차별(차별 철폐) 운동으로 신체장애인이 적절한 편의 시설을 제공받았다 치자. 이런 경우에 물리적 배제는 어느 정도 해소된다 할지라도 심리적, 사회적, 경제적 배제로부터 벗어났다고 하기는 힘들다. 차별받지 않는 비장애인에게는 출발점이 되는 권리들이 신체장애인에게는 도달점처럼 오인된다. 가령 먹고 입고 배설하는 기능은 인간 생활에 필수다.

그런데 비장애인에게는 이런 기능이 다른 권리를 누리는 출발점이라 여겨지는 반면, 장애인은 이런 기능을 해결하는 것이 권리의 완성으로 받아들여지기 십상이다. 누군가에게는 당연한 정도를 제공하고서 동등하게 대우했다고 할 수는 없다. 비차별 운동에서 요구하는 것은 이런 맥락이다. 인간으로서 기본 기능을 할 수 있도록 지원하라는 요구는 사회 성원으로서 참여하고 발언하고 관계의 끈을 이어갈 수단을 요구하는 행위다. 일반적인 차원에서 중립적인 동등한 대우만으로는 부족하고 피억압 집단의 특유한 상황을 고려한 정책이 더 필요한 이유도 여기에 있다.

기존의 권리 체제를 바꾸지 않고서는 안 되는 경우도 있다. 이럴 때는 비차별 수준이 아니라 근본적인 평등에 대한 사유가 필요하다. 가령 난민들은 인류애와 그에 따른 '인'권에 호소하는 것 말고는 정치체에 속한 구성원으로서는 구체적 권리가 없다. 한국 땅에서 태어나더라도 출생과 동시에 신분 등록이 될 수 없는 처지의 아동(가령 미등록 이주노동자의 자녀)은 무국적자가 될 위험에 처해 있다. 이런 처지에 있는 아동의 신분을 보장하는 아동인권법 제정은 계속 반대에 맞닥뜨린다.

비차별은 어떤 권리를 행사하려다 '가로막히는 것', '당한 차별'을 전제로 유사한 조건에 있는 다른 누군가에 비교할 때 불리한 대우를 받았다고 주장할 수 있다. 반면 애초에 주장할 권리의 근거가 '사람이라는 것'밖에 없는 난민이나 신분이 없는 아동은 비차별의 수준에서는 비교될 수가 없다. 이런 처지에 있는 사람들도 포용될 수 있도록 국적과 혈통 중심의 기존 권리 체제를 질문하며 변화를 꾀하는 것이 인권의 과제다.

단지 차이가 존재한다고 해서 평등하지 않다고 할 수는 없다. 어떤 차이는 평등을 제한하는 데 반해 어떤 차이는 평등을 풍부하게 한다. 차이의 성격을 규정하는 것은 차이의 속성 자체가 아니라 사회가 그 차이를 어떻게 대하느냐다. 성, 인종, 민족, 성적 지향성 등에 기초한 억압은 평등을 제한한다. 이런 차이에 대한 억압은 단지 불평등을 없애고 동일한 대우를 한다고 해서 사라지지 않는다. 차별 대우에 작동하는 토대가 바로 그들이 가진 차이이기 때문이다. 토대가 되는 구태의 부정적인 평가를 새롭고 긍정적인 것으로 바꾸려는 시도가 필요하다.

토대의 변화, 집단에 낙인찍힌 정체성을 새롭게 구성하는 것은 차별에 취약한 개인이나 개인이 속한 집단이 스스로 말하고 권리를 요구하고 실현하는 데 있다. 이럴 때 평등이라는 가치는 '하던 대로'의 틀에서가 아니라 '하지 않았던' 방식으로 틀을 바꾸는 것이고, 차이를 억압하는 것이 아니라 차이를 존중하고 옹호하는 것이다.

평등을 구현하려면 비차별 수준이 아니라 사회 구조의 변혁이 필요하다. 늘 하던 대로 굴러가는 상투적인 세계가 아니라 하던 것과는 전연 딴판으로 운영하는 세계에 대한 상상과 실천이 필요하다. 평등은 동료애를 낳고 사회 공동체의 삶에 책임을 느끼게 만드는 소중한 가치다.

7장

연대

—

인권의 동력

마르셀 에메의 「천국에 간 집달리」라는 소설이 있다. 프랑스 어느 작은 도시에 집달리(執達吏)가 살았다. 그는 빚을 갚지 못한 사람에게 압류를 집행하며 사람들에게 엄청난 슬픔과 고통을 주는 일을 한다. 그는 자기 직무를 너무나 꼼꼼하고 성실하게, 주저 없이 해냈다. 어느 날 잠을 자다 세상을 떠나게 된 그는 천상의 베드로 앞에서 1심 심판을 받는다. 베드로는 집달리에게 그가 절망에 빠뜨린 홀어머니와 자녀들의 눈물을 보여준다. 집달리는 자기는 할 일을 했을 뿐이며 덕분에 실업을 면했다고 대꾸한다. 베드로는 남의 불행에 아랑곳없는 집달리의 태도에 화를 내며 지옥행을 명한다. 집달리는 판결을 받아들일 수 없다며 하느님에게 상소한다. 하느님은 '이자가 흘리게 한 눈물을 모두 이자의 탓으로 돌리는 잘못을 범했다'고 베드로를 질책하며, 어쨌든 실수를 보상해주어야 하니 다시 땅으로 보내겠다는 판단을 내린다.

그렇게 지상에 돌아온 집달리는 지옥행을 면하려고 열

심히 선행을 하고 이를 일일이 장부에 기록한다. 그는 재심에서는 당연히 천국행을 받을 것이라 확신하며 흐뭇해한다. 그런 어느 날 세입자에게 집세를 잔인하게 독촉하는 집주인을 맞닥뜨린다. "집주인이면 다야? 이 더러운 자식아! 너같이 더러운 집주인들은 없애버려야 해. 집주인들을 타도하자!" 집달리는 자기도 모르게 그런 말을 하며 집주인에게 대들었다가 집주인이 쏜 총에 맞아 죽는다.

집달리는 다시 마지막 심판을 받게 되었다. 그런데 그의 선행 장부에는 그가 열심히 쌓아온 선행은 전혀 남아 있지 않았고 오직 하나만 적혀 있었다. 집주인의 잔혹함에 맞서 알지 못하는 가난한 이를 지키려다 '집주인을 타도하자'고 외친 최후 순간의 기록이었다. 하느님은 집달리의 행동에 감탄하며 불우한 사람들과 노숙인, 거지, 억울하게 죽은 이들을 위해 마련된 하늘의 문을 활짝 열어주었고 집달리는 그리로 들어갔다.

이 소설 속 집달리는 한 사람이지만 이번 장에서 살펴볼 연대에 대한 여러 입장을 동시에 대변하고 있는 것 같다. 그 입장이 무엇인지는 여러 갈래로 살펴볼 텐데, 하느님이 집달리를 다시 땅으로 돌려 보낸 판결 사유가 우리가 연대에 대해 고민해볼 이유가 아닐까 한다. 집달리 혼자만의 책임으로 돌릴 수 없다는 그것이다.

누구 혼자의 책임으로 돌릴 수는 없지만 누군가는 책임져야 하는 것들이 있다. 모두가 각자 고만고만한 삶을 누리는 데 공통으로 필수인 것들이다. 권리를 지켜주는 제도, 그런 제도에 대한 신뢰와 존중, 인간에 대한 예의와 그런 예의에 기반한 일상의 상호작용 등이 여기에 속한다.

개인의 자유와 평등이라는 원칙을 보존하면서도 개인주의의 해악을 억제하며 함께 살기를 도모하는 것, 혼자서는 도저히 감당하기 어려운 위험에 집단으로 대처하는 것, 권리이자 의무로서 타인과 사회에 무언가를 내놓는(증여하는) 것, 단결의 과시와 압박으로 정의로운 목표를 성취하고 추구하는 것…. 이런 것들이 제대로 만들어지고 굴러가야 이 복잡한 세상에서 각각의 사람들이 따로 또 같이 살아갈 수 있다. 그럼 '공통으로 필수적인 것들은 도대체 누가 만들고 유지해야 하는가', 이 어려운 과제에 대한 궁리가 연대라고 할 수 있다.

그런데 앞서 본 자유, 권리, 평등 같은 말들이 품은 가치에는 대체로 수긍하는 사람도 '연대'라는 말에는 고개를 갸웃거릴지 모르겠다. 낯선 이들, 이해관계가 전혀 다른 이들과 무슨 연대를 하느냐고 생각할지도 모르겠다. 무엇보다 '공동체'라는 말에 질색을 하는 사람이 많다.

물론 연대에서 말하는 공동체는 '남의 집 숟가락 숫자까지 다 헤아린다'라는 식의 과거로의 회귀가 아니다. 연대는 가까운 관계에서 잘 아는 사람들에게 의존하던 사회관계가 아니라 서로 얼굴을 마주 대하지 않는 익명의 사람들끼리 어떻게 더불어 살아갈 수 있을까를 도모한 데서 탄생한 가치다. 인권의 역사는 의존과 감시와 강제로 짜인 조직으로부터 인간을 해방시켜온 역사라 해도 지나친 말이 아니다. 그런데 해방된 개인에게도 사회는 필요하다. 이 사회는 구시대의 끈적끈적한 공동체와는 다른 것일 수밖에 없고 다른 것이어야 한다. 그러니 연대라는 말에서 구시대의 공동체를 떠올릴 필요는 없다. '자유로운 개인들의 공동체'를 존속케 하는 연대라는 개념이 어떻게 등장하게 되었는지부터 살펴보자.

연대라는 개념의 역사

어느 시대 어느 사회냐, 어떤 관계의 맥락이냐에 따라 연대의 의미는 달랐다. 여기서는 연대주의 사상을 낳은 프랑스를 배경으로 연대라는 개념이 어떻게 등장하고 전개되었는지를 살펴보려 한다. '자유, 평등, 우애'는 프랑스 혁명의 대표 구호였고 이 구호가 인권혁명의 대표 상징이었기에 여기서 등장한 우애를 중심으로 살펴보려는 것이다.

프랑스 혁명의 구호 '우애'는 고대 민주주의 전통의 '시민의 우정'과 기독교의 '형제애'를 결합한 것이었다. 고대 민주주의에서 시민은 평등한 권리와 자유를 가지고 공적인 일에 참여하는 이를 가리키는 말이었다. 이 시민들의 관계 또한 사적인 친밀성으로서의 우정이 아니라 공적인 의미로서정치적인 우정이었다. '최선의 친구'란 곧 '최선의 시민'과 같은 말이었고 '나쁜 시민'이란 공적인 일에 관심을 두지 않는 시민을 가리키는 것이었다.

한편 기독교의 형제애는 '형제'라는 비유 때문에 '타인을 가족처럼 사랑하라'라는 가족애의 확장처럼 오인되는데 그건 아니다. '조물주 앞에서 만인은 피조물로서 평등하다'라는 뜻이며 모든 인간은 '신의 자녀'라는 의미다. 형제애는 오히려 가족중심주의에 반해 혈통주의를 벗어난 만인의 평등을 가리켰다. 형제애의 눈으로 보면 노예제란 안 될 일이고 노예, 이방인, 가난한 자 모두가 형제다. 그런데 시민의 우정에는 여성과 노예가 빠졌다. 기독교의 형제애에서도 이교도에 대한 배타성과 교회 안의 불평등(남성과 여성 등)을 엄연한 질서로 봤다.

그러니 우애라는 말을 가져오기는 했지만 인권혁명의 대의를 나타내려면 특권 계급에 속한 시민들끼리의 우정을 '모든 시민의 것'으로 바꿔야 했다. 또 신이 명령한 사랑이 아니라 인간이 인간을 인정하는 관계의 성격으로서 '평등한 정치적 자유'의 수립을 강조해야 했다. 이러한 변화를 담은 것이 바로 프랑스 혁명에서 앞세운 우애의 개념이었고, 이것이 현대적으로 변용되어 연대가 된다.

이번에는 연대가 등장하게 된 사회적 배경을 살펴보자. 근대 전까지의 사회에서 연대는 자연스러운 것이었다. 사람들은 대개 태어난 곳에서 태어난 신분대로 평생 주어진 일을 하고 살았다. 혈연과 지역 공동체 속에서 관계란 끈끈

함 자체였다. 자유는 없지만 안정된 사회였다. 근대 사회가 도래했다는 것은 신분으로부터 해방되었다는 뜻이기도 하다. 이제 '자유롭고 평등한 개인들'로 구성된 사회상이 주창되었다. 개인이 된 사람들은 신분과 공동체를 벗어나 살아갈 자유를 얻었지만 대신 아무런 방패막 없이 냉혹한 세상에 던져졌다. 태어난 지역이나 신분에 상관없이 누구나 경쟁에 참여해 성공을 꿈꿀 수 있다고는 하지만, 그렇게 된 개인은 소수뿐이었다. 사회의 다수는 빈민과 하층민이었다. 공동체가 없으니 소속할 데가 없어졌고, 이념으로는 평등주의를 취하고 있으나 사실상 불평등한 일들이 대규모로 나타났다. 이런 현상에 '사회문제'라는 이름이 붙었고 사회문제가 심각하다는 데 다들 동의했다. 그러나 원인과 해법을 대하는 입장들은 아주 달랐다.

당시 지배층의 대표적인 입장은 빈곤은 개인의 무지와 태만 탓이라는 것이었다. 문제를 그렇게 보니 대책도 뻔했다. 하층 계급의 도덕성이 문제니 거기에 개입해 스스로 규율하는 습관을 길러줘야 한다고 봤고, 개입할 주체로는 전통적인 가족과 종교 조직을 꼽았다. 지배층 중에는 이런 입장에 현실성이 결여되었다고 비판한 이들도 있었다. 절충주의라 불리는 이들은 개인에게만 책임을 물을 수 없는 사회문제의 규모와 심각성에 비추어 대책을 마련해야 하고, 개인과 사회가 책임을 나눠 져야 한다고 봤다. 이들은 새로운 사회과학에 따른 실천적 지식을 활용해 대책을 마련하자고 했다. 다양한 중간 집단(가족, 종교 조직, 협동조합, 공제 조합 등)을 활성화해 산업화의 어두운 면을 억제하고 희미해진 사회의 공동성을 재구축하자고도 했다. 지배층이 취한 이 두 가지 입장에는 공통점이 있다. 국가가 나서면 자유를 해친다고 우려했기에 국가가 직접 개입하는 데는 반대했다는 점이다.

이런 지배층의 입장에 노동자 조직과 참여적 지식인들이 맞섰다. 이들은 실질적인 평등을 추구하는 '우애의 공동체'로서 국가를 주창했다. 이들은 인류(애)나 조국으로 인민을 통합하고 사회를 평등한 공동체로 만들기 위한 국가의 역할을 강조했다. 공권력이 적극 개입해 사회문제를 해결하자 했고, 노동권을 보장하고 보통선거권을 실현해 추상적인 수준에 머물러 있는 평등을 실질화하자고도 했다. 물론 이들이 사회 통합의 시멘트로 이용한 '인류애'나 '우애에 기초한 공동체' 같은 이상은 듣기에는 그럴듯한 수사였지만, 종교적이고 낭만적인 면이 강했다.

이런 낭만성을 비판하며 산업사회에 적합한 새로운 사회상을 궁리한 것이 바로 연대주의다. 연대주의는 의회의 주도권을 잡은 개혁 정치인과 대학 연구자들이 합작한 것이었다. 연대주의 사상가들은 '사회 속에서 각자 직업으로 역할과 기능을 담당하는 사람들 사이의 상호 의존'을 연대라 불렀다. 인간이란 타인의 노동 없이는 한순간도 살아갈 수 없다. 타인의 노동을 이용해 살아가는 각자는 자기 노동으로 그 빚을 갚는다. 노동자들이 서로 노동을 교환하는 수평적 연대 그리고 오늘날 누리는 모든 것은 과거의 노동에 빚지고 있기에 이를 후손에게 물려주기 위해 일해야 하는 수직적 연대가 우리 삶을 구성한다. 수평적, 수직적 연대 속에서 사회에서의 위치에 따라 역할이 있다. 개인은 자신에게 부여된 직업적 능력을 충족하고, 교육과 공중위생 등을 통해 스스로 사회화하며, 위험을 최소화하고, 사회 진보에 공헌할 의무를 진다. 사회는 개인이 맞닥뜨리는 질병, 사고, 실업, 노령 등을 집합적 위험의 발현으로 보고 보상할 책임이 있다. 국가와 중간 집단은 상호 보완해 연대의 제도화를 도모해야 한다. 이러한 제도화의 대표 사례가 사회보험 제도 의무화였고 이것이 복지국가의 원형이 되었다.

개개인의 상호 의존 관계, 즉 연대로 이루어진 사회는 국가나 시장과는 다른 정체성을 가진 자율적인 집합으로 표현되었다. 이런 식으로 연대주의는 산업사회의 위험을 사회화함으로써 전통 집단에 대한 의존에서 벗어난 개인을 새로운 사회 관계 속에 위치시키려 했다.

연대 책임을 법과 제도로

연대는 프랑스 같은 먼 나라 이야기가 아니다. 우리 삶 속에 이미 들어와 있다. 연대를 부인하는 사람조차도 어떤 연대의 제도를 누리고 있다. 최근 한국 사회에서 부각된 연대의 대표 사례로서 연대 책임의 법제도화와 애도의 연대를 살펴보자.

연대 보증이라는 말을 보통 사람들은 아주 두려워한다. 보증을 서면 그 빚에 대한 책임을 함께 져야 하니 그럴 만도 하다. 그런데 연대(solidarity)라는 용어가 애초에 법적 개념으로 '연대 채무'를 뜻하는 것이었다. 고대 로마법에서 연대란 채무를 이행하는 특수한 유형으로서 가족 공동체 각 구성원이 채무 전체에 책임을 지거나 공동체가 각 구성원의 채무에 책임을 지는 경우를 가리켰다. 오늘날에도 연대 채무라는 개념은 여전히 통용되지만 사회적, 정치적, 경제적 맥락에서 연대는 의미가 보다 풍부해졌다.

민호를 보내고 1년의 시간이 지난 후 용균이 사고가 나고, 용균이 엄마가 애를 써서 산업안전보건법 개정안을 겨우 통과시켰습니다. 노동자들이 죽지 않고 안전하게 일할 수 있겠구나 했는데 천만의 말씀이었습니다. 사망 사고를 낸 기업주에게 제대로 된 처벌을 하는 조항은 없었습니다.
　　-2017년 생수 공장에서 현장실습 중 사고로 사망한
　　특성화고 학생 이민호 군의 아버지 이상영 씨의 편
　　지 중에서

2019년 현재 '중대재해기업 처벌법' 제정 운동이 벌어지고 있다. 한국에서는 매년 2천 명 넘는 노동자들이 일하다가 죽거나 일과 관련되어 죽는다. 개인이 살인을 행하거나 방조했다면 마땅한 처벌을 받을 텐데 사망 등 중대 재해가 발생해도 처벌받지 않는 게 기업이다. 이 법의 취지는 산재 사망이 사업주의 무책임한 경영 탓이라면 사업주를 포함한 고위 임원을 강력히 처벌하거나 기업에 크나큰 사회적 패널티를 부과해 기업에 타격을 입히자는 것이다. 노동 안전이나 법을 연구하는 학자들은 '해도 괜찮다'는 신호에서 '하면 절대 안 된다'라는 신호로 바꾸는 이 방법이 산재 사망을 줄이는 가장 효과적인 정책 수단이라고 줄곧 지적해왔다.

거대 기업에 연대 책임을 지우는 경우를 생각해보자. 가령 하청 업체에 위험한 작업을 전가하고 노동 재해가 발생해도 책임지지 않는 원청 업체가 있다. 생명과 생태에 악영향을 끼치는 활동을 서슴지 않는 기업도 있다. 이럴 때 책임을 물을 수 있는 것이 '연대책임법'이다. 연대 책임을 법적 수단으로 이용해 기업 활동으로 빚어진 사회적, 생태적 결과에 책임을 지도록 하는 것이다. 국내, 해외의 하도급 업체가 노동 기본권 등에서 잘못을 저지르면 원청 사업주가 연대 책임을 지도록 하자는 요구로도 이어지고 있다.

세월호 참사, 가습기 살균제 참사 같은 사건은 '국가란 무엇인가'와 더불어 '기업이란 무엇인가'라는 질문도 던졌다. 왜 기업은 이득은 가져가면서 책임은 지지 않으려 하는가. 기업이 이윤을 추구하면서 노동자뿐 아니라 불특정 다수의 생명과 건강을 위협했음에도 왜 기업에 책임을 물을 수 없

는가. 제도적 틀이 없다면 새로 만들어서라도 합당한 책임을 묻도록 하는 것이 바로 연대의 책임이다

이미 법제도로 만들어진 연대 책임의 다른 사례를 살펴보자. 2000년 7월 한국에서 6백 개 넘는 의료조합이 국민건강보험으로 통합되었다. 그전까지는 직장과 지역에 기초한 조합주의 방식으로 의료보험이 다 따로따로였다. 어느 직장에 다니고 어느 지역에 사느냐에 따라 의료보험의 금고가 가득하기도 하고 빈곤하기도 했다. 이렇게 시장에서의 성취에 따라 천차만별이었던 사회보험 체계가 단일하고 보편적인 국민건강보험으로 통합된 것이다.

아래로부터 연대한 결과로 이런 제도를 만들었다는 점에서 의미가 깊다. 통합을 반대한 쪽은 주로 자본가 단체와 번듯한 직장인 조합이었다. 기업의 의료보험조합은 상당한 적립금을 쌓아두고 그것으로 대출까지 받을 수 있는 상황이라 자본가들은 그걸 놓치기 아까워했다. 투명 지갑인 직장인들도 의료비 부담이 커진다고 우려했다. 소득이 불안정하거나 소득을 파악하기 어려운 자영업자, 농민 등과 건강보험이 통합되면 자신에게 불리하다고 여겼기 때문이다. 노동운동, 시민운동 진영이 연대해 각계각층을 설득하면서 정부에 대한 압박을 10년 넘게 이어갔다. 특권적인 직장의료보험 제도를 누리던 대기업 노동자 등이 '다른 이들의 이익'을 보듬으면서 보편적인 제도를 지지하는 입장으로 바뀌었고, 각계각층이 자기 이익을 벗어나 사회적 연대를 강

조함으로써 모든 국민을 아우르는 건강보험제도로 통합을 이루게 되었다.

건강보험제도는 연대에 기반한 증여의 연쇄를 제도로 만든 것이다. 계약 관계에서는 양자가 주고받는다. 증여 관계에서는 주고받고 또 돌려준다. 주고받는 것이 꼭 양자 관계일 필요가 없다. 되돌려줄 때 처음에 나에게 준 사람이 아니라 제3자에게 다른 형식으로 되돌려줄 수도 있다. 타인에게 준 것이 언젠가는 나에게나 또 다른 타인에게 돌아올 수 있다는 신뢰가 관건이다. 주고받고 또 돌려줌으로써 유대가 발생한다.

이 연대의 연쇄 고리에 참여하는 모든 사람은 각자 자신의 능력껏 기여하고 필요에 따라 가져간다. 상황에 따라서는 가져가기만 할 수도 있다. 가져갈 권리는 '능력'이 아니라 '존엄성'에 기반하기 때문이다. 인권에 기반해 접근한다는 것은 당장의 필요를 채우는 것을 넘어 권리의 실현을 목적으로 한다. 과정과 결과 모두 중요하다. 이 연쇄 고리에 참여하는 이라면 누구든 수동적인 피해자나 수혜자가 아니라 권리 주창자이며 세력화되는 주체다. 누구나 제도를 적극적으로 만드는 사람, 적극적인 참여자, 기여자가 될 수 있다. 기여가 반드시 돈일 필요는 없다. 가령 이동 약자를 위한 편의시설이 만들어지기까지는 중증장애인들의 투쟁이 중대하게 기여했다.

증여의 연쇄 과정을 제도화하려면 사회문제의 뿌리를

규명하고 이를 고치는 일이 중요하다. 한국의 건강보험제도 통합 사례는 한 사회가 제도를 공유하는 일에 연대가 반드시 필요함을 보여준다. 의료 불평등의 뿌리를 규명하고 바로잡기 위해 각계각층이 이해관계를 뛰어넘어 증여의 연쇄 고리에 참여하려는 연대를 실천한 사례이기 때문이다.

애도의 연대

"너는 나다."

강남역 살인사건 피해자를 추모하는 시에 담긴 문구다. 이름 없는 포스트잇 등에 사회적 살인과 죽음에 응답하는 문구로 자주 등장했다.

"당신 원통함을 내가 아오. 힘내소. 쓰러지지 마시오."

세월호 참사 1주기 무렵 진도 팽목항에 5.18 유가족이 단 현수막의 문구다.

우리 주변에는 안타깝고 속상한 죽음이 자주 벌어진다. 친밀함에 따라 상실의 강도가 달라지지만 사회적, 정치적 참사로 일어난 죽음에는 개인적인 애착과는 다른 차원이 있다. 피해자와 유족의 권리를 세우고 지켜내는 애도의 연대다. 국가와 기업이 중대하게 인권을 침해한 사건의 진실을 알 권리, 책임을 규명하고 물을 권리, 배상에 대한 권리가 대표적인 피해자의 권리다. 그리고 이것을 정립하는 것이 애도하는 이들의 연대다. 피해자를 두 번 죽이는 것과 같은 부당한 왜곡과 공격이 발생할 때 이들로부터 피해자와 유족을 지켜내는 것도 애도의 연대가 할 중요한 일이다. 이 로써 의미 있는 사회 정치적 변화를 만들 수 있고, 그 과정 에서 애도하는 이들은 피해자와 연대를 확인하고 연대 속 에서 변화된 자신을 발견할 수 있다.

애도하는 사람은 죽은 이들이 나에게 무언가를 요구하 고 책임을 묻는 듯한 느낌을 가진다. 도대체 왜 그런 일이 벌어졌는지 묻게 되고, 드러난 잘못을 비판하게 되고, 무언 가 바꾸자고 요구하며 애도를 공적인 사건으로 만든다. 애 도의 연대는 혼자 골방에서 슬퍼하는 것이 아니라 애도하 는 느낌을 서로 나누며 연결되려는 것이다. 한 사회의 구성 원들은 애도를 통해 그 죽음을 낳은 사회질서에 문제가 있 음을 깨닫게 되고, 자기 자신이 그런 질서의 구성 요소임을 알게 된다. 정치적, 사회적 참사의 피해자를 애도하며 삶을 짓누르는 폭력에 대항할 힘을 찾을 수 있다. 또 상실 앞에서 인간이 얼마나 취약한지 깨달을 수 있다.

권력자와 책임자는 애도가 사적인 상실의 슬픔에 그치 지 않고 공적인 사건이 되는 걸 꺼릴 수밖에 없다. 그래서 빨리 애도를 끝내라고 닦달하고, 지나친 애도는 소모적이 라고 격하하거나 무시하려 든다. 이럴 때 안면 없는 사람들 이 찾아가 희생자에게 바치는 꽃 한 송이, 메모 한 장이 주 는 울림은 크다.

애도의 반대말은 부인(denial)이다. 타인과의 연결을 부인하고 타인에게 벌어진 일에 책임을 부인하는 것이다. 반면 누군가 물리적으로 사라졌다 해도 그와 나의 관계는 여전히 남아 있음을 부인하지 않는 것이 애도다. 따라서 계속 질문하는 것이다. 죽은 이의 억울함을 들어주지 않고서 산 사람이 살아갈 수 있을까? 산 사람의 권리와 죽은 이의 권리가 상관없는 것일까? 이 사회에서 과연 누가 고인과 같은 취약함을 강요받고 있는가? 이러한 질문을 던지고 답을 찾아내고 바꾸려는 방향으로 움직이는 것이 바로 애도의 연대다.

고유한 개별성 간의 만남

연대는 무엇보다 개별성을 가진 타인들 간의 만남이다. 연대를 구하기 위해 일종의 자기포기를 해야 한다면 또는 연대한다는 이유로 타자의 자유를 못마땅해한다면 이를 연대라고 할 수 없다. 자기포기란 연대자의 욕망에 맞게 나의 고통과 상황을 부각하는 것이다. 연대하는 이들이 강요하지 않아도 스스로 슬프고 아픈 존재, 아니면 용기 있게 고통을 극복한 서사의 주인공이 되어 상대방에게 맞춰야겠다는 수동성을 가진다. 반대로 연대한다는 이유로 타자의 자유를 못마땅해하는 경우가 있다. 자신이 '너의 문제'에 연대해주니까 상대방이 당연히 자기 말을 따라야 한다면서 '피해자다움' 같은 역할에 충실하라고 요구한다. 이런 경우 이 사람은 연대자가 아니라 새로운 억압자로서 등장한 것이다.

연대에서 존중받아야 하는 차이는 집단적 특수성이 아니라 고유한 개별성이다. 집단의 대표성을 부정하는 것이 아니다. 특수한 집단에 속했다고 여겨지는 개인이 억압으로부터 해방되려면 집단적인 정치와 대항이 필요하다. 그러나 이때 집단은 연대를 위한 매개일 뿐 그 자체가 연대의 주체는 아니다. 성차별주의에 반대하는 연대는 여성 집단과 남성 집단의 차이에 대한 것이 아니다. 고유한 개인이 성차를 이유로 여성성 또는 남성성이라는 특수성에 결박되어 억압받는 데 반대하는 것이다. 마찬가지로 인종주의에 반대하는 연대는 백인과 비백인의 차이에 대한 것이 아니며, 나이주의에 반대하는 연대는 아이와 어른, 젊은이와 노인의 차이에 대한 것이 아니다.

연대란 서로를 동등하게 바라보는 사람들 사이에서만 가능하다. 그런데 사람이 함께 있으면 권력이 출현하기 마련이다. 불의에 맞선 연대에서 혹은 약자를 지키기 위한 연대에서 특히 마음을 끄는 사람이 있다. 헌신성, 정당한 목적과 선의 추구, 용기, 희생, 설득력 있는 연설…, 이런 요소로 사람들 마음을 얻을 수 있다. 마음의 빚을 느끼게 하거나 함께 하고 싶다는 열망을 불러일으키는 힘, 그런 걸 사회적 권력이라 할 수 있다.

강압적이지 않은 사회적 권력은 연대성을 높이는 데 효력이 있다. 그러나 연대의 이름을 빌려 자기 선을 타자에게 강요하고 지배하려 든다면? 자신의 선을 위해 연대하는 사람들을 도구화한다면? 타자는 언제든 사회적 권력을 비판하고 벗어날 자유가 있다. 그런데 그런 비판이나 타인이 벗어나는 걸 견디지 못하는 사회적 권력자는 연대성의 이름으로 타자를 이용하기도 한다. 반대로 사회적 권력자를 추종하게 되면 연대가 개인숭배 따위로 타락한다. 지배 권력만 부패하는 것이 아니라 저항하는 대항 권력도 그럴 수 있음을 늘 경계해야 한다.

다른 한편으로는 피해자 자신이 사회적 권력이 되기도 한다. 피해자가 용기를 내서 어떤 불의를 폭로하고 공론화했다면 그는 당연히 존중받아야 한다. 그런데 피해자가 연대한 이들의 관심을 사유화해 자기만 마이크를 독점하려 하고, 자기 견해만이 피해를 대표한다고 여기면 그 역시 언제든 사회적 권력이 될 수 있다.

연대는 특정인의 사회적 권력을 만드는 것이 아니다. 동등한 존재끼리의 만남이 연대성의 제1원칙임을 기억해야 한다. 만남의 목적이 공유되어야 한다. 그것은 인권을 억압하는 악에 우리가 함께 고통받고 있다는 공통 인식이다. 그리고 그런 공통악을 물리치고 공동선을 구축하기 위해 함께 세력화(empowerment)하는 것이 바로 연대다.

좋은 마음으로 남을 돕는다고 자부하는 사람 중에는 '권리 존중'보다는 '배려'나 '관용'이라고 말하는 편을 더 선호하는 경우가 있다. 권리를 존중한다고 하면 응당 줘야 할 것을 주는 것 같고, 배려한다, 관용한다고 하면 자신이 베푸는 것 같기 때문이다. 사회적 약자를 참고 품는 것조차 인색한 현실에서는 관용하는 태도가 절실하고 '그것만으로도 어디야' 하고 반응하게 된다. 그렇지만 배려나 관용을 받아야 하는 입장에서는 이를 연대로 여기기 어렵다. 애초에 왜 특정인, 특정 집단이 불리한 취급을 받게 되었는지, 왜 유독 특정한 차이만이 문제가 되었는지를 따져보아야 하는데, 그런 걸 묻고 따지지 않고 '너의 차이를 배려하고 관용한다'고 해버리면 맥이 풀린다. 반대로 왜 그래야만 하는지 묻고 따지면 배려하고 관용하며 조용히 살자는데 소란스럽다고 타박을 듣는다.

차이에 침묵하는 관용 대신 툭탁거리며 치고받더라도 시끄러운 관심을 요구하는 것이 연대가 아니냐고 질문해야 한다. 이런 태도를 '적극적 연대'라고 부르기도 한다. 차이에 대한 관용을 넘어 타인의 불리함에 적극 뛰어들어 싸우는 자세를 가리키는 말이다.

반대로 연대의 외피를 썼으나 그 각도와 내용이 확연히 다른 것을 가리켜 유사 연대 또는 가짜 연대, 형식적 연대라고 한다. '사이비 연대'라고 불리기도 한다. 패거리주의, 연고주의, 적과 동지의 이분법, 혐오에 빠진 연대 등이 여기 해당하는 사례. 역사적인 대표 사례에는 히틀러가 동원한 연대가 있다. 그가 내세운 국가의 목적은 '생물학적으로 영적으로 닮은 존재들의 공동체를 보존하는 것'이었다. 최

근 정치에서 특정 정치인을 우상화한 '○○연대' 식의 모임
과 집회는 그 세가 아무리 크더라도 정의의 추구라는 가치
에서 한참 벗어나 있다.

돈을 비롯해 명예와 사회적 영향력 같은 이해타산이 연
대를 하는 주요 동기가 되면 위험한 연대로 흐를 수 있다.
이런 사이비 연대의 대표적 특질은 배타성이다. 경계가 확
실할수록 빛이 나고 그에 따른 상과 벌, 친구 아니면 적이라
는 이분법이 확실하다. 우리 국가, 우리 민족, 우리 조직, 우
리 신념의 순수성을 강조하면서 다른 국가와 민족, 다른 조
직과 사상은 오염을 유발하는 불순물로 취급한다.

사이비 연대는 개인적인 것을 죄악시하고 하나로 통일
된 이미지를 중시한다. 패거리주의에 집착하지 않거나 거
기서 벗어나려는 사람을 이기주의자로 매도하기도 한다.
타인을 배척하고 괴롭히는 비윤리적인 일도 집단의 이름으
로 같이 저지르면 그 집단 안에서는 칭송받는 선이 될 수 있
다. '의리 있다'라거나 '결단력 있다', '화끈하다'라는 식으로
말이다.

연대의 도전과 과제

앞서 프랑스에서 연대 개념이 어떻게 전개되었는지를
살펴봤다. 연대라고 말하면서도 어떤 배제가 내포되어 있
음을 볼 수 있었다. 이는 오늘날에도 연대를 추구하는 자리

라면 당면하게 되는 도전과 과제다.

　무엇보다 연대주의의 논리는 권리와 의무의 대응 관계다. 이는 당시에도 너무 모범 시민을 놓고 구상한 게 아니냐는 비판을 받았다. 사회보장에 대한 개인의 권리는 교육과 노동이라는 의무와 대응한다. 여기서 연대는 노동할 수 있는(고용될 수 있는) '표준적'이고 '정상적'인 시민의 몫이다. 이런 노동을 통한 상호 의존 관계에 낄 수 없는 사람들은 예외적 존재로서 연대가 아닌 사회부조의 대상이 되고, 최저한의 생존 유지를 보장받는 데 그친다. 수혜자로 불리는 사람들은 노동을 제공한다는 의무를 수행하지 않았기 때문에 뭘 받건 노동하는 사람들로부터 받는 시혜에 불과했고, 의존은 낙인이 되었다.

　연대주의에서 사회화와 의무의 근간으로 삼은 노동과 교육에 접근할 수 없는 이들도 많았다. 여성, 청년 실업자, 장기 실업자, 불안정 노동자, 이주민, 홈리스 등 노동과 교육에서 배제된 사람들이 속속 드러났다. 가족, 회사, 학교 등 종래의 사회화 장치라는 것이 제대로 기능하지 못하는데 '권리'와 '교육, 노동의 의무'의 대응을 개인의 책임으로 돌리는 것은 부당했다.

　한편 상호 의존이란 주고받는 것의 대등함을 가리키는 것이 아니며, 권리는 기여(다른 말로 하면 능력)만큼 누릴 수 있는 것이 아니다.

흔히 사회보장의 모델로 생각해온 사민주의적 체제에는 연대가 현저하게 결핍돼 있다. 현재의 사민주의 아래서 국가의 주요 업무는 잘나가는 사람들에게서 돈을 거두어 빈곤층에게 배분하는 것이다. 이런 여건에서 사회적 연대는 다른 영역에 있는 사람들을 전혀 알지도 못한 채 계좌이체 형태로만 존재한다. 연대를 이루기 위해선 자기 돈을 내놓은 것만으로는 부족하고 인생의 일부를 내놓아야 한다. 기동할 수 있는 성인은 생산경제뿐만 아니라 돌봄 경제 안에서 역할을 수행해야 한다.

－로베르토 웅거,『민주주의를 넘어』

브라질 출신 법학자이자 정치인인 로베르토 웅거는 기존 복지국가의 연대 방식을 비판했다. 국가가 중심이 된 연대의 제도화, 즉 복지국가에는 개인을 타인에 대한 의존성에서 해방시킨 긍정적 측면이 분명히 있다. 그러나 국가에 당연한 책임을 지우는 것과 국가만의 일로 전가하는 것은 다르다. 국가 연대는 시민들이 다각도로 연대해 감시하고 보완해야 한다. 최근 여러 사회에서 발생한 폭염에 방치된 노약자들이 죽어간 사태, 늘어가는 고독사 등은 비대면의 계좌이체로 존재하는 복지만이 아니라 대면하는 네트워크, 즉 시민 연대가 국가 연대와 같이 가야 함을 보여준다.

기존의 연대는 생산 영역에서 분배와 재분배에 치중한 경향이 있다. 연대의 중요한 도전 과제는 이러한 분배와 재분배를 돌봄 책임에도 적용해야 한다는 것이다. 최근 '워라 밸(일과 삶의 균형을 가리키는 신조어)' 같은 말과 정책이 유행하고 있다. 그러나 일과 삶 자체를 분리해 이분법으로 보는 관점 자체가 문제다. 여기에는 연대 의식이 보이지 않는다. 가사노동과 돌봄 책임 등을 여성의 역할로 배치한 가운데서 워라밸은 여성의 이중노동을 결코 줄이지 못한다. 야근과 특근을 하지 않고서는 소득과 고용을 유지할 수 없는 노동의 세계에서 시달리는 사람, 돌봄 때문에 그런 일의 영역에 진입할 수 없는 사람 사이의 간극을 메우는 것은 두 영역 모두를 가로지르는 연대인 것이지, 어느 한편을 중심에 두고 다른 한편을 배려한다는 식의 접근이 아니다.

그리고 권리를 보장해주는 연대의 공동체를 국가와 그에 소속된 국적자로 한정하는 것도 연대의 한계이자 난제다. 이에 국제인권법이란 게 만들어져 국경을 떠나 특별한 보호를 제공할 필요가 있는 이들의 인권 문제에 주목해왔다. 가령 한국에서 살아가는 이주아동의 인권 문제는 심각하다. 무국적자, 미등록 체류자가 된 이주아동에게는 아무 잘못이 없다. 부모를 따라 한국에 왔거나, 한국에서 태어났는데 한국인이 아닌 부모를 만났을 뿐이다. 그러나 이 아동들은 아파도 병원에 가지 못하고, 의무교육도 받지 못하고, 생계비 지원 등 아동복지 서비스에서도 배제된다.

한국은 1991년 유엔아동권리협약을 비준한 당사국이다. 이 협약의 당사국 중 선진 국가들은 미등록 상태로 체류하고 있는 이주아동이라도 아동으로서 기본권을 누릴 수 있도록 법으로 보장한다. 엄격한 이민 정책을 실시하는 국가들도 아동에 한해서는 체류 신분과 상관없이 기본적인 권리들은 보장해야 한다고 본다. 덕분에 해외에 거주하고 있는 미등록 한인 아동 수만 명도 법적 보호를 받으며 성장하고 있다고 알려져 있다.

그러나 한국에 있는 이주아동이 국적과 체류 자격에 상관없이 기본권을 보장받을 수 있도록 하는 '이주아동 권리보장 기본법'은 '내국인 역차별'이라는 반발 때문에 몇 년째 표류하고 있다. 이주아동뿐 아니라 모든 사람에게는 '세계 안에서 살아갈 권리'가 있다. 그 세계가 특정 국가에 속한 사람들만의 권리라면 소속된 국가가 없거나 임시로 상실했거나 회복하기 어려운 상태에 있는 사람들은 어디로 가야 할까.

연대는 어디에나 있다

지금까지 연대라는 개념과 연대가 등장하게 된 역사적인 배경, 우리 삶 속 연대의 사례, 연대에 내포된 배제와 도전 과제 등을 살펴봤다. 건강한 연대가 존재하는 사회에서 살아가는 개인의 삶과 연고주의 등으로 사람 사이의 유대와 연대가 타락한 사회에서 살아가는 개인의 삶은 크게 다를 수밖에 없다. 개인이라고 똑같은 개인이 아니라는 점을 주목해야 한다. 누구는 자유로운 개인이 될 수 있는데 누구는 개인이 될 수 있는 자원이 부족하다. 연대는 개인의 취약함을 다수의 힘으로 상쇄한다. 그래서 연대는 특히 취약한 집단에 속한 개인들에게 절실하다. 소위 '대중정서법'에 맞서 소수자의 편을 드는 일이 중요하다. 소수자, 비주류인 사람들을 잘 모르고 그들이 이해가 가지 않을 수도 있다. 연대는 잘은 모르더라도 그런 사람들의 권리를 인정하고 지지하는 것으로 가능하다. 약자의 편을 드는 연대는 모두에게 좋다. 가장 약한 이가 편안하다면 그보다 나은 모두는 더욱 그러할 것이기 때문이다. 애초부터 보편 설계를 했으면 좋았으련만 처음부터 제외해놓고 나중에 하려니 더욱 비싼 값을 치른 경험을 우리는 충분히 해오지 않았는가.

연대는 친하게 지내자는 것과는 다르다. 공적 생활에 대한 무기력증에서 벗어나 삶의 현장에 내 생각과 내 목소리로 참여하는 것이다. 흔히들 위험 사회라는 말을 한다. 새로운 결속과 유대를 만들지, 오히려 이질 혐오증을 증폭하면서 단속을 강화할지 하는 문제 앞에서 한 사회는 선택을 해야 한다. 안전에 대한 강박 속에서 그 어떤 타자와도 분리되려는 경향은 위험을 더욱 위험하게 만든다. 특히 자원이 많은 사람들이 빗장을 지르고 자신들만의 성 안에 안주할수록 공적인 것에 대한 관심이 줄어든다. 같은 것, 동질적인 것만의 결속과 유대를 추구한다면 이는 연대에 반하는 일이다. 연대는 '다름'과 함께하는 위험을 무릅씀으로써 위험에 빠지지 않는 것이다.

우리는 인간으로서 동일하고, 내가 그들과 같은 상황에 놓였다면 나 역시 그들처럼 고통을 겪게 되었으리라는 것을 안다. 이런 깨달음은 나(우리)의 변화를 촉구한다. 연대성은 뭔가를 완결하는 합일의 기쁨이나 성취와는 거리가 멀다. 그들에게 벌어지는 일과 연결되어 있다는 관계의 감각, 공통의 감각을 향해 파고드는 노력이 계속되어야 한다.

연대성의 실천은 천사들이 할 수 있는 그런 일이 아니다. 선한 일, 도덕적인 일이 아니라 현실의 행위 규범이다. 앞서 프랑스 혁명의 역사와 연대의 개념을 다루면서 살펴보았듯이 연대란 지배 질서로부터 축출되고 배제된 이들이 실질적으로 권리를 향유하도록 하는 것이다. 지금까지의 현실에서는 쓰이지 않은 이야기를 쓰기 시작하는 것이고, 들리지 않은 목소리를 들리도록 하는 것이다.

연대성은 '우리'라고 말해져온 대상을 바꾸는 것이다. 지배자의 담화에 의한 '우리'가 아니라 악에 대한 공통 인식으로 공통의 감각을 가진 '우리'로 바뀌는 것이다. 이는 도덕적 우위에서 선을 베푸는 미덕이 아니다. 서로를 동등하게 바라보게 되는 것, 동등성에 입각해 연대성을 형성하는 것이다.

8장

반인권적 가치

—

누가, 왜 인권의 진전을 허물려고 하는가

2019년 1월 28일 인권운동가 김복동이 세상을 떠났다. 오랫동안 위안부 '할머니'라 불렸으나 사후에나마 '인권운동가'라는 정당한 이름으로 고인을 불러드리게 되었다. 인권운동가라는 명명은 그의 삶이 지키려 한 가치와 맞서 싸워 없애려 한 반(反)가치에 대한 판단에서 나왔다.

그는 1940년 열네 살에 위안소로 끌려가 아시아 곳곳에서 전시 성폭력이란 심각한 인권 유린을 당했다. 1947년에야 귀국했으나 인권 침해의 피해자임을 떳떳하게 밝힐 수 없었다. 일본 정부는 전쟁범죄를 부인했다. 한국 정부나 가족 또한 피해자 편이 아니었다. 국익이나 가부장의 체면을 따지며 침묵을 강요했다. 긴 세월 고통을 간직해온 그는 1991년에야 일본군 '위안부' 피해에 대해 최초로 증언한다. 그 후 전시 성폭력 피해가 재발하지 않도록 유엔이든 어디든 설 수 있는 모든 연단에 서서 증언했고 반인권적 범죄를 성토했다. 일본 대사관 앞 수요시위를 비롯해 싸울 수 있는 모든 투쟁 현장을 지켰고, 가해자와 피해자의 국적, 시대를 불문하고 전시 성폭력 피해를 당한 이들의 권리를 위해 연대했다.

그가 맞서 싸운 것은 한두 가지 불의가 아니었다. 싸움의 대상 또한 일본 정부만이 아니었다. 그의 전 생애를 겨눈 것은 고밀도로 농축된 반인권적 가치들이었다. 조선인에 대한 인종주의, 조선이란 나라 전체를 인종화한 식민주의, 사건을 전시 성폭력의 도구가 된 여성의 인권 문제가 아니라 민족의 수치로 오독한 민족주의, 강제 동원의 증거가 없으며 국가는 사죄하는 게 아니라고 고집하는 국수주의와 군국주의, 북한과 대결하는 긴박한 상황에서 과거의 식민 범죄에 대한 추궁이 뭐가 중요하냐는 반공주의, 경제 발전에 총력을 기울여야 하는데 발목을 잡는다는 경제 우선주의, '개인의 자발적 선택과 참여였다'는 발뺌과 결탁해 인권 침해에 대한 사회적 책임을 삭제하고 만사를 개인의 책임으로 돌리는 현재의 신자유주의, 성폭력 피해자에게 도리어 책임을 전가하는 성차별주의…. 과거와 현재의 가해자들이 공조한 반인권적 가치의 농축은 걸쭉하기 그지없었다.

인권운동가 김복동은 반인권적 가치들을 분해하는 친인권적 해독제가 되었다. 그러나 그가 대적해야 했던 반인권적 가치들의 힘은 여전히 펄펄 뛰어다니고 있다. 그의 싸움을 이어가려면 반인권적 가치들이 어떤 목적으로, 어떤 식으로 주창되는지 날카롭게 경계해야 할 것이다. 그것이 인권적 가치를 지키는 일이자 인간에 대한 예의일 것이다.

반인권적 가치를 지목하는 이유

"인권만 중요한 가치냐? 저마다 나름대로 추구하는 가치가 있고, 다름은 존중돼야 하는 것 아니냐? 인권의 주장만 정당한 것이냐?"

어떤 주장을 반인권적 가치라고 비판하면 어김없이 이런 반격이 돌아온다. 정말 어떤 가치를 인권적 혹은 반인권적이라고 가르는 기준은 무엇일까? 무엇보다 다양성에 대한 존중을 따지는 맥락이 중요하다. 인권 피해자를 양산하고 도리어 피해자를 비난하는 의견은 다양성이라는 가치로 포용할 수 있는 의견이 아니다. 피해자의 경험과 고통을 알고자 하는 의지, 토론과 논쟁 속에서 의견을 바꾸고 수정하려는 태도, 자신의 견해가 잠정적이라는 점을 인정하는 태도가 있어야 다양성을 존중하는 토론이 가능하다.

우리는 살인자와 함께 살인의 이유와 동기를 두고 토론하지 않는다. 마찬가지로 특정 피부색, 성별, 종교를 가진 사람은 무조건 싫다는 식의 혐오주의나 자신이 믿는 방식 외에 신을 믿는 다른 길은 없다는 식의 종교적 근본주의는 토론의 근거가 될 수 없다. 인권의 포용성을 확장하기 위해서나 인간의 고통을 줄이기 위해서는 얼마든지 토론할 수 있으나, '인간을 등급별로 구분하자'거나 '누구를 인간 존재로 취급할 수 없다'는 식으로 존재 자체를 승인하거나 퇴출하려는 찬반 토론은 있을 수 없다.

가령 인종에 따라 뇌의 무게와 지능이 다르다는 주장은 인류 역사에서 판단이 끝난 사안이다. 인종이란 것 자체가 과학적으로 성립하지 않으며, 누군가를 차별하기 위해 인위적으로 만들어낸 허구임이 드러난 지 오래다. 있지도 않은 인종에 근거해서 지능과 능력이 다르다는 주장은 말할 것도 없다. 그걸 토론하는 것 자체가 특정 피부색인 사람의 인권을 유린하는 일이다. 인간의 더 나은 미래를 위해서 우리가 토론할 것만 해도 차고 넘친다.

반인권적 가치란 내 편의 이익이나 호불호에 따라 결정되는 것이 아니다. 근거 없는 편견에 의해 내가 싫은 쪽에 '싫어요'를 눌러댄다고 해서 쉽사리 반인권적이라는 표지가 사회적으로 수용되는 것도 아니다. 반인권적 가치라 지목되는 것은 그냥 머리에서 나온 구상이 아니라 끔찍한 전쟁과 인권 유린의 경험에서 폐해가 여실히 증명된 것들이다. 인권 침해를 경험한 사람들이 명확하게 반인권적 가치를 지목하고, 그 폐해를 시정하고 재발을 방지하라고 요구했다. 그런 용기에 힘입어 소중한 약속으로서 국제 인권 규범 같은 기준이 만들어졌다. 김복동 같은 이의 폭로가 전시 성폭력 같은 인권 문제를 침묵에서 공적인 의제로 끌어올렸다. 인류 사회는 그것들에 정확한 이름을 부여하는 한편으로, 그것들이 다시 출현하고 활보하는 것을 막고자 함께 노력을 기울여왔다.

반인권적 가치들은 앞 장에서 살펴본 평등한 자유를 부

정한다. 평등한 사람끼리의 연대가 아니라 배타적인 구별을 드러내는 집단주의를 강조하기에 집단 전체의 이름으로 개별 구성원을 억압하고 소수자의 인권을 침해하며 권위주의를 추종하는 경향이 있다. 자유롭고 평등한 관계를 부정하기에 반인권적 가치들은 자기편에 대한 맹목적인 우월의식과 상대에 대한 멸시를 특징으로 한다. 착취와 억압을 자연스럽게 받아들이는 신념 체계이기에 포용적인 인권의 확장을 반대한다. 기존 질서에 도전하는 사람들을 자연을 거스르는 존재로 낙인찍고, 차별 대우나 폭력을 정당화하며, 군사력을 포함한 폭력을 지지, 선동하거나 적어도 반대하지 않는다.

평등한 자유에 대한 반대, 배타성, 집단주의, 위계화, 변화 거부, 폭력의 정당화…. 이러한 반인권적 가치를 머금은 대표적인 이념이 식민주의, 인종주의, 성차별주의, 국수주의, 군국주의, 파시즘, 나치즘, 반공주의, 신자유주의, 종교 근본주의 등이다. 국제 인권법은 이것들이 발현된 구체적인 행위를 인간성에 반하는 범죄로 규정한다. 이름은 다르더라도 이것들은 하나같이 어떤 인간이나 국가가 다른 사람, 다른 국가보다 더 우월하고 옳다는 믿음을 공유하고 있다. 이것들은 서로 긴밀하게 연결되어 있으며 교차적인 피해를 입힌다. 앞서 인권운동가 김복동의 삶에서 드러났듯이 말이다. 김복동에게 작동한 억압은 민족으로만 작동한 것도 아니고, 젠더 따로 민족 따로 작동한 것도 아니고, 젠더와 민족을 포함해 여러 억압 기제가 서로 교차하면서 함께 작동했다.

반인권적 가치들의 이름을 명확하게 지정해서 부르는 것이 중요하다. 왜냐면 이름에 따라 그것이 끼치는 사회적 의미가 달라지고, 가해자와 피해자의 위치가 달라지며, 사건을 해석하고 해결하는 방식이 달라지기 때문이다.

약육강식을 당연한 질서나 신의 섭리를 실현하는 사명으로 여기면, 강한 국가가 약한 국가를 침략하거나 식민지로 삼는 것은 능력이지 범죄가 아니게 된다. 피식민지가 된 것은 약하고 못난 종족의 책임이 된다. 소위 '위안부'가 된 것은 여성의 수치니 자기 자신을 위해서도 민족의 체면을 위해서도 침묵해야 할 일이라고 여기게 된다.

이와 반대로 식민주의, 전쟁범죄, 성차별주의 같은 것으로 반인권적 행위에 명확하게 이름을 붙이면 그런 이름표가 붙은 행위의 의미가 달라진다. 침략과 수탈은 반인류적 범죄다. 전시 성폭력은 국가의 수치가 아니라 한 사람 한 사람의 존엄성을 침해한 범죄다. 수치심은 피해자의 몫이 아니라 가해자의 몫이며, 가해자와 가해 세력은 그에 따른 처벌과 책임을 감수해야 하고 피해자에게 공식적으로 사과하고 배상해야 한다.

반인권적 가치들의 이름을 계속해서 지목해야 할 이유는 또 있다. 반인권적인 선동과 행위가 흘러간 과거의 일이 아니라 현재도 세계 곳곳에서 삶의 모퉁이마다 출몰하고 있고, 예전 그대로의 모습이 아니라 각종 변종으로 출현하고 있기 때문이다. 상표를 갈아 끼우듯이 인권의 용어를 가져다가 자기네 선동에 써먹기도 하고, 여전히 기승을 부리는 인권 침해를 이미 지나간 과거의 일로 보이게끔 조작한다. 그리고 누적된 피해 속에 있는 현재의 사람들을 피해자에 대한 존중으로 대하는 것이 아니라 '피해 의식'이라며 몰아붙인다. 반인권적 가치에 이름을 제대로 붙이고 이런 가치들이 준동하는 데 긴장하고 경계해야 한다.

반인권적 가치들은 지금 여기에 있다. 반인권적 가치가 활약하는 무대는 온라인부터 광장까지를 아우른다. 담론 차원에서뿐만 아니라 구체적인 법제도를 파괴하고 봉쇄하려고 행동에 나선다. 거친 말에서부터 증오살인과 군사력 사용에 이르기까지 갖은 폭력을 행사한다. 늘 우리 곁에 달라붙어 때로는 속삭이고 때로는 호통 치며 위협한다. '쟤네를 누르면 네가 더 많이 가져가고 누릴 수 있어'라는 속삭임과 '같이 동참하지 않으면 국민도 아니고 남자도 아니고 뭣도 아니다'라는 호통과 위협이 공존한다.

반인권적 가치의 메신저는 다양해도 메시지는 동일하다. 모든 인간의 평등한 가치를 버리라고 한다. 차이에 위계가 있다는 걸 받아들이라고 한다. 쓸모를 위해 쓸모없는 존재는 지워버리거나 쫓아버리자고 한다. 또 메신저는 다양해도 행동 양식은 비슷하다. 인간의 관계성을 인정하지 않고 오직 자기와 자기 세력에 관심을 끌려고 열중한다. 민주주의의 이름으로 모욕하고 위협하면서 공론장을 파괴한다. 피해자와 가해자의 위치를 바꾼다. 차별에는 찬성하고 역차별에는 반대한다. 그럼으로써 인권에 대한 책임의 소재를 삭제하고 인권의 진전을 퇴행시키려 한다.

인종주의를 구체적인 사례로 삼아 이러한 반인권적 가치들의 특성을 살펴보자. 인종주의가 대표적인 억압이기 때문에 사례로 삼는 것은 아니다. 인종주의의 역사성과 현재성, 그것이 작동하는 방식이 일종의 전형성을 보여주기 때문이다. '인종'의 자리에 성별, 장애 등을 넣어도 비슷한 논리와 가치가 작동하고, 이러한 요인들은 서로 넘나들며 억압과 무시를 초래한다. 또 사람은 노동자이면서 동시에 여성이고 인종적 소수자일 수 있는 존재지, 단 하나의 정체성으로만 파악될 수 있는 사람은 없다는 점을 염두에 두고 인종주의를 살펴보자.

인종주의는 어디에나 있다

인종주의자라고 하면 누구나 쉽게 떠올리는 이미지가 있다. 노예 농장에서 채찍을 휘두르는 노예주나, 흰 두건을 덮어쓰고 횃불을 들고 흑인에게 사적인 린치를 가하는 KKK단의 모습이다. 또는 인종에 따라 분리된 버스나 화장실 같은 모습을 떠올릴 것이다. 그래서 인종주의자라는 말을 들으면 대개들 어떻게 그런 심한 모욕을 줄 수 있느냐며 펄펄 뛴다. 인종주의는 일단 나쁜 것이라는 생각에서도 그렇겠고, 흔히 백인이 비백인에게 가하는 억압을 인종주의라고 여기기 때문일 것이다. 그러니까 백인이 아닌 경우, 한국인인 경우엔 자신은 인종차별을 하지 않는다고 여기며 오히려 인종차별의 피해자가 된 경험을 강조한다. 과연 그럴까? 한국 사회는 인종주의와 무관하다고 할 수 있을까? 아니다. 인종주의는 차별적인 사회관계를 만드는 과정이기에 흑백의 문제만이 아니라 어디에나 스며들어 있다.

고전적 인종주의는 인종에 따른 생물학적 차이가 인간의 능력을 결정한다고 믿었다. 그런데 다른 인종의 피가 한 방울도 섞이지 않은 순수한 인종이란 없다. 그럼에도 백인들은 '한 방울 법칙(one drop rule)'을 강조한다. 흑인의 피가 한 방울만 섞였다고 의심되면 흑인으로 취급한다. 그래서 오바마 미국 전 대통령을 흑인이라 한다. 그런데 오바마는 백인 어머니와 흑인 아버지 사이에서 태어났다. 그런데 왜 그는 흑인으로만 구별되어야 할까?

한국인의 '순혈주의'는 한민족이라는 단일 민족 신화에서 비롯한다. 그리고 백인들의 '한 방울 법칙' 같은 식으로 쓰인다. 유엔에서 한국의 인권 문제가 다뤄질 때가 있다. 한국의 인종주의와 차별 문제를 지적하면 한국 정부 관료들은 단일 민족이라는 한국의 특수성을 내세워 국제 사회를 당황시켰다. '순혈(pure blood)' 같은 용어를 국제 인권회의에서 입에 올리는 것은 과거 우생학 시대의 회귀를 연상시

켰기 때문이다.

과거의 폐해가 사라지지 않았지만 오늘날 인종주의는 피부색이라는 신체적 특징 없이도 얼마든지 나타날 수 있다. 어떤 범주의 사람들을 특수한 집단으로 찍어서 배제하고 싶을 때, 인종 구분과 비슷한 의미와 가치를 불러일으켜서 표시하고 낙인찍는 것이다. 이를 인종화(racialization)한다고 말한다. 소위 '메갈'에 대한 폭력이 인종화의 사례다. 한국 사회에서 페미니즘 논의가 부상하면서 각종 성폭력과 성차별에 저항하는 여성들이 차별주의자들의 표적이 되었다. 저항하는 여성들은 하나의 집단이 아니다. 저마다 아주 다양한 개인이자 집단이다. 그럼에도 차별주의자들은 '너, 메갈하냐?'는 낙인을 찍으면서 여성들에게 폭력을 가한다. 언어폭력뿐 아니라 직장을 잃게 만드는 식으로 아주 구체적인 박탈을 한다. 이때 차별주의자들은 '인종'과 유사한 '메갈'이라는 특수하게 정체화된 집단으로 여성을 표시하고 낙인찍어 배제하려 한다. 이런 식으로 인종주의는 인종화를 통해 재생산되고 피부색을 넘어 새로운 표적을 찾아 적용된다.

손흥민 선수 같은 유명인조차 '찢어진 눈' 흉내 내기 같은 차별을 당한다. 이런 일들은 사람의 행위가 아니라 몸의 속성에 근거해 타자를 분류하고 가치를 매긴 고전적인 인종주의가 아직도 굳건함을 보여준다. 오늘날 신인종주의는 여기에 더해 문화의 차이를 내세우는 경향이 강하다. 생물학적 원리주의에 입각한 구시대의 인종차별에 사회적인 지탄이 크니까 이를 피하고자 그럴싸한 논리를 구사한다. 표현을 간접화하고 위장하는 것이다. 가령 과거에는 '검은 피부는 선천적으로 더럽고 더위 속에 살아서 게으르다'는 식으로 표현했다면, 오늘날에는 '흑인은 자조와 자립을 훼손하고 있다. 우리 사회는 기회가 평등한 사회임에도 흑인이 가난한 것은 그들이 열심히 살지 않아서 그렇다'고 말한다. 인종주의의 구조적인 폭력은 사라지고, 흑인의 도덕성과 성실성이 도마에 오른다.

도덕성과 성실성을 추궁당하는 흑인은 개인이 아니라 집단으로 취급당한다. 가령 회사에서 취업 면접을 보기로 해놓고 시간을 지키지 않은 백인이 있다고 해보자. 시간을 엄수하지 않은 잘못은 그 사람 개인에게 있다. 그러니 백인 지원자 전체에게 면접 기회를 주지 않는 일은 생기지 않을 것이다. 그런데 흑인이 시간을 지키지 않으면 그 개인이 아니라 흑인 전체의 문제가 되고, '흑인들은 이래서 안 된다'면서 흑인 지원자들에게는 면접 기회를 주지 않겠다는 회사 방침이 만들어질 수도 있다. 인종주의와 성차별주의는 작동하는 방식이 비슷하다. 박근혜 탄핵 이후 '앞으로 여성 대통령은 꿈도 꾸지 말라'는 말이 같은 맥락으로 작동한다.

신인종주의는 인종주의 문제를 대면하지 않으려고 회피하는 경향이 있다. 비백인 집단과의 상호작용은 회피하거나 최소화하는 것이다. 소수 집단의 사람을 대할 때면 인종주의나 차별주의에 대한 말은 꺼내지도 못하게 최대한 경직되게 행동한다. 서로 만날 일도, 같이 일을 도모할 기회도 만들지 않으니 주류는 주류끼리 중심을 장악하고, 배제된 비주류는 주변부를 맴돈다. 가령 인종별로 거주 지역이 견고하게 분리되더라도 의도적으로 배제한 것이 아니라 각자 자유의사에 따라 선택했으니 문제가 아니라고 말한다. 노골적인 인종차별은 사라졌으니 이제 피부색은 논하지 말자고 한다. 그런 쪽을 향해 문제를 제기하고 거론하기는 어려워진다.

회피가 소극적이라면 책임 전가는 공격적이고 적극적인 방식이다. '이미 해결된 문제 아닌가? 과거와는 달라졌잖아. 언제까지 노예 시대 타령을 할 거야. NBA 선수나 연예인들을 봐. 요새 살기 좋아졌잖아?' 이런 식으로 역사적으로 누적되어온 구조적인 차별 문제를 몇몇 가시적인 성공 사례로 반박하려 한다. 더 이상 구조적인 차별이 존재하지 않는데 잘살지 못한다면 순전히 피해의식에 머물려는 사람들의 변명이고 책임 회피라고 본다. 한 발 더 나아가 '적극적 차별 시정 조치'라고 불리는 것들이 오히려 역차별을 일으킨다고 공격한다. 차별 시정 조치 때문에 사회적으로 유리한 위치라고 간주되는 주류 집단에 속했다는 이유로 불이익을 본다는 주장이다. 다른 말로 하면 백인이 인종차별의 가해자가 아니라 오히려 피해자가 되었다는 말이다. 역차별 주장은 차별이 사라졌다는 전제에서 가능하다. 차별의 철폐를 그리 간단하게 선포할 수 있을까?

구조적 억압이 문제가 아니라 피해자 자신의 문제라는 식으로 책임을 전가하는 데 애용되는 방식은 또 있다. 범죄와 폭력 등 인종적 소수자의 부정적인 영향력을 강조하는 것이다. 사소한 일도 크게 부풀려 떠들고, 없으면 만들어내기까지 한다. 특정 집단의 범죄는 대서특필되고, 실제 범죄율과 범죄 유형에 상관없이 특정 집단을 잠재적인 범죄자로 취급하는 형사물 드라마 같은 것이 인기를 끈다. '범죄자형 인상'이라는 게 고정관념으로 자리 잡고 막연한 공포감이 또 다른 인종주의를 부른다.

피부색만이 아니라 특정 집단의 문화적 표지(말투, 옷, 집단 거주지 같은 일상에서 드러나는 표식, 구별되는 의례와 의식 등)를 근거로 막연한 공포감을 조성하기도 한다. 생김새로 구분이 잘 안 되니까 문화적 관습을 기준으로 삼는다. 거꾸로 생각해보면 다르니까 구분하는 것이 아니라 배제하고 차별하기 위해 구분할 필요가 있기 때문에 부러 특징을 찾아내는 것이다.

반인권적 가치가 취하는 전략

인종주의가 작동하는 몇 가지 방식을 살펴보았다. 문제 부인하기, 과거 문제로 돌리기, 구시대적인 억압 논리에 새로운 요소 첨부하기, 피해자에게 책임 전가하기, 피해자와 가해자의 자리 바꿔치기 등이다. 성차별주의, 식민주의, 종교근본주의, 각종 혐오주의도 비슷한 방식으로 작동한다. 서로 맞물려 작동하고 있는 반인권적 가치를 설파하는 전략들을 추려보자.

우선 엄연히 존재하는 권력 관계를 은폐하고 왜곡한다. 차별주의자들도 '너나 나나 똑같다'는 말을 한다. 그런데 그 말에 담긴 뜻은 '인간의 평등한 가치에 대한 옹호'가 아니라 권력 관계의 부인이다. 권리에 접근하고 이를 누리지 못하도록 하는 권력이 엄연히 작동하고 있는데 이를 부정하면 결국 남는 것은 개인의 책임뿐이다. 자본과 노동의 권력이 다른데 일대일의 자유의사에 의한 계약을 정의로운 것으로 치부하면 계약에서 유리한 조건을 획득할 수 없는 개인의 노력과 능력만이 문제로 남는다.

권력 관계를 부인한다고 해서 권력 자체를 부정하는 것은 아니다. 차별주의자는 센 권력, 지배하는 권력을 추종하고 권력 편에 포함되는 걸 즐긴다. 휘두를 수 있는 권력을 좋아하는 것이지, 힘을 어떻게 어디에 써야 하는지를 함께 의논하고 결정하는 정치를 좋아하는 것이 아니다. 따라서 기존 구조를 장악한 불의한 권력, 특정하게 쏠리고 치우친 권력의 정당성에 도전하고 권력의 변환과 힘의 분배를 요구하는 사람들의 목소리를 싫어한다. 권력은 좋아하되 권력 관계는 부정하는 것은 자기 자리는 정당하고 자기가 현재 누리고 있는 것은 당연하다고 여기기 때문이다.

지배하고 휘두르는 권력의 특성은 일방성이다. 권력은 원래 자기 것이기에 정당성은 필요가 없다. 권력 관계의 불의함을 지적하며 일방성이 아닌 상호성을 요구하는 것은 '원래' 엄존하는 자연의 질서를 거스르는 불온한 것이기에 용납할 수 없다.

권력 관계를 부정하는 것은 관계성을 무시하는 데서 기인한다. 흑인의 문제는 흑인의 것이고, 여성의 문제는 여성의 것이고, 장애인의 문제는 장애인의 것이라는 식이다. 권력이 자기 것이라고 여기는 쪽에서는 중대한 사회문제와 선을 그으려 한다. 선을 긋는 것은 경계를 만드는 일이다. 경계를 만들려고 하니 자기가 누리는 권력과 연관된 문제가 아니라 타자의 속성의 문제로 만들어버린다. 백인이 배타적으로 누리는 권력이 문제가 아니라 흑인의 기질 문제가 되고, 남성이 누리는 가부장 권력이 문제가 아니라 여성의 몸(임신, 출산 등)이 문제가 되는 식이다.

관계성을 무시하는 권력의 일방성은 자기를 중심이자 기준으로 만든다. 자기가 정상이고 표준이므로 그렇지 않은 타자는 교정되거나 복종하거나 배척되어야 하는 존재가 된다. 설령 자원과 기회를 나눠주더라도 타자가 평등한 존재여서가 아니다. 자원과 기회의 배분은 기존 질서의 안정성을 해치지 않는 범위 안에서 관리되고 권력의 온정을 베푸는 방식으로 작동한다.

그런데 시대와 맥락이 바뀌면서 하던 대로 해서는 권력

을 유지하기가 점점 힘들어졌다. 차별하는 권력도 변화를 꾀할 수밖에 없다. 권력 구조와 관계의 변화를 받아들일 수는 없으니 쓰던 말을 바꾸게 됐다. 그것도 그냥 바꾸는 게 아니라 저항하는 쪽의 언어를 훔쳐다가 왜곡해서 쓰는 게 효과적이란 걸 알게 됐다.

대표적인 방식으로 권리의 언어를 도용한다. 차별에 반대한다고 하면 역차별이란 말을 쓴다. 차별하지 말라고 하면 의사표현의 자유라고 한다. 혐오하지 말라고 하면 차별주의자를 혐오하지 말라고 한다. 차이를 인정하라고 요구하면 '너희도 똑같이 ○○하라'며 기계적으로 획일화된 평등을 내세운다. 구조의 평등을 요구하면 노력의 평등을 내세운다. 자원의 평등을 요구하면 기여의 평등을 내세운다. 공유하는 책임과 연대를 호소하면 개인의 선택의 자유로 맞불을 놓는다. 노동자의 권리를 요구하면 자본가의 권리와 소비자의 권리가 합작한다.

이뿐 아니다. 다양한 젠더를 고려해 성평등이라 하면 양성평등이라 해야 한다고 바꿔놓는다. 임신중지권을 주장하면 생명권이라는 언뜻 좋아 보이는 언어로 대결을 붙인다. 반인권적인 행태를 비판하고 저항하면 '사이좋게 지내요' 하면서 물 타기를 한다. 현실을 철저하게 분석하고 이론을 만들어 주장하면 전문가의 독재라고 공격하고 근거가 부실하거나 왜곡된 주의주장을 '지성의 평등'이라고 감싼다.

개념과 맥락에 상관없이 권리 언어가 범람한다. 이는 착취하고 차별하는 권력이 일부러 반지성주의 전략을 택하기 때문이다. 권력은 타자의 위치, 그 위치에 있기에 겪는 고통을 알려고 하지 않는다. 알려는 노력은 타자에 대한 관심과 존중에서 나온다. 타자에 대해 알게 되면 불편해지고, 자기의 앎과 태도를 수정해야 하고, 무엇이건 책임지려는 실천을 도모해야 한다. 알 필요가 없는 권력은 굳이 그런 애를 쓸 필요가 없다. 다른 방식을 택한다. 단순한 문장을 반복하고, 같은 장면을 반복 재생하고, 같은 편끼리 통하는 비하와 경멸적인 상징을 공유하고, 폭력으로 공론장을 위협하고, 자기 편이 아닌 메신저에게 스토킹이나 폭행 같은 실제적인 공격을 가한다.

반지성주의에 근거한 각종 행태를 축약하면 세 마디로 요약할 수 있다. "너 ○○지?" "네가 뭔데?" "내가 왜?" "너 ○○지?"라는 말은 지목하는 대상을 특정 속성에 가둔다. 가둘 뿐 아니라 특별히 콕 찍어서 배척한다. "너 페미지?" "너 다문화지?" "너 종북이지?" 같은 식이다. "네가 뭔데?"에는 "감히"가 따라붙는다. 너 같은 게 감히 뭘 요구할 수 있느냐는 경멸과 무시, 그런 요구를 수용하는 어떤 제도화도 털끝하나 용납할 수 없다는 거센 방해다. "내가 왜?"는 자신과는 상관이 없고, 고로 책임질 일 또한 없다는 회피다.

반인권적 가치의 효과

반인권적 가치를 주장하는 이들이 취하는 전략은 지금 당장 인권을 위협받는 사람들의 상황을 더 힘들게 하려는 것으로 보인다. 당연히 그렇다. 일상적으로 모욕과 경멸을 당하고 차별과 착취를 겪으면 새로운 것을 구축하려는 활동이 위축된다. 그런데 반인권적 가치들이 과연 특정 표적에 해당하는 사람들만 위협하는 것일까? 결코 그렇지 않다.

따지고 보면 반인권적 가치들의 옹호와 실천을 즐겨하는 사람들은 그것이 만드는 폐해의 당면한 피해자이기도 하다. 자신들이 인식하고 인정하지 못할 뿐이다. 자신들이 애써 구축한 차별의 논리와 배타성은 자기들 내부에도 엄연히 적용된다. 자신들이 힘껏 권력을 추종할수록 자신들이 나눠 갖는 것은 권력이 아니라 뭔가 취한 듯한 환상일 뿐이다. 가령 어떤 이가 자신은 적어도 남자라고, 한국인이라고 하면서 자기 밑에는 여자가 있고 미등록 이주자가 있다고 위계의 사다리에서 자기 위치를 따진다면, 그는 남자라고 다 남자가 아닌, 한국인이라고 다 같은 한국인이 아닌 2등, 3등 시민인 자신을 발견할지 모른다. 그리고 부당하다고 여길 것이다. 그런데 부당하다고 느낀 그 위계의 논리를 자기가 다른 타자에게 적용하고 있다. 이것이 '차별하는 자의 슬픔'이라면 슬픔일 것이다. 그러나 같이 울 수 있는 슬픔이 아니라 공감 받지 못할 슬픔이다. 타자, 특히 사회구조적으로 불리함을 강요받는 타자를 향한 배타적인 운동에 열정을 더 쏟으면 쏟을수록 그 자리는 늪이 될 것이다.

친인권적 가치가 추구하는 권력은 지배하고 휘두르는 권력이 아니라 함께함을 통해 세력화되는 것이다. 그 힘을 통해 부당하게 평가된 가치(돌봄의 가치 등)에 대한 평가를 바꾸고, 사유화된 자원(학벌, 부동산 등)들의 공공성을 강화하고, 사회의 귀중한 공유자원들을 적절하게 나눠 쓰는 것이다. 친인권적 가치는 이런 일을 하는 것을 정치라고 부른다. 반인권적 가치는 권력을 추종하되, 권력의 성격에 의문을 제기하지 않기 때문에 결코 권력에 참여하고 있는 게 아니다. 권력의 지속을 위해 동원되는 것과 참여는 다르다. 심지어 (반노동적 가치의 법제화처럼) 지배하는 권력이 결정한 것들이 자기 삶을 위협하는데 권력의 취기에 젖어 그것이 자기 권력이라고 착각한다.

반인권적 가치를 주장하는 이들이 권리를 담은 용어들을 즐겨 사용한다고 했다. 언어는 가치를 주창하고 실현하는 데 정말 중요한 매개다. 차별주의자들이 권리 언어를 왜곡할 때, 정작 자신들의 권리를 옹호하려는 순간에 그 말이 거짓말쟁이 양치기 소년의 외침이 될 수 있다. 자신들의 권리 언어 왜곡이 효과를 발휘할수록, 정치와 공론의 장에서 권리 언어가 평가 절하되고 진위가 의심받을 테니 말이다. 권리 언어는 특정 세력의 것이 아니라 모두의 공동자산이다. 인권은 위한 정치와 언어를 훔쳐가고 왜곡하는 것은 친인권적 가치를 지키려는 투쟁만 위협하는 게 아니라 민주주의 사회의 소통을 망치는 것이기에 피해가 어느 한쪽에서만 발생하지 않는다.

반인권적 가치들은 '정상성'의 폭력을 휘두른다고 했다. 정상성, 표준성의 기준 또한 당장의 차별 피해자들만 괴롭히는 게 아니다. 불평등이 심화되는 사회에서 정상성의 기준 또한 쪼그라든다.

한국 사회에서 주류를 형성한다는 50대가 어린 시절부터 봐왔을 광고 문구만 떠올려봐도 그렇다. 이들의 어린 시절에 영화관에 가면 "개구쟁이여도 좋다. 튼튼하게만 자라다오"라는 광고가 자주 나왔을 것이다. 이들이 중학생 무렵이 되면 "2등은 아무도 기억하지 않습니다"라는 광고가, 성인이 되어 경제활동을 한창 할 무렵이면 "대한민국 1퍼센트"라는 문구가 대세가 되었고, 이는 곧이어 지구화와 경제위기가 겹치는 속에서 "대한민국은 이제 세계와 경쟁합니다"로 바뀌었다. 이 말은 곧 대한민국 1퍼센트로는 안 되고, 세계 1퍼센트에 들어야 '정상' 기준에 속하고 사람다운 대접을 기대할 수 있다는 말이다.

이렇게 정상성의 기준이 협소해질수록 평균의 기준 또한 높아진다. '중간만 가라', '보통의 삶을 원한다'는 말이 넘을 수 없는 벽이 됐다. 성적이 중간쯤 가는 학생은 이제 보통이 아니라 루저가 된다.

소위 정상성이라는 기준의 인플레이션은 경쟁의 룰에서

만 고통이 되는 게 아니다. 소위 '정상가족'의 경우는 어떤 가? 무엇이 정상가족인가? 엄마 아빠가 모두 있지 않고 어느 한편이 없으면, 부모가 이혼이나 별거를 하면, 혈연이 아닌 관계면, 이성애 가족이 아니면, 같은 국적자로 이뤄진 가정이 아니면…. 아무리 친밀한 유대 관계를 구축하고 있어도 '정상가족'이 아니라는 낙인이 찍힌다. 이것은 가정을 지키는 가치일까, 가정을 해체하는 가치일까?

반인권적 가치가 확산되고 이를 용인하는 정도가 높아질수록 사회는 폭력에 둔감해진다. 반인권적 가치는 국제적으로는 전쟁이나 무력 사용 등 폭력 사용을 쉽사리 용인하는 경향이 있고, 논쟁과 타협이 필요한 정치를 죽이고 선동과 박멸을 즐겨 사용한다. 사소한 폭력을 관용하면 '저렇게 해도 괜찮다'는 신호가 되어 강도가 더 센 폭력을 부를 수밖에 없다. 폭력이 침투하면 그나마 희미한 소리로라도 타전을 보내던 약자들의 소리가 묻힐 수밖에 없고, 약자들은 공론장과 광장을 공포로 여기게 된다. 소중한 변화의 실마리는 끊기고 만다. 인권의 진전은 언제나 묻혀 있던 목소리가 굳은 땅을 박차고 나올 때 가능했는데, 반인권적 폭력을 관용하면 굳은 땅을 아예 꽁꽁 얼어붙게 만든다.

이렇듯 반인권적 가치를 담은 선동과 행위가 준동하면 온 사회가 고스란히 피해를 떠안는다. 그렇다면 이러한 결과에 누가 책임을 져야 할까? 유감스럽게도 반인권적 가치의 대표적 폐해는 책임을 부인한다는 것이다. 반지성적 태도로 퍼뜨린 가짜 뉴스나 가짜 낙인이 허위로 밝혀져도, 반인권적인 배타성 때문에 누군가가 심지어 죽음에 이르는 심각한 고통으로 내몰려도, 인권의 방벽인 법제도가 훼손되고 왜곡되어도, 누구도 여기에 책임지지 않는다. 반인권적 가치는 그런 문제들과 자기들과는 관계없다는 관계성의 부정에서 출발했기에, 그런 해악을 불러온 이들은 자신들은 상관이 없다고 주장하면 그만이다. 우리는 어떤 가치의 진위를 판단할 때 그 주장의 내용만이 아니라 과정과 결과에 책임지려는 태도도 함께 고려한다. 어떤 가치를 추구한다면서 반성하거나 책임지려는 의지가 없다면 과연 그 가치를 존중한다고 할 수 있을까?

반인권적 가치들의 효과를 저지하는 데 뾰족한 다른 방법이 있는 것은 아니다. 더 날카롭게 인식하고, 더 적극적으로 표현하고, 지치지 않고 실천을 이어가고, 더 간절하게 인권을 옹호할 뿐이다.

9장

안전

—

가만있으라는 사회가 위험하다

노동건강연대라는 사회운동 단체가 있다. 노동자가 안전하고 건강하게 일할 권리를 옹호하는 활동을 하는 단체다. 이 단체 활동가가 스웨덴 사람을 만나서 물었다고 한다. "스웨덴에서는 일하다가 사람이 죽으면 어떻게 하나요?"

그러자 그 스웨덴 사람이 깜짝 놀라 반문했다고 한다. "사람이 일하다 왜 죽나요?"

질문한 활동가는 이런 반응을 보고 충격을 받았다. 노동자가 죽는 것을 별로 부담스러워하지 않는 사회에서, 심지어 판사가 "일하다 보면 죽을 수도 있지"라고 말하는 걸 들은 경험이 있었기 때문이다.

"일하다 보면 죽을 수도 있지"라고 말하는 사회와 "사람이 일하다 왜 죽나요?"라고 놀라는 사회, 이 두 사회의 차이는 무엇일까? 여러 가지를 꼽을 수 있겠지만 '안전 담론이 요란한 사회'와 '존엄한 안전이 존중받는 사회'라는 차이가 아닐까?

안전이라고 하면 크게 두 종류가 있다. 사회적으로 책임

져야 할 포괄적인 안전(security)과 개인의 신체상의 안전 (safety)이다. 이 둘은 둘 중 어느 하나를 고를 수 있는 문제 가 아니다. 둘은 긴밀하게 연결되어 있다. 그리고 안전 담론 은 '안전에 관한 체계적인 이야기'를 말한다. 이것은 안전에 관한 진단과 해석, 취해야 할 안전 조치에 대해 지시하고 효 과를 발휘한다. 안전은 필수적이고 당연한 것이라고 여겨 진다. 그럼 안전에 대해 말하기만 하면 무조건 안전을 위하 는 것일까?

어떤 안전을 무슨 목적으로 말하느냐 하는 맥락에 따라 안전 담론은 그 자체가 안전을 파괴하는 효과를 발휘할 수 도 있다. 누군가의 취약함이 다른 누군가의 안전을 위한 연 료가 되고, 안전을 빌미로 억압을 정당화할 수도 있다. 그래 서 우리는 안전이라는 간판만 보지 말고 그 내실을 따져봐 야 한다.

말이라고 다 같은 말이 아니다. 권력자의 말에는 힘이 있 다. 다른 말로 하면 효과를 발휘한다. 권력자의 말은 사회 구성원들이 어떤 가치에 동의하게 한다. 어떤 행동은 하도 록 강제하고, 다른 행동은 삼가도록 통제한다. 말의 이러한 효과가 권력자의 권력을 한층 강화한다. 반면 약자의 말은 체계적인 이야기로 받아들여지지 않고 신음이나 소음처럼 치부된다. 들을 필요 없는 말을 하는 존재로 무시되면 사람 은 더욱 취약해진다. 안전을 다룬 말의 두 사례를 먼저 살펴 보자.

저는 29세 한국인 김영신입니다. 2년 전 메탄올 중독으로 시력을 잃었습니다. 파견이 불법인지 아무도 알려주지 않았고, 메탄올이 위험하다는 것도 알려주지 않았습니다. 저는 여러분이 쓰는 휴대전화를 만들다가 시력을 잃고 뇌 손상을 입었습니다. 저는 삼성이나 엘지 휴대전화를 만들다가 실명했는데, 삼성과 엘지는 자신들에게는 책임이 없다고 합니다. 삼성과 엘지가 이번 일에 대해 책임지기를 바랍니다. 한국 정부도 책임을 져야 합니다. 인간의 삶, 우리의 삶은 기업의 이윤보다 중요하기 때문입니다.

삼성의 하청업체에서 일하다가 실명을 당한 김영신 씨가 2017년 6월 9일 스위스 제네바에서 열린 유엔인권이사회 회의에서 고발한 연설 내용이다. 유엔은 메탄올 피해자 사례와 노조 탄압 등을 언급하며 원청 대기업들이 인권을 보호하려는 의지가 부족하다고 지적했다.

이번에는 2019년 안전불감증 개선을 목적으로 한다는 공익광고협의회 광고 내용이다. 어느 왕이 행차를 하고 있다. 수행하는 신하가 말한다. "전하, 물결도 잔잔하니 구명조끼는 벗으시지요." 그런데 옆에서 오리배를 타고 있던 학생들이 말한다. "안 돼요. 물에서 구명조끼는 필수라고요!" 이번에는 신하가 소화전 근처에서 행차를 잠시 멈추겠다고 한다. 이번에도 어린이들이 나서서 소화전 옆에 차를 세우면 안 된다고 한다. 신하가 말한다. "무엄하다, 어느 안전이라고!" 이 광고는 말장난으로 '지켜야 할 안전'을 강조한다.

두 사례 모두 안전을 다루고 있는데 안전에 대한 생각과 접근 방식이 다른 것 같다. 무엇이 다를까?

메탄올 실명 노동자의 사례에서 노동자가 지적한 안전의 공백은 노동권 없는 파견 노동자, 위험 물질에 대한 방비도 규제도 없는 기업과 당국의 무책임 문제다. 반면 공익광고에서 말하는 안전불감증은 개인들이 안전 수칙을 준수할 의무에 초점을 맞춘다. 누구에게 책임을 묻는지가 확연히 다르다. 이윤 창출과 비용 절감을 우선 가치로 삼고 노동자의 생명과 안전은 후순위로 삼은 체제의 문제를 과연 안전불감증 차원에서 다룰 수 있는 것일까?

이런 식으로 권력자가 말하는 안전과 안전에 취약한 사람이 말하는 안전이 다르다. 그런 말의 효과 또한 전혀 다르다. 우리가 원하는 것은 안전에 대한 권리다. 권력자가 구사하는 안전 담론과 그 효과가 아니다. 같은 안전이라는 말을 쓰지만 왜 그 의미와 효과가 다를까. 안전 담론의 문제점을 더 알아보자.

보호주의를 강화하는 안전 담론

"우리는 보호를 바라는 게 아니라 보호가 필요 없는 세상을 바랍니다."

강남역 여성 살인 사건 이후 강남역 10번 출구에 붙었던 수많은 포스트잇 중 하나에 담긴 글이다. 보호는 권리 관계에서 일종의 인질이고 폭탄이다. 보호를 미명으로 권리를 포기하라고 거래하려 들기 때문에 권리의 인질이며, 보호가 필요한 이가 자기 힘을 모두 포기하고 피해자, 약자로서만 납작 엎드려야 하기 때문에 폭탄이다.

인권을 침해당하지 않도록 보호받을 권리는 분명 모든 사람의 권리다. 하지만 그것은 어디까지나 '권리 내에서의 권리'다. 권리를 포기하거나 거래한 대가로 주어질 때 그것은 '보호주의'의 인질로 변질되고 전락한다. 우선 누구에게나 필요한 보호란 무엇일까? 생명과 신체에 대한 위협으로부터의 보호, 사고와 범죄나 재난으로부터의 보호, 경제적 안정과 심신을 해치는 노동환경으로부터의 보호, 성폭력으로부터의 보호 등이다. 누구에게나 필요한 보호에 대한 권리는 동등한 권리와 자유에 대한 존중인 것이다.

모두의 권리라 해도 특별한 보호가 필요하다고 강조되는 개인이나 집단이 있을 수 있다. 권리 행사에 불리함과 취약함을 강요받는 상황에 놓여 있기에 더 세심하게 특별하게 주의를 기울여야 한다. 취약함을 빌미로 권리를 삭제해도 좋다는 뜻이 아니다. 약자의 위치를 '강요받는다'고 말하는 것은 원래 힘이 없는 존재여서가 아니라 지금의 사회 구조와 권력 관계 속에서 약자일 수밖에 없다는 뜻이다. 따라서 특별한 조치를 강조하는 것은 계속 약자로 놔둔 채 보살피라는 뜻이 아니라 그런 약자의 위치를 강요하는 환경을 바꾸기 위해 특별한 노력이 필요하다는 뜻이다. 강남역에 붙은 포스트잇의 문구처럼 "보호가 필요 없는 세상"을 위해 힘쓰라는 취지다.

그런데 안전 담론에서 설파하는 보호주의는 보편적인 보호에 대한 권리와는 다르다. 보호주의는 사회의 기존 질서를 그대로 받아들이면서 작동하는 각종 규제 체제로서, 의식적 무의식적으로 명령되는 행동 규칙과 가치들을 담고 있다. 가령 '남성의 성욕은 어쩔 수 없다'며 그런 핑계를 내버려둔 채 '참지 못하는 성욕의 발산'을 피하기 위한 여성의 행동 규칙으로 조신함, 정숙함 등을 강조하는 식이다. 이런 보호주의에서는 성폭력의 잠재적 피해자가 아니라 남성의 성욕이 보호를 받는다. 보호를 자처하는 권력이 보호를 명분으로 성별로 다른 역할을 지정하는 기존 질서를 오히려 강화하고 있다.

보호주의는 보호와 자유를 맞바꾸려 든다. 다른 사람이라면 당연히 누려야 한다고 간주하는 자유를 특정 대상에게만 보호를 명분으로 제약한다. 위험을 차단한다는 명목으로 피보호자가 누려야 할 다양한 경험까지 차단한다. 가령 야간에 일어나는 범죄로부터 여성을 보호하겠답시고 여성의 야간 통행을 금지하고 단속한다. 법으로 금지하는 것은 아니지만 야밤에 무슨 일이 생기면 밤에 돌아다닌 여성에게 문제가 있었다는 식으로 몰기 때문에 여성의 활동은 위축된다. 성인 여성이 아닌 청소년의 경우에는 야간 통행을 금지하겠다는 법안이 시시때때로 발의된다. 불법 촬영으로부터 여성을 보호하겠다면서 '계단 오르내릴 때 조심하라'라는 등, '작고 반짝거리는 것을 조심하라'라는 등 피해자의 행동 방식을 제약하는 것을 '예방 조치'라며 홍보한다.

노동 착취로부터 청소년을 보호하겠다고 청소년의 사회경제적 권리를 제약하기도 한다. 근로계약서를 작성할 때 보호자의 허락을 구하는 것(보호자 동의서)이 여기에 해당한다. 가정 학대를 피해 나온 청소년이라면 보호자를 찾는 것이 더 위험함에도 보호를 명분으로 그런 걸 요구할 때 청소년은 계약 없는 더 위험한 노동으로 오히려 내몰린다. 위험한 일을 시키면서도 교육생이라는 명분으로 학생으로 대하면서 노동자로서 권리는 인정하지 않는다. 그 결과 정작 당사자는 학생으로서도 노동자로서도 보호받지 못한다. 그리고 모든 청소년이 학생인 것은 아닌데 학생이 아닌 청소년의 존재는 불온시한다. 그 결과 일하는 청소년은 노동권의 사각지대에 빠지고, 노동자로서 가질 권리가 청소년 보호라는 명분으로 제약될 때 당사자는 더 위험한 비공식 노동으로 내몰린다.

사고로부터 아동을 보호하겠다고 야외 활동을 제약하는 경우도 마찬가지다. 사고만 안 나면 되는 것이기에 무슨 일이 생기기만 하면 그와 관련된 아동의 활동을 죄다 금지하는 식으로 대응한다. 가령 게임이 문제가 되면 셧다운으로, 현장 활동이 문제시되면 현장 활동 전면 금지로 대응한다.

이런 경우의 공통점은 우려되고 예상되는 권리 침해에 대한 대응이라기보다는 잠재적 피해자의 '행동거지'와 자유로운 활동에 대한 단속을 대책으로 다룬다는 점이다.

자유와 안전을 거래하려는 안전 담론

안전 담론은 안전을 명분으로 한 것이라면 어느 정도는 어쩔 수 없이 자유를 제약해야 한다고, 즉 자유와 안전을 거래하듯 맞바꾸는 것이 공정한 거래라고 설파한다. 안전 담론의 지시에 고분고분한 사람은 안전을 위해서라면 기꺼이 자신의 자유를 포기한다. 하물며 거래하는 대상이 타자의 자유인 경우라면 가차 없이 그 자유를 축소하거나 삭제하는 데 동의한다. "DNA 채취 정도야 뭐." "도·감청도 필요하면 할 수 있지." "프라이버시 좀 침해하면 어때"….

정치경제적 안전, 건강과 생태적 안전 등 안전은 포괄적으로 다뤄져야 하는 개념이다. 그러나 안전 담론에서 주로 강조하는 것은 치안 유지와 치안 권력의 강화다. 자유의 보장에 해당하는 영역과 층위는 이런 식으로 안전 담론에서 지목하는 것보다 훨씬 깊고 복잡하다.

화장실도 가지 못하고 잠도 부족한 상태에서 장시간 버스를 운전하는 노동자가 있다면 그 노동자는 물론이고 승객들도 안전하지 않다. 위험한 작업임에도 불구하고 안전 장치를 설치해달라거나 위험한 작업을 중지해달라고 요청하지 못하는 노동자가 있다면 그 노동자는 물론이고 그런 공사장 옆을 지나다니는 사람 또한 안전하지 않다. 지나친 근무로 소진된 의료진에게 내 몸을 맡기는 것 역시 안전하지 않다. 재해와 참사가 발생해도 국가조차 책임지려 하지 않는 사회에서는 살아가는 것 자체가 안전하지 않다. 이렇듯 안전은 다층적인 권리와 자유와 얽혀 있다.

그런데 이렇게 다양한 층위를 제치고 치안 유지를 최우선으로 취급하면 자유가 위험해진다. 국가의 역할을 사회(복지)국가에서 치안국가로 강조점을 옮겨갈 때 법의 지배를 초월한 권한을 치안 권력에 부여하려는 경향이 있다. 우리의 권리에는 그것이 도대체 무엇을 위한 어떤 성격의 치안인지 안전의 질과 성격을 따져 물을 권리도 포함된다. 치안의 문제라면 질문하지 않고 반론을 무시하고 그냥 밀어붙이는 공권력과 치안 권력의 강화를 무사 통과시켜주는 시민은 자유를 위험에 빠뜨린다.

역사적으로 국가 안보, 치안, 안전 담론이 합작해 진짜 안전을 억압한 사례는 많다. 국가 안보를 명분으로 불순하다는 딱지를 붙여 특정 사상이나 세력을 억압하는 것, 집회·시위를 이유로 신체의 구속을 당연시하는 것, 정부 정책이나 고위급 인사들을 비판했다는 이유로 명예훼손이나 손해배상 소송으로 괴롭히는 것, 정부 정보에 접근하지 못하게 제한하고 비밀주의를 강화하는 것, 단지 반정부적이라는 이유로 시민들을 다반사로 수사하는 것…

이런 일들은 국가 안보를 빌미로 강압적인 정책을 펴는 정부들이 취하는 공통적인 행태다. 국가 안보는 또한 '사회의 안전'이라는 명목으로 주류가 아니거나 환영받지 못하는 소수자를 배제하고 쫓아내려는 시도로도 이어져왔다.

전통적으로 권위주의적인 독재 정권은 국가 안보와 치안을 안전 담론과 한 묶음으로 취급해 강조했다. 국가 안보의 내용은 반공이었다. 치안은 여성과 아동의 안전보다는 집회와 결사를 단속하는 데 힘을 기울였다. 일상의 안전은 안전불감증처럼 개인이 조심하고 지켜야 할 의무로만 축소되었다. '말 많으면 빨갱이', '정부를 비판하면 종북', '집회·시위는 사회 혼란', '안전불감증이 사고를 부른다'…, 이런 식의 선전은 국가 안보, 치안, 안전 담론의 합작품이다. 이런 식으로 권력자의 안전 담론이 안전의 범위와 성격을 결정하고 해석하며 안전 조치의 방식과 이행을 명령한다. 그 결과 안전 담론이 취해온 안전 대책은 정보 감시 기관의 권한 증대, 정보기관의 댓글 조작과 선거 개입, 집회·시위 봉쇄, 시민 감시 강화 등이었다. 그리고 그런 안전 담론 아래에서 정작 안전에는 무능했다. 여성과 아동 등 사회적 약자를 향한 폭력에 대한 무능력, 연이은 노동 재해와 대형 참사, 하층 계급과 빈곤 지역을 범죄시하는 것 등이 이런 안전 담론이 초래한 결과였다

이처럼 자유와 맞바꾼 거래의 대가는 안전의 강화로 돌아오는 것이 아니라 공권력과 일부 세력의 권력 강화로 이

어진다. 그리고 그만큼 개인의 자유와 권리는 더 취약해지고 안전 또한 불균등하게 더 취약해진다.

피해와 가해, 괴물과 정상인의 이분법

이분법으로 세상을 파악하는 것은 편리하다. 편리한 만큼 위험이 크다. 피해자-가해자라는 이분법이 그러하다. 원래부터 피해자가 될 사람, 가해자가 될 사람이 정해져 있는 게 아니다. 누구나 그런 잠재적 위험에 노출되어 있다. 그러므로 안전을 공통의 문제로 삼아야 한다. 그렇지 않고 일부 사람만의 문제라고 여기면 실제로 일이 벌어져도 사건화되기 힘들고 따라서 대응도 시들하다.

안전 중에서 유독 주변화되는 대표적인 사례가 바로 성폭력이다. 누구나 성폭력의 잠재적 가해자이자 피해자일 수 있다. 하지만 '왜 주로 여성이 성폭력에서 피해자 위치에 고착되는가'라는 질문을 제기하며 그런 고착을 낳은 환경의 문제를 따지는 것이 공통의 문제로 삼는 방법이다. 그런데 성폭력 사회를 문제 삼지 않는 대응 방식은 선악으로 갈라서 '악마 같은 가해자'와 '순진무구한 피해자'의 이미지만 재생산한다. 충격적인 사건 앞에서는 당장 펄펄 끓었다가 사건이 지나가면 식어버리는 식의 대응이 넘쳐나게 된다.

이런 사회에서 왜 구조적으로 누군가가 가해자 혹은 피해자가 될 가능성이 더 높은가를 물어야 한다. 이 질문은 가해 피해자의 속성에 대한 것이 아니라 행위의 '배경'에 대한 것이다. 그게 아니라 피해자다운 피해자, 순수하고 자기 역량이 없는 피해자의 이미지를 고착화하면 보호를 명분으로 소외를 더 심화한다.

또 가해자 중 극히 일부만 악마화함으로써 '정상적'인 사람들의 폭력은 비가시화되고 쉽사리 봐주게 된다. 같은 성폭력이라도 가해자가 너무 '정상적'인 사람이면 가해자로 가려내려 들지 않는다. '일반적인 기준'에서 유능하고 너그러운 상사가 성차별주의 사회에서는 얼마든지 성폭력을 저지를 수 있다. 하지만 '그럴 사람 아니다'라며 '정상적인' 사람의 폭력은 감싸지고 감추어진다.

안전 담론이 설득력을 가지려면 실제로 안전해졌다는 효과성이 입증돼야 한다. 그렇다면 가해자를 악마화해 부각하는 안전 담론은 어떤 효과를 얻고 있는 것일까? 흉악 범죄가 발생할 때마다 대중은 분노한다. 분노와 공포는 당연하다. 하지만 그다음 벌어지는 일은 당연하지가 않다. 언론은 선정적으로 보도하고, 정치권은 강경 대응을 천명하며 신종 형벌들을 제시한다. 그 성과와 효과는 따지지 않는다. 잠잠해진다. 그리고 비슷한 일이 더 잔혹한 방식으로 발생한다. 분노하는 시민, 선동하는 언론, 그것을 이용해 지지율을 올리려는 정치권의 난리법석, 이것이 되풀이된다.

진짜 안전을 원하고 변화를 원하면 해야 할 일은 확실하다. 가령 아동 성폭력을 방지하려면 돌봄을 받지 못하고 각종 범죄에 무방비로 방치된 아동에 대한 지원을 강화해야 한다. 성폭력 가해자에 대한 철저한 기소와 처벌이 이뤄져야 한다. 일상에서 성평등 교육을 강화해야 한다. 안전의 반대말은 안전불감증이 아니라 빈곤과 불평등이라 인식하고 접근해야 한다.

이런 대책은 오래 걸리고 돈이 많이 든다. 그런 이유로 인기가 없고 외면을 받는다. 반면에 '거세하자', '사형시키자' 식의 발언은 옥타브가 높다. 이런 현상을 일컬어 서구의 범죄학에서는 '형벌 포퓰리즘(penal populism)'이라 한다. 진짜 실효성 있는 범죄 예방보다는 정치인들의 정치적 이해관계에 복무하는 형사 정책을 가리키는 말이다. 형벌 포퓰리즘의 수혜자는 정치권과 언론이지 사회적 약자나 보통 시민이 아니다.

형벌 포퓰리즘으로 결속한 세력은 흔히 인권을 비판한다. 범죄자의 인권을 너무 강조해서 제대로 처벌할 수 없다고 말이다. 그러나 실상을 따져보면 법에 따른 처벌이 이루어지지 않고 관용되는 일이 많다. 인권 운동에서 요구하는 바는 성범죄에 대한 정확한 처벌이다. 그런데 여론은 간혹 등장하는 소위 '괴물'에 대해서는 사형과 거세를 외치면서도 실제 현실에서 판치는, 즉 전체 범죄의 80퍼센트에 이른다는 '아는 사람에 의한 성폭력'에 대해서는 봐주고 묵인하려 든다.

인권 운동은 사회의 빈곤과 불평등에 대한 대응, 최약자에 대한 조치 강화, 응징과 보복이 아닌 검거율 개선과 정확한 처벌, 교화와 교육을 주장해왔다. 이런 주장을 묵살하면서 인권이 안전 대책에 방해가 된다는 말로 기본적 인권과 안전을 분리하는 것이야말로 안전 담론의 대표적인 문제점이다.

안전 담론은 보호를 내세운 권력을 강화한다

사람이란 납작하고 단순하지 않고 입체적이고 복잡한 존재다. 인권을 침해당한 피해자도 마찬가지다. 그러나 안전 담론과 보호주의는 정형화된 당사자로만 피해자를 재단하려 든다. 맥락과 자초지종, 문제가 된 환경이나 원인 같은 복잡한 사정은 들으려 하지 않고 피해자로서만 이야기하라고 요구한다. 피해자 자신이 자기 이야기를 편집할 권리는 존중받지 못한다. 보호 권력이 듣고 싶은 말은 예, 아니오 같은 단답형의 답과 그것의 일관성일 뿐이다.

보호 권력이 인정하고 싶은 피해자는 피해자다워야 한다. 무기력하고 우울하고 아무것도 할 수 없는 상태여야 한다. 당당하고 씩씩하거나 밝게 행동하면 피해자답지 못하다고 한다. 그리고 그런 이가 주장하는 피해는 거짓이라고 의심을 받는다. 피해자는 자기가 겪은 권리 침해와 피해를 이야기하면 된다. 그런데 그보다는 얼마나 고통스럽고 얼마나 망가졌는지를 증언해야 한다는 압박을 받는다. 충분히 고통스럽지 않으면, 그럭저럭 극복해서 견디고 있다면, 피해가 피해가 아닌 것처럼 되어버린다.

사람은 인정받고 존중받는 범위 안에서 무언가를 할 수 있는 존재, 즉 '힘이 있는 상태(empowerment)'가 되어야 한다. 그러나 보호주의는 그 범위를 '힘이 없는 상태'이고 '무력해야' 받을 수 있는 것으로 만든다. 보호받으려면 피해자가 스스로의 힘을 부정해야 한다. 약자화가 보호의 명분이 되기 때문이다.

권리를 인정받지 못하는 것이야말로 취약한 상태인데 보호주의는 특정 영역을 보호한다는 명분으로 다른 권리를 제약하고는 약자로 만든다. 장애인 보호를 명분으로 놀이기구 이용을 금지하는 것, 여성의 재생산 권리를 보호한다는 명분으로 여성의 취업과 노동을 제약하는 것, 아동의 미래를 보호한다는 명분으로 현재의 활동을 좌지우지하고 틀어막는 것 등이 그런 사례다.

모든 사람이 보호받아야 한다는 보편적인 권리는 동등한 정치적 주체로서 우정과 연대의 보살핌을 주고받는 것이다. 그러나 보호주의는 보호의 제공을 일방화하고 특권화한다. 보호 권력이 제공하기로 결정한 보호는 보호 대상의 의견과 참여가 없는 일방적인 것이다. 그것을 결정할 권력은 특권층에게 있다. 보호 권력은 보호받는 자가 무엇을 해도 되고 무엇을 하면 안 되는지 검열하고 결정한다. 보호받는 자는 늘 허락을 구해야 하는 위치에 놓인다. 이로써 보호의 대상은 사회 참여에서 배제된다. 특권층이란 권리의 다발을 예외 없이 모두 갖는 쪽이고, 피보호자는 그 다발 중에서 보호를 명목으로 골라주는 것만을 가질 수 있다.

보호의 내용과 형식을 결정할 위치에 있는 권력 집단에는 심지어 가장 가해자가 되기 쉬운 이들이 포함된 경우가 많다. 전통적으로 공권력은 가족, 학교, 기업 등에서 벌어지는 일을 사적인 영역으로 구분하고, 구성원의 안전을 그 영역의 권력자에게 일임해왔다. 이것은 보호하는 자에 의한 폭력과 가해를 은폐하는 효과가 있다.

가령 폭력을 일삼는 가족주의 안에서의 가부장은 아동을 보호하는 주체인가? 학교에서 무소불위 권력을 휘두르는 교장은 학생과 교직원을 보호하는 주체인가? 노동 규율 같은 걸 없는 듯 여기는 '가족 같은 회사'의 소유주는 노동자를 보호하는 주체인가?

보호가 작동하려면 권력자가 권력을 자의적으로 행사하지 못하도록 막아야 한다. 그런데 보호주의는 집안 일, 사기업의 일, 교육이란 특수 관계에서 벌어지는 일이라는 식으로 이를 외면하도록 만든다. 또 자의적 권력이라는 칼자루를 쥔 쪽에 '무조건적 보호'를 할 권위를 제공한다. 그들이 제공한다는 보호의 대가는 규제를 강화하고 공동체에 무조건적인 일체감을 강요하는 것으로 나타나곤 했다. '내가 너를 어떻게 키웠는데', '교육상의 목적인데', '내가 널 얼마나 생각해줬는데' 하는 식의 가부장 공동체는 권리의 버팀목이 아니라 억압의 우리가 될 수 있다. 잠재적 피해자에게 필요한 것은 동등한 권리이고, 그것을 법제도적으로 보장하는 것이다.

뿐만 아니라 보호주의를 명목으로 설계된 정책과 제도가 오히려 덜 위험한 쪽을 보호하고 더 취약한 사람들을 위험으로 내몰 수도 있다. 가령 사회경제적 약자를 위험집단화하고 범죄시하는 것이다. 특정 집단에게 품행이 단정하지 못하다는 꼬리표를 붙여 낙인찍고 특별 관리하는 경우도 여기에 해당한다. 이런 표적이 된 사람들은 수시 검문과 단속을 당하기 쉽다. 일터나 학교에서 몸수색이나 소지품 검사를 당하거나 의심을 받기 쉽다. 피보호 대상이란 감시 대상의 다른 말이고 그런 꼬리표가 붙을수록 보호받는 게 아니라 사소한 행위로도 '걸릴' 위험이 커진다.

보호주의는 범죄로부터 보호한다는 명목으로 타자에 대한 불안과 공포와 배제를 재생산한다. 가령 가난한 지역이 우범 지대로 찍히면 빈곤의 사회적 요인을 찾으려 하기보다는 빈곤과 거리를 두게 하고 빈곤한 사람들의 무책임성과 타락을 전시하는 효과가 있다. 미등록 신분인 이주자는 권리가 없는 불안한 상태다. 그런데 보호 권력은 국민을 보호한다는 명분으로 그들을 위험한 집단으로, 범죄자로 취급한다. 그 결과 그들은 더 취약해지고 이런 취약함 탓에 권리를 더더욱 요구할 수 없다. 어떤 악조건도 감수하고 일하게 된다. 안전을 위협하는 상황에서 노동 착취가 얼마든 가능해진다. 그들을 권리에서 배제하는 데 동조한 한국인 노동자들의 노동권과 안전권 또한 덩달아 위험해진다. 권리가 없는 상태에서 위험을 무릅쓰려는 사람들이 있으니 그들에게 위험을 떠넘기면 되기 때문에, 당국이든 기업이든 실효성 있는 안전 방책은 만들려고 하지 않을 테니 말이다.

두려움을 쫓기 위해 문이 달린 공동체 안에 자신을 가두는 것은, 어린이들이 완벽하게 안전한 상태에서 수영을 배우게 하기 위해 수영장에서 물을 빼는 것과 같다.

-지그문트 바우만, 『부수적 피해』

아무 일도 일어나지 않길 바란다면 아무것도 하지 않는 게 좋다. 안전 담론은 사고가 나지 않는 것을 중요한 목적으로 삼기에 아무것도 하지 않는 수동성을 강요한다. 사람들로 하여금 아무것도 일어나지 않는 공간을 욕망하게 만든다. 모든 것을 통제 가능한 상태로 만들려는 비현실적인 방식을 취한다. 그러나 통제하는 권력과 통제당하는 사람간의 관계는 그대로 유지된다. 통제하는 권력이 허용하는 것만을 할 수 있는 수동적인 사람들은 취약한 상태로 머물 것도 함께 강요받는다. 책임이란 권한과 함께 부여되는 것인데 권한은 주지 않고 책임만 묻는다면, 그것은 책임 추궁을 의미한다. 추궁을 피하려면 움추러들어 책임질 일을 아예 하지 않으려 한다. 금지된 위험한 행동들을 열거하고 거기에 걸려들지 않으려 할 뿐, 뭔가를 적극적으로 기획할 수 없다. 통제하는 권력 또한 통제의 대상이 그저 사고만 치지 않고 가만히 있기만 바란다.

"평등해야 안전하다."

강남역 여성 살해 사건 이후 관련 토론회에서 등장한 구호다. 보호 권력이 위험의 목록을 만들어 하나하나 차단하면 위험을 결코 완벽하게 예측하거나 제거할 수 없다. 필요한 것은 특정 존재를 위험하게 만드는 배경을 변화시키는 것, 당사자가 항구적 약자의 위치에 머물지 않고 위험의 은폐에 맞서는 권리를 갖는 것, 평등한 권리를 통해 위험을 마주했을 때 대응할 능력을 키우는 것이다.

존엄한 안전을 위하여

안전은 우리가 살고 있는 세계를 '어떤 방향으로 나아가게 할 것인가'의 문제다. 평화롭고 온전한 삶을 해치며 우리를 위험으로 몰아넣는 힘이 무엇인지 지목하는 과정이다. 위험을 전가당하는 사람들의 목소리로 위험을 확산시키는 권력을 해산하는 과정이다.

—2014 인권단체 공동프로젝트, 그날들

안전한 사회를 위해 당장 실천해야 할 일곱 가지 과제
· 기업살인법을 제정해야 합니다.

· 원전 사고를 막기 위한 최소한의 조치, 수명이 끝난 노후 원전을 폐쇄해야 합니다.
· 위험작업 중지권을 보장해야 합니다.
· 생명과 안전에 관한 외주화를 금지하고 즉각 정규직화해야 합니다.
· 기업활동 규제 완화에 대한 특별조치법을 폐기하고 규제 완화를 중단해야 합니다.
· 화학물질로부터 안전하기 위해 주민의 알 권리가 보장되어야 합니다.
· 지역 안전관리 시스템과 공공다중 이용시설 안전에 시민 참여를 보장해야 합니다.

　　　　　－2014 세월호 참사 국민대책회의 존엄과 안전 위원회

정리해보자. 사람은 누구나 안전하게 살아갈 권리가 있다. 안전 담론을 반대하는 것은 안전을 포기하겠다는 의미가 아니다. 안전 담론을 문제 삼는 것은 겨눠야 할 과녁의 방향성을 왜곡해 실효성 있는 실천을 오히려 방해하기 때문이다. 안전 담론이 여론의 지지를 많이 얻는다고 해서 그것이 공정한 법집행으로 이어지는 것은 아니다. 공권력이 강화된다고 해서 그것이 곧 사회적 약자를 괴롭히는 폭력을 해결한다는 의미도 아니다. 가령 기소되지 않은 성폭력 가해자가 여전히 활보하며 착취를 이어갈 수 있고, 오히려 피해자가 무고죄로 기소되는 일은 강한 공권력 하에서 흔

히 벌어지고 있다. 피해자를 보호하는 제도와 자원이 부족하기 때문에 그 제도 안에서 피해자를 돕는 사람들(지역아동센터 등)을 혹사하고 그들이 위험에 방치되는 것을 바로잡지 못하면, 있는 제도 안에서도 보호를 기대하기 어렵다. 언론이 문제를 일깨우는 역할을 해야 하는데 피해자의 인권을 보호하면서 사건을 보도하지 않고 2차 가해를 하고 피해자화를 부추기면서 문제를 선정적으로 몰아간다. 부자들이 안전을 위해 값비싼 사설 대체재를 이용하면 할수록 안전을 위한 공공서비스에 대한 투자는 인색해진다. 이런 일들은 무엇을 안전에 대한 위협으로 인식하며 무엇을 고쳐야 할 표적으로 삼느냐 하는 문제다. 그리고 관심과 자원을 어디에 쏟아야 하는지에 대한 문제다.

자기만의 안전에 집착해 공동으로 책임질 안전은 방기하면 어떤 일이 벌어질까? 비싼 금고, 비싼 자물쇠, 계급을 분리해 빗장을 채운 주거 시설, 따로 만든 교육과 의료시설 등 따로 만들어 개인적 안전을 추구하려는 경향이 커져왔다. 이런 사회에서 '안전 산업'이 활개를 치며 개인의 안전은 능력껏 돈을 주고 구매해야 하는 상품이 된다. 원인도 해결 방식도 개인의 몫이 된다. 문제되는 개인만 있고 문제인 사회는 숨는다. 안전은 사유화되고 공공의 대응은 쪼그라든다.

개인적 안전이 최우선 고려 사항이 되면 시민으로서의 보편적 윤리와 대립한다. 자기 안전을 위해 위험한 타자는 분리되고 배제돼야 한다. 포괄과 통합을 지향하는 인권의 경향과는 대립한다. 사회문제의 사회경제적 뿌리를 찾기보다는 그 희생자를 범죄와 불안 요인으로 지목하는 경향이 커진다. 인간의 취약성을 해소하려는 것이 정치 권력의 토대인데 시민이 안전에 불안해할수록 취약한 국가는 그 불안을 이용하고 오히려 확대하려 한다. 불안에 편승해 치안 권력을 강화하고 경제와 복지 등 다른 영역에서의 실패를 은폐한다. 타자에 대한 관심은 타자의 안녕과 권리에 대한 것이 아니라 안전 문제의 대상으로 전락한다. 안전 문제의 위협으로 분류되면 그들을 돌보거나 존중할 이유가 소거된다. 이런 식으로 공존의 방식보다는 분리의 방식에서 안전을 구하는 경향을 부추기는 것이 안전 담론이라 할 수 있다.

안전 담론에 맞서 우리가 요구해야 하는 것은 존엄한 안전이다. 우리는 안전하기 위해 가만히 있는 삶이 아니라 활동과 의견이 활발한 사회를 요구해야 한다. 우리는 안전이 마치 자유를 포기한 대가인 양 말하는 권력에 맞서야 한다. 결국 안전은 각자가 알아서 해결해야 하는 것이라는 말에 맞서야 한다. 우리에게 필요한 것은 안전을 각자 돈 주고 해결하는 각자의 능력이 아니라, 안전을 위협하는 사회적 조건에 대한 공동 책임을 인식하는 사회다.

10장

인권의 마음

—

인권은 왜 마음을 중요하게 다루는가

두 가지 장면을 가정해보자.

첫 번째 장면이다. 연인이 과자를 먹으며 장난을 치고 있다. 과자가 몇 개 안 남자 서로 먼저 집으려고 다툰다. "저리가, 내 거야, 내 거라니까." 아이 흉내를 내며 서로 툭탁거린다. 상대방이 마지막 남은 과자를 집자 꼬집고 간질이며 뺏으려는 시늉을 한다. 과자를 집은 사람이 냉큼 입에 넣어버리자 상대방이 눈을 흘기며 말한다. "에잇, 치사하게!" 말은 이렇게 했지만 둘 다 입꼬리가 올라가 있고 눈에서는 다정함이 넘쳐흐른다.

두 번째 장면이다. 추석이 다가왔다. 사무실 입구에는 선물세트가 잔뜩 쌓여 있다. 정규직 노동자들이 고를 수 있도록 최신 전자제품 등 몇 가지 선물을 진열해놓은 것이다. 노동자가 선물을 고르면 회사는 날짜의 여유를 두고 택배로 발송했다. 하지만 같은 곳에서 같은 일을 하는 비정규직 노동자들은 전시된 선물세트 앞을 며칠 동안 그냥 지나다녀야 했다. 비정규직 노동자들에게는 연휴 전날에 작은 비누 세트가 지급되었다. 몇 년째 같은 선물세트였다. 정규직 노동자들은 비누 세트 한 번, 비정규직 동료들 얼굴 한 번 번갈아 쳐다보다가 표정 없이 말한다. "명절 잘 보내요." 어느 노동자가 비누 세트를 그냥 두고 자리를 뜬다. 어깨는 축 처져 있고, 눈빛은 젖어 있고, 거친 숨을 억지로 참고 있는 듯하다. 들릴 듯 말 듯 읊조린다. "그까짓 거 얼마나 한다고 선물까지 차별해. 정말 치사하다."

이 두 상황에서 모두 '치사하다'라는 단어를 썼다. 그런데 같은 말이 전달하는 의미와 분위기는 전혀 다르다. 발휘하는 효과도 다르다. 연인 관계에서는 이 말이 친밀하고 에로틱한 분위기를 내고 둘 사이를 가깝게 한다. 반면 노동 관계에서 이 말은 모욕감, 분노, 서글픔이 뭉뚱그려진, 어느 한 단어로 포착할 수 없는 감정을 발산하고 있다. 이런 감정은 노동자의 내면이나 사회 관계에도 부정적인 영향을 끼칠 것이다.

이처럼 '치사하다'라는 말에 담긴 의미는 단어 자체가 아니라 그 말이 나오는 관계, 사람들 사이에서 나눠 가지는 분위기와 정서 속에서 규정된다. 어쨌든 두 사례에서 우리는 그 상황에 있는 사람의 마음을 짐작할 수 있다.

그런데 마음은 참 모호한 말이다. 머리에 있는지 가슴에 있는지도 모호하다. 정신적인 것, 이성, 의도인지, 아니면 기분이나 느낌, 감성인지 구분할 수 없이 이 모든 것을 담고 있는 말이다. 우리는 무언가를 마음에 두거나 두지 않고, 뭔가에 마음이 쓰인다. 마음이 찔리고, 마음을 먹고, 마음을 거둔다.

인권에도 마음이 있지 않을까? 마음이 쓰이고 마음이 끌리고 뭔가 바꿔야 한다고 마음을 먹는다. 또는 도대체 마음이 가지 않고 도무지 마음에 들지 않고 마음껏 괴롭혔으면 좋겠다. 이런 마음들은 무엇을 인권 문제로 인식하며, 문제의 원인을 이해하려 들며, 잘못된 것을 고치려는 실천과 긴밀히 연결된다.

'내 마음은 내 것 아닌가?' '인권은 법과 제도 차원에서 가장 기본적인 것만 규정하면 되지 왜 내 마음과 감정을 판단하고 거기에 간섭하려 들지?' '내가 싫고 좋은 것까지 인권 문제인가?'

이런 질문들을 할지도 모르겠다. 그래서 여기서는 인권에서 마음이 왜 중요하며, 자기 것이라 주장하는 감정에 얼마나 사회적 차원이 깃들어 있는지 먼저 살펴보려고 한다.

감정은 사회적이기에 인권의 눈이 필요하다

할렘으로 가는 지하철. 나는 엄마의 소매를 쥐고 있다. 엄마는 간신히 좌석을 발견하고 내 작은 몸을 밀어 넣는다. 내 옆의 백인 여자가 나를 노려본다. 날 잡아당길 듯 노려봤다가 내려 봤다가 할 때 그녀의 입은 실룩거린다. 그녀는 내 파란 바지와 그녀의 윤기 나는 모피 코트가 닿아 얼른 코트를 자기 쪽으로 당긴다. 우리 사이의 자리에서 그녀가 보고 있는 끔찍한 것이 나는 보이지 않는다. 아마 바퀴벌레겠지. 하지만 그녀의 공포를 나는 느꼈다. 그녀의 시선으로 봤을 때 뭔가 아주 나쁜 것임에 틀림이 없다. 그래서 나 역시 그것으로부터 떨어지려고 내 옷을 여몄다. 그녀가 여전히 날 노려보고 있는 걸 봤을 때, 그녀의 콧구멍과 눈은 엄청났다. 그리고 갑자기 나는 우리 사이 좌석에서 기어 다니는 게 아무것도 없다는 걸 깨달았다. 그녀가 자기 코트에 닿지 않기를 원한 건 바로 나였다. 그녀가 몸서리치며 일어나 빠른 열차에서 손잡이를 잡을 때 모피털이 내 얼굴을 스쳤다. 나는 몰래 내 바지 끝자락을 봤다. 거기 뭐가 있나? 내가 이해 못할 뭔가가 여기서 진행되고 있다. 나는 결코 그걸 잊지 않을 것이다. 그녀의 눈을. 벌어진 콧구멍을. 그 혐오를.

저명한 흑인 페미니스트 작가 오드리 로드(Audre Lorde)가 어린 시절 겪은 일을 담은 글이다(위의 인용은 로드의 글 일부를 내가 번역한 것이다. 전체 글은 그의 책 『시스터 아웃사이더』에 「서로의 눈동자를 바라보며-흑인 여성, 혐오, 그리고 분노」라는 제목으로 실려 있다.) 그런데 이런 일이 비단 인종차별이 만연한 미국에서, 로드가 어렸을 때인 20세기 중반에 벌어진 일만은 아니다. 다음 이야기는 한국에서 2009년 벌어진 사건이다.

피부색이 검은 남성과 한국인 여성이 동행해 버스를 타

고 있었다. 그런데 어느 남자 승객이 난데없이 "냄새나는 새끼" "아랍" "더러워" 같은 욕설을 이들에게 끼얹었다. 여성이 항의하자 한국 여자가 깜둥이를 만나느냐는 식으로 여성에게도 모욕과 폭력을 가했다. 남성은 서울의 한 대학에서 교수로 일하는 인도인이었고 동행한 여성은 한국인 동료였다. 두 사람은 가해자를 힘겹게 경찰서로 끌고 가 피해를 호소했다. 그러나 경찰은 검은 피부인 사람이 한국 대학의 교수라는 사실을 믿지 않았고 도리어 폭력을 가한 한국인 승객에게 정중하게 행동했다. 피해자는 혐오표현에 대응할 만한 별다른 길을 찾지 못했고 가해자를 모욕죄로 고소했다. 이 사건은 인종차별 사건으로 언론과 대중의 주목을 받았지만 여성혐오의 측면은 지워졌다.

시대도 장소도 다른 뉴욕 지하철의 백인 여성과 서울 버스의 남자는 비슷한 방식으로 행동했다. 이들의 행동에는 사회적 학습의 결과라 할 수 있는 감정의 문법이 작동하고 있다. 그리고 두 사람이 내뱉은 반감과 경멸이 담긴 말은 표현 자체로서 공격적인 행위가 되었다. 지하철과 버스의 두 사람이 '느낀 것'이 순전히 그들만의 주관적인 감정이라 여겨지지 않는다. 이런 감정에는 셀 수 없이 많은 사람과 시간, 타인의 신체를 규정해온 역사가 담겨 있다.

사람은 보통 자리를 양보하거나 길을 가르쳐준 사람에게 좋은 감정을 느낀다. 다리를 쩍 벌리고 앉거나 큰소리로 통화하는 사람에게는 불쾌감을 느낀다. 구체적으로 경험하는 무엇에 호감이나 불쾌를 느꼈다면 '내가 느꼈다'고 할 수 있다. 이 경우엔 다르다. 둘에게 반감을 불러일으킨 건 구체적인 사람의 인격과 행위가 아니다. 검은 피부, 외국인과 다니는 여성, 여기에는 구체적인 경험적 느낌 이전에 어떤 판단이 이미 개입되었다.

우리는 특정한 정체성을 숭상하거나 비하하는 생각과 태도의 꾸러미 속에서 살아왔다. 그런 사회문화적 체계 속에서 흔히 쓰이는 언어 습관을 무심코 따라하는 일이 많다. 외모, 피부색, 성별 등에 대한 특정 이데올로기와 언어의 쓰임새는 우리 내부를 들락날락거린다. 그래서 이 두 사람도 스스로 느낀 것이 아니라 느껴진 것일 수 있다. 검은 피부색의 외국인 같은 특정한 대상을 보면 반사적으로 그렇게 느껴지도록 마음속에 자리 잡았는지 모른다. 그렇게 느껴진 것을 또 비슷한 표현으로 만들어 밖으로 내보냈을 것이다. 그런 표현은 유통되면서 비슷한 타인들과 손잡고 집단적 힘을 얻는다.

식민 지배와 노예제의 역사, 그 후로도 고질화된 차별은 검은 피부에 열등함, 가난, 불결, 폭력 같은 이미지를 깊게 새겼다. 꼭 백인이 아닐지라도 백인 쪽에 자신을 동일시하는 사람은 백인의 시선으로 검은 피부색을 바라본다. 여성은 고유한 인격으로서가 아니라 남성과의 관계에 따라 결정된 사회적 신분으로 평가되어온 역사가 있다. 이런 역사적 경험을 토대로 느껴진 감정은 "생긴 게 말야" "쟤네들은 말야" "여자들은 말야" 식의 말을 자연스럽게 주고받으며 같은 편이 될 수 있는 사람들을 묶는다.

집단으로 뭉치면서 힘을 얻은 감정은 그 감정의 표적이 되는 사람에게 '테러리스트', '된장녀' 같은 새로운 꼬리표를 덧붙여 효과를 얻는다. 이런 꼬리표가 사람들 사이에서 유통되면서 또 다른 누군가에게로 들어가 '느껴지도록' 함으로써 효과를 확산한다. 이런 탓에 감정은 개인의 것일 뿐 아니라 사회의 역사와 밀접한 관계가 있다고 말할 수 있다.

감정의 효과

지하철의 백인 여성이 가진 감정은 우연히 스쳤을 뿐인 흑인 소녀에게 끔찍한 영향을 끼쳤다. 자기에게는 타자인 오드리 로드를 끔찍하게 싫은 무언가로 만들어냈다. 로드가 원한 바가 아니었지만 그 여성은 로드를 뭔가로 만들고 의미를 부여했다. 불쾌한 끈적거림 같은 것이 로드에게 와 달라붙었다. 로드는 자신이 징그러운 벌레가 된 것처럼 느껴졌다. 백인 여성의 감정은 그렇게 로드의 몸에 닿아서는 안 되는 경계를 만들고 심지어 로드를 벌레처럼 대했다.

버스에서 모욕당한 사람들에게도 비슷한 경험이었을 것이다. 알지도 못하는 그들을 모욕한 남성은 자기가 '느낀 대로' 그들을 만들어냈다. 검은 피부는 아랍인이고 불결하고 냄새나는 무언으로, 그런 이방인과 동행하는 여성은 경계를 침범한 불결한 무엇으로 만들어졌다. 만들어진 그 '무엇'은 원래 그들 자신의 속성이 아님에도 그들에게 들러붙었다. 그렇게 됨으로써 그들은 한 버스를 같이 타지 못할 존재로 격하되었다.

이런 식으로 특정 감정은 타인이 자기다운 모습으로 자기답게 나타나는 것을 훼방한다. 자기 모습으로 나타나기 전에 스테레오타입(판에 박힌 모습)의 아바타가 먼저 튀어나와서 물을 휘젓는다. 진흙탕에서는 물속을 볼 수가 없다. 흙이 가라앉은 다음에야 가능하다.

어떤 코미디 영화에 이런 장면이 있다. 어느 백인이 큰돈을 내기에 걸고 길거리 농구 시합을 벌인다. 그는 자기가 이길 거라 자신했다. 방금 만난 흑인 때문이었다. 처음 만났는데도 키 큰 흑인이란 것만 보고 대뜸 자기편에 넣고 승리를 확신한 것이다. 정작 그 흑인은 드리블도 할 줄 몰랐다. 크게 패하고 돈을 잃은 백인이 어처구니없어하자 흑인은 억울해한다. "나한테 농구 할 줄 아느냐고 묻지도 않았잖아?" 백인은 그에 대해 아무것도 모르면서 묻지도 않고 흑인이라면 신체 활동에 뛰어나다고, '흑인다움'을 규정해버렸다.

한국인들이 흑인을 좋은 모습이라고 묘사하는 단어 중에 '흑형'이라는 말이 있다. 기량이 뛰어난 스포츠 영웅들을 부각하려 만든 말 같다. 정작 흑인들은 이 단어가 인종차별적이라고 불쾌하게 여긴다. 그럼에도 일부 한국인들은 좋게 말해주는 것도 문제냐며 화를 낸다. 흑인의 능력을 좋게 보고 하는 말인지는 몰라도 '흑형'이라는 말은 흑인이 어떤 식으로 우리에게 나타나야 하는지를 미리 규정하는 표현이기에 문제다. 흑인에게서만 육체적 힘을 부각하는 것은 그걸 강조하고 이용해온 과거 역사나 앞으로도 흑인에게 기대되는 역할, 즉 미래까지도 규정하고 있다. 운동을 못하거나 운동하기 싫어하는 흑인은 자기답게 나타날 권리가 없다.

검은 피부에 대한 감정이 몸이 스치는 것조차 두려워하고 거리를 두게 만들기도 하고, 반대로 난생 처음 보면서 한 팀이 되게끔 만들기도 한다. 이런저런 감정 자체에는 좋다거나 나쁘다는 꼬리표를 붙일 수 없다. 감정은 그 자체로 선악 개념이 실려 있지 않다. 누구를 어디서 어떻게 만나 어떤 방향으로 움직이느냐에 따라 감정은 윤리적 혹은 비윤리적인 것으로 바뀔 수 있다.

지하철의 백인 여성이 흑인 소녀의 몸을 만났다. 그 여성은 설령 어떤 감정을 느꼈다 해도 통제해 누를 수도 있었을 것이다. 하지만 그렇게 하지 않고 쉽게 방출할 수 있었던 것은 감정에도 위계가 있기 때문이다. 쉽게 표출해도 되는 감정과 그렇지 않은 감정의 위계 또한 사회적으로 조직되어 있다. 검은 피부색에 대한 혐오는 가난한 흑인 지구로 알려진 할렘 행 지하철에서 만난 어린 아이라는 만만한 대상에게 쉽게 표출할 수 있는 것이었다. 다른 상황에서라면, 예를 들어 거구의 성인 흑인 남성이었다면 그 여성은 자기 감정을 충분히 억제했을 것이다. 그럼 우리가 바꿔야 할 것은 무엇일까? 특정 감정의 문제를 개인의 심리 문제로 받아들이기보다는 감정의 위계와 방향을 사회적 맥락 속에서 조율하는 일이 필요하다.

움직이는 감정

감정은 움직인다. 바람이 습기를 빨아들여 태풍으로 크듯이 감정은 움직이면서 에너지를 키운다. 감정의 움직임은 다양한 효과를 낳는다. 앞의 예를 다시 보자. 검은 피부 같은 특정 대상에 올가미를 씌운다. 그 대상에 '더럽다'는 식으로 어떤 속성을 심는다. '원래 그렇다'며 속성의 올가미에서 벗어나지 못하도록 봉쇄한다. 그런 감정의 발산을 따라하도록 동조하는 세력을 규합한다. 타인과 전체 사회를 향해 자신들이 하는 방식으로 생각하고 행동하라는 메시지를 보낸다. 이런 올가미는 어떤 대상에게서 다른 대상에게로, 아프리카계에서 아랍계 또는 동남아계에게로, 여성에게서 동성애자에게로, 아이에게서 노인에게로 얼마든 옮겨갈 수 있다.

특정한 감정의 올가미에 걸린 사람은 더 이상 고유한 개인일 수 없다. 특정 집단에 대한 고정관념이 그의 몸에 와서 박힌다. 우리 안과 밖을 들락거리며 키워진 감정은 때로는 타인을 향해 공격적으로 표출될 뿐 아니라 자기비하와 자기혐오로 굴절되기도 한다. 자기 감정에만 영향을 끼치는 행위와 타인에게 영향을 끼치는 행위는 명확하게 구별하기 어렵다. 여기서 문제 삼으려는 감정은 특정 행위와 연결되며 분명하게 타인과 연관되어 있다.

자기혐오와 자기모멸로 내몰리면서 씌워진 정체성을 체현할 수도 있다. '내가 뭘 해봤자, 그렇고 그런 벌레일 뿐이지.' 즉 느껴지고 강제된 대로 정체성을 스스로 내면화하고 실현할 수도 있다는 말이다. 죄명이 정해졌으니 그에 걸맞은 죄를 저질러보겠다는 식의 자포자기가 될 수도 있다.

정리해보자. 움직이는 감정의 효과는 특정 정체성을 만들어 의미를 부여한다. 그런 정체성을 타인에게 강제하고 강요한다. 타인에게 특정한 표식을 부착하는 데 그치지 않는다. 그렇게 함으로써 억압적인 사회적 구조를 만든다. 사람 사이에 경계를 만들고 사람들이 부딪히는 공간을 재배치한다. 가까이 하기엔 더럽거나 불쾌하거나 위험하다는 경계는 그런 경계 밖으로 누군가를 내몰면서 직장, 대중교통, 공공장소 같은 사회적 만남의 공간을 재배치하고, 밖으로 내몰린 사람들이 여기에 접근할 권리를 체계적으로 박탈한다.

이런 무시무시한 에너지가 만들어지는 것은 감정이 움직이면서 증식하기 때문이다. 자본이 증식하듯 감정도 증식한다. 증식은 양적일 뿐만 아니라 질적이기도 하다. 단순한 호감이 증식해 사랑이 되듯이 단순한 반감이 증식해 증오가 된다. 증식한 감정은 구체적이고 직극적인 행위를 동반한다. '싫다'는 내적인 감정 상태가 '꺼져'라는 외적으로 표출된 명령으로 변하고 '힘을 합쳐 쫓아내자'는 선동과 공격이 된다. 부정적인 표시가 더 많이, 더 자주 유통될수록 감정의 에너지가 커진다. 그리고 가장 나쁘게는 세를 규합한다. 혐한 세력, 여혐 세력, 동성애 혐오 세력처럼 함께 하는 감정으로 묶인 집단을 확보하도록 작동한다.

인권의 감수성

인권이 감정에 관심을 기울이는 이유가 여기에 있다. 특정한 감정을 배양하고 장려하는 사회문화적인 환경을 살피고 정치적으로 대응할 방안을 찾아보려는 것이다. 자기 자신은 물론이고 타인과 사회를 파괴하는 태도와 행위를 법과 행정 차원에서 관리하는 것으로는 충분하지 않다. 강둑을 버텨내는 것이 큰 돌만이 아니라 틈새를 메운 시멘트이기도 하듯이, 법과 제도의 틈새를 채우는 무언가가 필요하다. 그것이 바로 인권 감수성이다.

인권 감수성이란 어떤 상황을 인권과 관련한 문제로 감각하고, 상황을 재해석하고, 지금과는 다른 행위를 상상할 수 있는 역량, 그 상황과 자신을 연결함으로써 책임성을 공유하는 역량이다.

인권 감수성은 특정 타인에게 들러붙은 특성이 '원래' 그런 것이라고 여기는 인식을 되짚어본다. 원래 그런 피부색은 없다. 원래 그런 성별도, 원래 그런 장애도 없다. '원래 그렇다'라는 설정은 권력이 애호한다. '~다움', '~답게' 같은 틀에 맞춰 사람의 자리를 배치하고서 사회를 주무르는 것이다. '피고용인답게'나 '직원다움', '여성답게'나 '여성다움' 같은 말들처럼 원래 그렇다고 해버리면 반기를 들기 쉽지 않다. 차별적인 구분과 차이 속에서 우열을 가리려는 설정은 권력이 조작한 것이므로 더 심하게 구박받는 사람만의 문제가 아니라 권력이 정하는 대로 자리 배치를 강요받은 사람 모두의 문제다.

인권 감수성은 혐오나 증오범죄 같은 것을 극단주의자들이 저지르는 일이라 여기고 내치지 않는다. 그보다는 보통 사람들의 보통의 감정 사이에서 벌어지는 일을 중요하게 여긴다. 감정의 유통은 연속적인 효과를 낳는다고 했다. 그런 유통 속에서 우리 같은 보통 사람이 특정 감정을 매개하고 전파하는 마디가 된다. 우리는 누구나 인권 침해의 목격자이자 개입자가 되기도 하고 방관자이자 공모자가 되기도 한다.

감정의 부정적인 효과를 차단하는 마디가 될지, 긍정적인 효과를 촉진하는 마디가 될지는 섣불리 판단할 수 없다. 감정의 에너지가 어떤 효과를 발휘하느냐는 미리 완전히 결정되어 있지 않다. 특정 감정을 발산하는 쪽의 의도대로 늘 성공하지는 않는다. 가령 정치적 사상, 성적 지향, 고향 같은 걸 들먹이며 주롯주의 농담을 할 때, 그러면서 '웃기지 않냐?'라며 같이 웃기를 유도할 때 정색하고 웃지 않으면, 조롱을 함께 즐김으로써 그 자리에 있는 사람들을 한통속으로 만들려던 사람의 의도는 좌절된다.

비슷한 사례로 '이어 말하기' 같은 게임에서 나타나는 양상이 있다. 게임의 규칙은 이렇다. 진행자가 아무도 모르게 전달해야 할 키워드를 첫 사람에게만 알려준다. 그는 다음 사람에게 귓속말로 그 단어로 연상되는 바를 전달한다. 마지막 사람이 내놓은 단어가 처음 제시된 키워드와 비슷할수록 이기는 게임이다. 이 게임을 해보면 돌고 돌아 마지막 사람에 이르러 키워드를 공개했을 때 처음 제시된 키워드와는 완전히 다른 말로 바뀐 걸 볼 수 있다. 한 사람 한 사람에게 뭘 들었고 어떻게 전달했느냐고 물어보면 처음 전해진 키워드가 나름대로 잘 전달되다가 의미가 완전히 틀어지는 지점이 있다. 그런 변곡점이 된 사람에게 왜 그렇게 전했느냐고 물어보면 '그냥', '재미로', '다른 걸로 비틀고 싶어서' 같은 이유를 댄다. 우리 사회에서 벌어지는 사건들도 마찬가지다. 누가 어떤 감각으로 키워드를 이어 말하느냐, 전달과 변환의 마디점이 되는 사람이 어떻게 비틀고 구부리느냐가 한 사회의 키워드, 다른 말로 하면 공통 감각을 좌우할 수 있다. 즉 감응의 흐름에서 유통의 마디가 되는 사람이 어떻게 하느냐에 따라 그 흐름의 물길을 바꿀 수도 있다.

피해자 편에서도 할 일이 많다. 우선 피해자가 고통과 상처를 자기 정체성으로 삼는 것을 막는 일이다. 고통 속에 뭐리를 틀고 자기 자신을 상처받을 수밖에 없는 존재, 상처받은 역사를 가진 존재로 여기면서 고통을 숙명화하고 떠받들도록 하는 것도 감정의 효과다. 이들이 말하려 할 때 두려움으로 침묵을 강요하는 것이 문제라면, 고통을 호소하거나 증언하는 것 말고는 다른 말을 하지 못하도록 묶어두는 것도 문제다. 고통에 봉쇄되거나 스스로 봉인하지 않도록 하는 것이 인권 감수성을 가지고 피해자를 대하는 태도다. 우리는 고통에 묶이려 하는 대신 고통으로 서로 연결되어 있음을 확인해야 한다. 고통의 무게를 달아보는 대신 고통을 통해 무엇을 어떻게 바꿔야 하는가를 깨닫고, 그런 변화를 일으키기 위해 우리의 감각을 두들겨야 한다.

감응의 공동체와 인권 감수성

"어깨는 축 처져 있고, 눈빛은 젖어 있고, 거친 숨을 억지로 참고 있는." 앞서 정규직과 차별되는 선물에 보인 노동자의 반응이다.

흔히 감정을 가리키는 단어들은 기쁨, 슬픔, 분노 같은 것들이다. 이 단어들은 어떤 맥락에서건 늘 같은 바를 가리키는 것이 아니다. 슬픔이라는 한 가지 감정도 그때그때 상황에 따라 의미하는 바가 다르고 느낌의 강도가 다르다. '웃프다(웃기면서 슬프다)'라는 말이 존재하는 것도 단순명료하게 정의되는 감정이란 있을 수 없기 때문일 것이다. 우리가 쓰는 단어들로는 지금 여기 사람들 사이에 흐르고 있는 미묘한 감정을 다 담을 수도 없고 표현할 수도 없다. 흐르는 감정의 강물 속에서 한 컵을 떠내서 이름 붙인 것이 '슬픔' 같은 단어들이다.

"어깨는 축 처져 있고, 눈빛은 젖어 있고, 거친 숨을 억지로 참고 있는", 이런 것들이 죄다 어우러져 노동자에게 어떤 효과를 끼치고 있는데, 이것을 슬픔 또는 분노 같은 한마디로는 다 표현할 수가 없다. 굳이 다른 표현을 찾자면 차별의 감응(affection)이라 할 수 있다. 감응 또는 정동이라 번역되는 affection은 느낌, 감정이라는 말의 뜻과는 비슷하면서도 다르다. 사람 사이에는 감정의 강물이 흐르고 있는데 이 강물을 슬픔 같은 특정한 단어로는 담을 수 없다. 이런 흐름을 가리켜 감응이라 한다. 그것은 살아 움직이는 변화이며 삶으로 체험하는 것이다.

감응은 홀로, 개인적으로 가지는 감정이 아니라 타자와 만나고 관계를 맺고 연결되고 부대끼면서 비로소 생기는 감각이다. 어떤 상호작용을 하고 서로 어떻게 반응하느냐에 따라 타자를 대하는 태도와 감정은 달라진다. 감응의 긍정적인 효과라면 더 많은 만남과 활동을 원하게 되는 것이다. 물론 반대 효과도 있다. 만남을 억압하고 상호적이지 않고 일방적인 공격 활동을 벌이는 것이다.

인권 감수성에 대한 흔한 오해가 있다. 흔히들 인권 감수성을 친절함, 너그러움, 선량함 같은 기질에 고정하고는 한다. 또는 약자에게 베푸는 일방적인 것으로 여기기도 하고, 개인의 양심과 인격을 고양하는 것 같은 개인적인 차원으로 바라보기도 한다. 인권 감수성은 그와 반대다. 역동적이고, 상호적이며, 사회적 차원에서 논해져야 하는 것이다.

우리는 정치 공동체와 경제 공동체만이 아니라 어떤 감응의 공동체의 일원이기도 하다. 다양한 감정은 사람들 사이를 흐르며 흔적을 남긴다. 흐르는 감정에는 농축된 고도의 에너지가 실려 있다. 사소한 데서 시작되지만 사채에 이자가 붙듯이 증폭된 특정한 감정 때문에 우리는 어떤 대상을 향한 특정한 행동을 취한다. 흐름에 따라 감정의 어떤 움직임은 상대를 얼싸안고 어떤 움직임은 상대를 후려친다. 이럴 때 수치심이나 죄책감 같은 어떤 감정이 움직임을 촉발했는지도 중요하지만 그 감정이 누구를 향하고 있는가도 중요하다. 착취 세력을 향한 분노와 나보다 약한 이들을 향한 울화는 다르다.

이처럼 특정 감정은 선악이 미리 정해져 있지 않다. 어떤 맥락에서의 감정인지, 누구를 향해 발산한 감정인지, 어떤 방향으로 흐르고 있는지에 따라 다르다. 감정이 놓인 맥락과 쏠리는 방향, 발산된 감정에 대한 평가, 감응의 공동체에 대한 관심과 대책, 이런 것들이 인권의 마음이 살펴야 하는 영역이다.

· 감각, 상상력, 사상: 감각을 사용하고, 상상하고 생각하고 추론할 수 있기, '진정으로 인간적인' 방식으로 이런 것들을 할 수 있기, 즐거운 경험을 가질 수 있고 불필요한 고통을 피할 수 있기….

· 감정: 우리 외부의 사물과 사람들에게 애착을 가질 수 있기, 사랑하고 슬퍼하고 그리움 고마움 정당한 분노를 경험하기, 공포와 분노에 의해 자신의 감정 발전을 망치지 않기….

· 관계: 타인과 더불어 타인을 향해서 살 수 있기, 타인을 인정하고 관심을 보이기, 다양한 형태의 사회적 상호작용에 참여하기, 타인의 처지를 상상할 수 있기, 자기존중과 모욕하지 않는 사회적 토대 다지기, 타인들과 동등한 가치로 존엄한 존재로 대우받을 수 있기….

      -마사 누스바움, 「핵심적 인간 역량 *Human Rights and Human Capabilities*」

누스바움이 말하는 역량에는 인권에 대한 규범을 알고 지키는 것과는 다른 차원이 있다. 인정, 관심, 상호작용, 상상하기 등이 포함되어 있다. 왜 이런 역량이 요구될까?

인권을 말하는 것과 실행하는 것 사이에는 큰 차이가 있다. 공식적으로, 표면적으로 내놓고 하는 말로는 대체로 인권을 대놓고 부인하지는 못한다(여전히 정치인조차 공식 석상에서 대놓고 인권을 폄하하는 경우가 적지 않지만 말이다).

그러나 실행 차원에서는 특정한 사람을 꺼리고 밀어낸다. 특정한 사람의 존재와 권리 자체를 부인하거나 내 권리와 구별을 지으려는 것은 개인적으로 별 호감이 가지 않는 사람과 친하게 지내지 않는 것과는 차원이 다른 문제다. 인권을 공식화하는 동시에 비공식적으로는 특정인이 인권을 누리는 데 반드시 필요한 자원과 기회에 가닿지 못하도록 방치하거나 방해하는 것이다.

타자와 타자의 인권을 존중한다는 것은 명료한 개념과 공식적인 선포에만 해당하지 않는다. 인권을 안다는 것 또한 이미 개념화되고 확정된 규범을 아는 데서 그치지 않는다. 물론 규범을 만들고 공식적으로 선포하는 것은 중요하다. 그러나 비공식적인 차원에서 타자와 함께 살아갈 수 있는 감수성이 중요하다. 인권 감수성은 강제로 주입될 수 없다. 타자와 관계를 맺고 살아가면서 길러지는 공통 감각이다. '공통' 감각이란 한 마음 한 뜻이 된다는 것과는 전혀 다르다. '자민족중심주의', '한민족 대동단결'처럼 민족 같은 고정된 범주나 동일성을 확인하는 것이 아니다. 크고 강한 것과 동일시해 한 편이 되려는 감각이 아니라 가장 작고 약한 것과 연결되어 있다는 감각이다. 이런 공통 감각을 공유하는 감응의 공동체라면 저마다의 차이를 간직하면서도 공통의 노력으로 공동의 것을 만들 수 있다.

공통의 것으로 추구해야 할 것은 착취와 차별 등 인간의 고통을 불러일으키는 사회적 준거에 대한 공동의 책임이다. 권리의 상호성과 관계성에 대한 감각을 공유하는 속에서라면 '여성 문제'는 여성의 문제가 아니라 남성과 연관된 문제다. 이주자의 문제는 이 땅에 먼저 와서 살게 된 사람(기존 국적자)의 문제이기도 하며, 장애인의 문제는 비장애인의 문제이기도 하다.

어떤 상황을 인권 문제로 감각한다면 상황을 재해석하고 지금과는 다른 행위를 상상할 수 있고, 그 상황과 자신과의 연결성과 거기에서 나오는 책임성을 공유할 수 있다. 이런 것들이 감응의 공동체를 꾸릴 수 있는 인권 감수성의 역량일 것이다.

11장

인권 감수성

———

타인에 대한 상상력

한국의 대표적인 작가 중에 소설가 박완서와 시인 김수영이 있다. 두 사람의 작품 중에서 수치심이라는 감정이 공통으로 흐르고 있는 걸 찾아봤다. 「부끄러움을 가르칩니다」(박완서, 1974)라는 단편소설과 「어느 날 고궁을 나오면서」(김수영, 1965)라는 시다. 박완서는 온갖 지식을 가르치는 학원가의 무수한 간판 사이로 '부끄러움을 가르칩니다'라는 깃발을 날리고 싶다 한다. 김수영은 옹졸하게 조그마한 일에만 분개하는 자신을 질타한다. "모처럼 돌아온 내 부끄러움이 나만의 것이어서는 안 될 것 같다"(박완서), "내 앞에 정서"(김수영) 같은 표현에서 한국 사회의 공통 감각 내지 감응에 대한 비판을 엿볼 수 있다.

특히 박완서의 소설에는 정작 자신의 수치를 모르면서 남에게 수치심을 전가하는 다양한 인물이 등장한다. 그중에서도 소설 속 화자가 가장 경멸하는 인물은 "자기 외의 딴 사람의 삶에 대한 상상력이 철저하게 막혀 있었다"라는 말로 표현된다. 작가의 바람대로 '부끄러움을 가르칩니다'라

는 교육이 가능할까? 그런 교육을 통해서 타인에 대한 상상
력을 발전시킬 수 있을까? 시인의 수치심처럼 자신의 감정
을 맥락화해 비판적으로 따져볼 수 있을까?

이번 장에서는 인권 감수성이라는 역량을 만들어가는
과정에서 자주 만나고 겪게 되는 감정인 공감, 수치심, 혐오
에 대해서 살펴보자.

공감은 무조건 좋을까

흔히 공감을 좋은 것으로 칭송하는 경향이 있다. 공감을
잘하는 사람은 타인의 고통에 감정 이입을 잘하고 역지사
지를 잘하는 사람이라고 여겨진다. 그런데 따져보면 공감
의 의미와 효과는 일정하지 않다. 누구에 대해 무엇을 목적
으로 어떻게 느끼느냐, 그런 느낌이 어떤 행동 또는 책임으
로 연결되느냐에 따라 공감의 의미와 효과는 달라진다. 어
떤 맥락에서는 공감을 빙자한 폭력이 될 수도 있다.

한겨울 백화점 지하주차장에서 뭔가 언짢은 고객이 주
차 요원에게 폭언을 하고 이들을 무릎 꿇린 사건이 벌어졌
다. 무릎 꿇은 이들은 아르바이트를 하는 학생이었다. 사람
들은 속상해하며 갑질을 비판했다. 그런데 그게 다가 아니
었다. SNS에서는 이 사건을 두고 논란이 벌어졌다. 진상 고
객의 갑질도 문제지만, 부당함에 맞설 패기도 없는 젊은이
들도 문제라며 이들을 타박했다.

"하루 일당 못 받을 각오로 왜 맞서지 않았냐."

"꿇으라 한다고 꿇는 게 비겁한 게 맞지."

그에 대응하는 목소리도 거셌다.

"감당하지 못할 폭력 앞에서 꿇을 수밖에 없는 상황인데 왜 피해자에게 뭐라고 하는 거야?"

"생계 문제가 절박한데 하루 일당이 그리 쉽게 포기할 수 있는 거냐?"

"이게 개인의 패기 차원으로 접근할 문제냐? 학생 저임금 노동, 서비스 노동자의 감정노동이라는 사회구조 문제로 접근해야 될 것 아니냐?"

이 사건을 대하는 의견 차이는 컸다. 차이를 지우고 보면 저마다 무릎 꿇린 고통에 공감하는 마음으로, 선의로 말을 보탰을 것이다. 선의에서 한 말이라면 전부 공감으로 해석해야 할까? 가장 큰 차이는 방향성에서 생기는 것 같다. '나라면 안 그랬어' 하는 방향과 '내가 그 입장이었다면' 하고 생각하는 방향의 차이 말이다. 공감은 상상력의 날개를 달고 자기 밖으로 나가 타인에게 다가간다. 즉 그의 고통 속으로 들어가려는 방향성을 갖는다. 이와 달리 '나라면 안 그랬어' 하는 입장은 자신이 다가가는 게 아니라 타인을 나에게로 불러들인다. 공감하느냐 아니냐는 자신이 타인에게 다가감으로써 자아의 경계를 확장하느냐, 타인을 자신에게로 불러들임으로써 경계를 수축하느냐 하는 차이다.

'나라면 안 그랬어'라는 말이 가리키는 방향은 자리 잡기와도 관련이 있다. 어떤 자리를 잡고 앉았느냐에 따라 타인과의 연결성이 달라진다. '나라면 안 그랬어'라는 말은 여러 방식으로 번역될 수 있다. "나도 젊을 때 지독하게 가난했고 그런 일쯤은 나도 숱하게 겪어봤어", "나라면 그깟 돈 몇 푼에 인간의 자존심을 내버리고 무릎 꿇진 않을 거야." 이런 태도는 대등한 동료 의식이라기보다는 타인의 고통을 내려다보는 더 우월한 자리에 있는 이의 말이다. 자기가 타인의 고통에 진정성이 있는지 따질 자격이 있다고 구는 판관의 자리이기도 하다.

내려다보는 위치에서 가장 간편한 태도는 공감이 아니라 연민이다. "참 안됐다." "안타깝다." 이런 표현은 연민의 말이다. 공감한다면 그런 고통을 가져온 원인과 자기와의 연관성을 찾으려 노력할 것이다. 그런데 문제의 원인이 자신과는 무관하다고, 그러므로 자신은 무고하다고 여기면 연민을 표시하고 할 일을 끝낸다.

공감은 당사자-비당사자라는 구별과 닫힌 관계를 넘어 함께 할 방향을 목표로 삼는다. 그 문제에 연관된 우리가 무엇을 할 것인가, 그 움직임의 결과로 구성되어야 할 새로운 사회의 요소는 무엇인가를 상상한다. 앞선 사례에서라면 고객에게 무릎을 꿇는 건 응대 서비스로 용인하지 않는다는 규범을 만들고, 그 규범을 실행에 옮겨도 노동자가 무탈한 환경을 상상할 수 있을 것이다.

공감은 인간다움을 지키려는 안간힘이다. 인지상정으로

절로 되는 게 아니다. 애를 써야 한다. 각 사람의 공감에는 표준화할 수 없는 격차가 있고 공감을 훼방하는 요소도 적지 않다. 마치 체력처럼 감정에도 한계가 있고 자주 소진된다. 세상 모든 고통에 공감하며 모두에게 가까이 다가갈 수는 없다. 금방 피로해지는 공감은 차이에 대한 감수성이 떨어지기가 쉽다. 다른 말로 하면 가깝고 친밀한 것에는 열렬히 공감하다가 멀고 이질적인 것에는 각박하기 쉽다. 상실이든 상처든 타인이 좋지 않은 일을 겪으면 측은함을 느낄 뿐 그 고통을 향해 내 몸을 움직이기는 꺼려진다.

반면 체력을 보충하려고 영양제를 섭취하듯이 공감을 명목으로 자기를 확장하려는 경향도 있다. 가령 공감을 드라마 주인공처럼 연기하는 경우다. 자기 감정을 촉촉하게 적시고 정당화하는 데 타인의 고통을 끌어들이는 것이다. 국가나 특정 공동체가 공동체를 강화할 명목으로 또는 특정 세력이 자기 입지를 강화할 목적으로 누군가의 고통을 써먹기도 한다. 공감을 명목으로 "네 맘 다 안다"는 식의 감정의 독재를 할 수도 있고, 돕는다는 명목으로 "내가 하라는 대로만 하면 돼", "내 말만 들어"라는 말과 함께 훈수 두는 일에 재미가 들리기도 한다.

동정이든 도움이든 일방적으로 주는 건 편하고 생색낼 일이지만 상호적으로 오가는 건 껄끄럽고 성가셔하기도 한다. 공감이 연기가 아니라면 주연 배우가 되기보다는 고통에 대한 목격자이자 증인이 되는 훈련부터 필요하다. 익다 타인의 고통을 읽으려 시도해야 한다. 알려고 애쓰되 모든 읽기는 오독할 위험, 과잉 또는 과소로 해석할 위험이 있다는 점을 유념해야 한다.

읽어야 할 고통의 경험이 일목요연하게 정돈된 책과 같을 수는 없다는 점도 잊지 말아야 한다. 자기 고통을 술술 완벽하게 표현하기란 불가능하다. 따라서 당사자도 온전히 표현할 수 없는 고통을 타자가 완전히 이해하는 것 또한 있을 수 없는 일이다. 공감은 바로 이 두 지점, 즉 고통을 완벽하게 표현하기는 불가능하다는 점, 이를 완전히 이해하는 것 또한 불가능하다는 점을 인정하고 출발할 수밖에 없다.

온전히 표현할 수 없고 온전히 알 수 없다는 것, 그 자체가 거꾸로 어떤 상처가 고독하게 존재한다는 걸 입증한다. 불완전하고 부족하지만 누군가가 고통을 호소한다는 것은 다른 누군가에게 그것을 읽어달라고 요청하는 행위다. 자기 고통의 목격자이자 증인이 되어달라는 호소다. 정확히 해석할 수는 없더라도 고통을 읽으려는 사람이 있어야 누군가의 고통은 존재하는 '사건'이 된다. 읽어달라는 호소는 자기 자신의 대응과 더불어 사회적인 대응을 요구한다. 이런 요구에 부응할 때, 우리는 당사자와 '똑같이' 느끼는 것이 아니라 곁에서 '더불어' 느끼는 것이다.

공감의 실패는 똑같이 느끼는 것이 불가능할 뿐 아니라 경우에 따라서는 불의할 수 있다는 점을 놓치는 데 있다. 내편, 낯익은 것, 동일시할 수 있는 것만을 고통의 대상으로 고르는 편견이 될 수 있다. 더 나쁜 경우는 고통의 원인을 당사자에게 돌리기도 한다. 나와 동일시하기 수월한 상대에게는 고통의 원인을 사회 환경 등에서 찾아 해결해보려고 노력할 것이다. 반면 거리감이 큰 상대라면 고통의 원인을 당사자에게서 찾으려는 경향이 크다. "저러니까 그런 일을 당하지." "자기가 자초한 거네 뭐."

이렇게 되면 목격자들은 공감이나 문제를 해결해야 한다는 책임에서 벗어난다. 그리고 당사자는 문제의 원인을 자신에게서 찾는다. 타인이 자신을 보는 눈으로 자기 자신을 읽으려 한다. 당사자도 타인도 편견에 찬 눈으로 고통을 독해한다. 심각한 사회문제나 사건 앞에서 타인과의 유사성을 아예 배제하고 느끼는 게 편리할 때가 많다. 타인이 겪은 고통에 동정과 안타까움을 느끼는데, 나와는 처지가 전혀 다른 사람이고 그런 일이 나에게는 일어나지 않을 것이라는 방호벽 안에서만 느낀다. 쯧쯧 혀를 차고 마는 것이다.

공감하려면 고통을 읽을 때 동일시와 타자화, 둘 다를 경계해야 한다. 그러려면 누군가의 고통이 놓인 맥락과 특정 대상에 대한 지배적인 편견을 비판적으로 읽으려고 꾸준히 노력해야 한다. 완전한 독해는 불가능하더라도 적절한 독해는 가능하다. 그리고 혼자 읽기가 아니라 여럿이 함께 비판적으로 특정 사건과 고통을 읽는 활동이 필요하다. 성폭력 피해자 말하기 대회, 차별받는 소수자들의 이어 말하기, 국가폭력 피해가 증언 대회 같은 자리들은 인권운동 단체들이 계속 만드는 이유다. 그리고 교실과 직장 등에서 일상적인 인권 교육이 필요한 까닭이다.

수신 거부해야 할 수치심

수치심은 고귀한 감정이다. 타인과의 관계 속에서 자기윤리를 돌아볼 줄 아는 감정은 우리를 사람답게 만든다. 반대로 수치심은 끔찍한 감정이 되기도 한다. 정작 수치를 느껴야 하는 쪽이 가짜 수치심을 떠넘기기 때문이다. 인권 감수성에는 가치 있는 수치심을 느낄 줄 알고 왜곡되어 전가된 수치심을 거부할 줄 아는 역량이 반드시 필요하다.

먼저 거부해야 할 수치심을 생각해보자. 첫째로 '떠넘기고 덮어씌우는 수치심'이 있다. 성폭력 가해자가 피해자에게 "더러운 ××"라고 펄펄 뛰는 경우가 흔하다. 가해자는 '더럽다'는 표현으로 피해자에게 수치심을 떠넘기려고 한다. 이런 식으로 수치심은 부끄러워할 필요가 없는 것을 부끄럽게 만들 때 악용된다.

뚱뚱한 외모, 찢어진 눈 같은 식으로 신체적 수치심을 자극하거나 행실, 평판 같은 것을 동원해 사회적 명예와 평판을 해친다. '돼지', '쿵쾅쿵쾅 멧돼지' 같은 놀림은 놀림의 대상을 인격이 없는 신체로 취급한다. 뚱뚱한 신체는 마음껏 놀려도 된다는 사회적 현상 속에서 피해자는 타인의 시선과 평가에 굴복한다는 수치심을 느낀다. 특히 정체성에 달라붙은 수치심은 사냥그물처럼 사람을 옭죈다. 여자라서, 동성애자라서, 장애인이라서, 주류와 다른 출신이라서 수치심을 강요받는다.

이럴 때 부추겨지는 수치심의 목적은 순응이다. 부당한 무언가에 맞서려고 하기보다는 스스로 알아서 그런 시선에 맞춰 자신을 낮추는 것이다. 시선에 걸맞지 않은 모습은 감추거나 위장하고 자신과 처지가 비슷한 사람에게도 타인의 시선과 평가를 적용한다. "네가 나서봤자 너만 창피해져"라고 말이다. 그럼으로써 부당한 수치심을 강요하는 사회적 태도나 경향은 도전 없이 유지된다.

이럴 때 수치심은 보이지 않는 수갑이자 족쇄처럼 피해자를 옭아맨다. 가해자는 이것을 사회적으로 악용하기 쉽다. 수치심의 상징이 될 만한 것을 골라 낙인찍으면 피해자는 자신이 못난 탓이라며 쉽게 순응하고 대항하려 하지 않기 때문이다.

떠넘기는 수치심과는 반대로 '과장되게 꾸미고 연기하는 수치심'이 있다. 아무나 수치심을 연기할 수 있는 건 아니다. 사회경제적 강자여야 효과가 난다. 강자는 수치심을 고백함으로써 도리어 자긍심을 강화한다. 아이들끼리 다투면 어른들은 당사자들을 붙여 세워놓고 말한다. "미안하다고 해", "이제 화해한 거지?" 아이들 사이에도 분명 권력 관계가 있고 힘 있는 쪽에서 분명하게 잘못했을 수도 있다. 그런데도 그 관계를 친구 사이로 회서한다. 이때 가해자에 채

당하는 아이가 훨씬 적극적으로 그런 절차에 응하는 경우
가 많다. 재빨리 수치심을 표출함으로써 얼른 괜찮은 아이
로 평가받을 수 있다는 점을 알기 때문이다. 어른들도 수치
심을 빌려 자기 연민을 연기하는 경우가 많다. 입으로는 "부
끄러워서 살 수가 없어"라고 말함으로써 '이렇게 말하는 나
는 꽤 괜찮은 사람 맞지?'라는 확인과 동의를 유도하는 경
우다.

　고위 공직자의 연설은 수치심을 정치적으로 활용하는
좋은 예다. 가령 '국가적 수치'라는 이름으로 과거에 저지른
인권 침해를 언급하는 경우다. 국가와 민족의 이름으로 수
치스럽다, 사죄한다고 하면 '멋있다', '역시 우린 괜찮은 국
민이야' 하는 반응이 나온다. 문제는 진상 규명이나 책임자
처벌 같은 알맹이를 쏙 빼놓고 요란한 퍼포먼스로만 수치
심을 연기하는 경우다. 이럴 경우 악행은 해결되지 않는다.
오히려 가해자 또는 가해 기관이 수치심을 드러냈으니 피
해자는 더 이상 고통을 호소할 수 없다는 압박을 느끼는 역
효과가 생긴다. 그리고 도리어 가해자가 자긍심을 느끼는
역전이 벌어진다. 이런 식으로 수치심의 연출은 가해자가
효과적으로 빠져나가는 수단이 된다.

　연출된 수치심은 흔히 이런 말을 마지막에 덧붙인다. "우
리, 과거는 잊고 미래로 가자." 그럼으로써 피해자는 과거에
봉인되고, 가해자를 포함한 나머지 사람들은 미래로 간다.
수치심을 공공연히 드러낸 쪽은 '통 크다'는 식으로 평가받

는다. 반대로 수치심의 고백을 수용하지 않는 피해자는 도리어 '꽉 막혔고 쪼잔하다'는 평가에 내몰리고, 뭔가 따져봐야 한다고 여기는 쪽은 대승적 화해에 걸림돌 취급을 당한다. 이런 경우에 규범적으로 우위에 서는 쪽은 수치심을 공공연히 드러낸 쪽이다. 꾸미고 연기하는 수치심은 피해자가 부여잡고 있던 사회적 관심의 끈을 은밀하게 자르는 한편, 수치심을 연기하는 주체가 오히려 규범적으로 우월한 것처럼 착시 현상을 일으키는 것이다.

길러야 할 수치심

그렇다면 우리가 적극적으로 길러야 할 수치심은 어떤 것일까? 수치심을 적극적으로 기른다는 것 자체가 말이 될까? 물론이다. 자기에게 매몰되지 않고 타인과 함께 나눌 수 있고 서로 북돋울 수 있는 수치심도 있다. 그리고 수치심을 억제할 게 아니라 오히려 권장하고 고취해야 할 상황도 있다. 이 수치심의 정체는 한마디로 같은 사람으로서 느끼는 수치심이다. 추레하고 배고프고 외롭고… 인간은 여러 모로 취약하다. 그리고 사람은 취약함을 발견하고 인식할 능력이 있고 이런 질문을 할 능력이 있다.

'왜 같은 사람인데 누구는 저런 고통에 처해야만 하는가.'
나도 당신도 인간이라서 어쩔 수 없이 처하게 되는 운명에 대한 감각이다. 또 나 혼자, 내 힘으로 살아오고 성취한

게 아니라 누군가에게 늘 빚지고 의존하며 살고 있다는 감각이다. 이를 '건설적인 수치심'이라고 부르자.

건설적 수치심은 책임을 물을 수 있는 능력이다. '우리가 왜 사람에게 제대로 된 먹을 것, 입을 것, 잘 곳을 제공하지 않는가.' '우리가 왜 사람의 고유성과 개별성을 존중하지 않는가.' '모든 면에서 정상적인 사람은 거의 존재하지 않는데 달성하기 불가능하고 어떤 의미에서는 모순적인 범주로 사람을 구분하면서, 어떤 범주에 들지 않는다는 이유로 왜 누군가에게 모욕을 주고 서로의 삶을 망치려 하는가.' 이런 질문이 우리가 공유하는 인간성을 상기시킨다.

수치심은 법으로 정해진 테두리 안에서만 느끼는 게 아니다. 아무리 자기 책임이 아니어도 같은 인간의 고통 앞에서 고개를 돌릴 수 없고 얼굴을 들 수 없는 수치심은 우리 삶을 더 낫게 가꿀 가능성을 품는다. 비인간적인 저임금의 현실을 두고 내가 월급 주는 사람이 아니어도 값싼 노동에 빚진 채 꾸려지는 삶을 부끄러워할 수 있다. 죽음을 부르는 빠른 배달 서비스에 대해서 그런 노동 조건을 강요하는 상황을 부끄러워할 수 있다. 가난 때문에 인간으로서 품위를 지킬 수 없는 사람에게 같은 사회의 구성원으로서 부끄러워할 수 있다.

이런 수치심은 우리 사회를 지배하는 규범과 제도를 바꿀 가능성으로 자리 잡는다. 인간의 존엄을 지키는 환경을 만들려고 의식하고 노력하는 바탕이 된다. 인간의 존엄은 어떤 속성을 가졌기 때문에 존재하는 것이 아니라 우리가 의식적으로 인간이 존엄할 수 있는 환경을 만드는 데서 생긴다. 교육·의료·주거의 공공성을 강화하는 정책, 차별방지법, 프라이버시를 보호하는 제도 등은 사회 구성원이 서로 체면을 세워주려고 의식적으로 노력한 결과로 얻은 산물이다.

수치심은 우리 안에 존재하는 타인과 관계를 맺는 것이다. 누구나 자기 안에 약한 고리, 타자의 요소를 품고 있다. 내 안에 있지만 내가 어쩔 수 없는 '타인의 방'이 있다고 상상해보자. 수치심을 회피하고 전가하는 사람은 그 방을 폐쇄하고 타자를 밖으로 내몬다. 자기 안에는 얼씬거리지 말고 밖에서만 보자고 한다. 자기 안에서의 교류는 빼고 밖에서만 타자성을 대하려니 자신의 경계와 타자의 경계가 분명해야만 한다. '나는 이성애자 너는 동성애자', '나는 비장애인 너는 장애인' 하는 식으로 분명한 정체성을 고수하며 상대를 대하려 한다.

자기 안에 존재하는 '타인의 방'에서 타자와 교류를 시도할 때는 다르다. 내 안에 있는 타자성을 타인과 공유하고 타인은 내 안에서 자기 권리를 주장하고 그 권리를 존중하라고 요구할 수 있다. 내 안에서 만나는 것이기에 너와 나를 확실히 구별할 수 없다. 수치심은 나의 감정인 동시에 타자와 함께 만드는 감정이다.

'내가 아프다'와 '내가 너를 아프게 했다' 또는 '너의 아픔이 나와 상관이 있다'가 어우러진 감정이 수치심이다. 이럴 때 수치심은 자기에 대한 몰두에서 벗어나도록 해준다. 내 안의 타자를 만나는 수치심은 인격적으로 성숙할 계기가 된다. 타자의 눈치를 보는 순응주의와는 다르다. 남들 눈이 무서워서 규범을 지키는 척하고 책임감을 가진 척하는 태도와도 다르다. 약점이 탄로 날까 봐 전전긍긍하는 고통스런 수치심, 정상 또는 비정상을 구분하고 그 결함에서 나오는 수치심도 아니다.

나와 타인이 공유하는 운명에 대한 감각은 결함을 낙인 찍으려는 시선에 굴복하지 않으려 한다. "존재 자체로 부끄러운 줄 알라"라는 시선에 맞서 "우리는 부끄러워할 생각이 없다"라고 수치심을 되새김질하고 달리 받아들일 수 있는 감정이 건설적 수치심이다.

누가 무엇에 수치심을 느끼느냐 역시 사회적 맥락 속에 있다. "도대체 애를 어떻게 키운 거야?" 이런 말이 겨냥하는 대상은 주로 아버지가 아니라 어머니다. 아이가 잘못을 저지르면 수치심과 죄책감을 엄마에게 전가한다. 직장 일 때문에 아이에게 소홀했다며 죄책감을 느끼는 건 일하는 엄마다. 다른 예로 다문화를 연구하는 학자는 다문화라는 말에 수치심을 느끼지 않는다. 반면 다문화 가정에 속한 결혼 이주 여성이나 그 자녀는 한국 사회에서 쓰이는 다문화라는 말에 수치심을 느낀다. 그런 이유로 자녀가 학교에서 괴롭힘을 당하면 부모는 죄책감을 느끼기도 한다. 수치심이 사회적 맥락 안에 있기 때문이다.

건설적인 수치심은 바로 이러한 사회적 맥락을 바꿈으로써 수치심이 겨냥하는 과녁을 바꾼다. 존재 자체를 이유로 강요되는 수치심은 그 표적을 개인으로 인정하지도, 존중하지도 않아서 생긴다. 따라서 개인적으로 이런 옭아맴을 무시한다고 극복할 수 있는 문제가 아니다. 개인의 인성에 맡겨두지 않고 같이 나서서 수치심의 과녁을 바꾸려고 애를 써야 한다. 부당하게 강요되고 전가되는 수치심으로부터 해방되려고 애를 쓰는 것, 그런 비인간적 수치심을 방치하는 것이야말로 진짜 부끄러움이라고 선언할 줄 아는 것이 바로 건설적인 수치심이다.

따져봐야 할 혐오

영화 속 연인이 다투다가 한쪽이 상대방에게 대사를 내뱉는다. "나, 당신 정말 싫어. 혐오해(I hate you!)"

공중화장실에서 덮개를 열고 타인의 오물의 흔적을 발견했다. 덮개를 꽝 내려놓을 때 혐오감을 느끼고 한마디 한다. "에이, 구역질 나."

아주 싫어하고 더러운 것을 피하려는 감정을 흔히 혐오라 하고 혐오라는 말을 일상적으로 자주 쓴다. 그런데 모든 혐오를 인권 침해라고 할 수 없고 그러므로 모든 혐오를 단죄할 수도 없다. 인권 침해로서 문제 삼는 혐오는 성격이 다르다. 인권에서 문제 삼는 혐오는 한마디로 약자를 무시하고 조롱함으로써 자기 위신을 세우려는 감정이다. 싫고 더럽다는 감정에서 출발해서 특정 집단을 모욕적으로 낙인찍고, 폭력을 일삼고, 제도적 차별을 조장하는 것을 가리킨다. 이런 것들은 누군가의 삶을 구체적이고 현실적으로 위협한다. 마찬가지 맥락에서 혐오표현(hate speech)이란 타인에 대한 증오를 조장하고 차별을 선동하는 표현이다. 그러므로 인권을 침해하는 혐오를 따지려면 누구를 향한 표현인가 하는 방향성을 묻는 질문이 중요하다. 화장실에서 더럽다고 할 자유는 있겠지만 특정 사람을 향해 그렇게 할 자유는 없는 것처럼.

혐오는 일견 분노와 비슷해 보인다. 뭔가 울분을 터트리는 모양새가 비슷하기 때문이다. 그중 건강하고 정당한 분노는 그 터트림의 상대를 대하는 태도에서 혐오와 구별된다. 정의에 반하는 것, 부당한 상황을 상대로 해서 부당함을 바로 잡을 책임이 있는 쪽에 정당한 책임을 묻는 행위라면 정당한 분노라 할 수 있다.

분노는 정확한 상대에 맞닥뜨리고 비록 적대적이라도 상대를 나와 뭔가를 다툴 자격이 있는 동등한 상대로 인정하는 행위다. 문제는 권력이 작동하는 사회에서 아무나, 아무에게나, 아무 때나 분노를 드러낼 수는 없다는 점이다. 강자는 화도 쉽게 낼 수 있지만 약자는 화가 나도 삭혀야 한다. 약자가 강자를 향해 분노를 폭발하려면 상당한 용기가 필요하다.

여기서 좌절하거나 억눌린 분노가 변질될 수 있다. 화를 내긴 내야 하는데 여의치 않을 때, 정의에 대한 요구가 아닌 분풀이가 되고 원인을 제공한 이가 아닌 엉뚱한 상대를 고르게 된다. 이때 지목된 상대는 대등한 인격체가 아니다.

혐오는 상대를 역겨운 것, 추한 것, 내쳐야 할 것으로 대한다. 혐오는 분노와 억울함을 사회적 약자에게 옮김으로써 자기의 우월감을 과시하려는 감정이다. 분노는 정당하게 상대를 대면해서 정의를 가려야 하므로 상대에게 다가가게 만드는 감정이다. 타협하든 저항하든 상대를 직면해야 한다. 혐오는 다르다. 혐오는 대상을 열등한 것, 나를 오염시킬 꺼림칙한 것으로 여기기에 대상을 배제하거나 내쳐야 한다. 분노는 나와 상대와의 관계를 신경 쓴다. 혐오는 나와 타인과의 절연을 추구하면서 사이에 있는 교집합을 제거한다. 타인의 요소가 내 안에 결코 묻혀 들어와서는 안 된다고 여기기 때문이다. 분명 공통점이 있을 텐데 혐오 감정은 혐오의 대상을 결코 내가 아닌 것, 나의 외부로 설정한다. 역겨운 오염원을 멀리함으로써 외부 세계와 자신의 경계를 분명히 하고자 한다. 혐오는 연민의 반대 감정이다. 연민이 '내가 언제든 네가 될 수 있다'며 경계선을 넓히는 감정이라면, 혐오는 경계를 확실히 하려 한다.

보고 듣고 전파할 것이 넘치는 세상이다. 인터넷, 휴대폰 등 매개하는 수단도 엄청 빠르고 다양해졌다. 보지도 듣지도 전혜주지도 않았으면 하는 표현들이 왕성하게 활동하는 기반도 커졌다. 혐오표현이 대표적이다. 말로 하는 것만이 아니라 출판, 특정 이미지 게시, 괴롭힘, 폭력 등 혐오표현에는 여러 종류가 포함된다.

우리 사회에서는 최근 들어서야 혐오표현이 문제가 되었지만 혐오의 역사는 아주 길다. 혐오는 인종, 민족, 성, 계급 등 주로 어떤 범주를 통해 작동해왔다. 이런 범주에서 약한 쪽으로 분류된 사람들은 혐오의 대상으로 포획되고 부정적인 특성에 봉쇄되기 쉽다. 혐오표현은 이러한 역사적인 맥락에서 만들어진 집단적 차별과 편견을 가지고 사회적 소수자에게 적대를 드러내는 구체적인 행위다.

가장 위험한 것은 선동하는 혐오표현이다. 대놓고 차별과 적의와 폭력을 부추긴다. 표적이 된 소수자만이 아니라 불특정 청중을 겨냥한다. 소수자를 위협하는 동시에 청중에게 동참을 요구한다. 동참하지 않으면 소수자와 한통속으로 취급받을 테니 알아서 하라는 위협처럼 느껴지기도 한다. 또는 이런 적대감을 품고 있는 이들에게 그런 생각을 가진 사람이 당신만이 아니니 마음껏 드러내라, 당신 같은 사람들이 많으니 우리 같이 드러내보자는 신호가 된다.

혐오표현은 상대를 곤경에 빠뜨리는 실질적인 해악이다. 이때의 곤경은 그저 비호감이나 불쾌감 수준이 아니다. 혐오표현은 인간으로서의 존엄성을 침해한다. 지위가 동등한 사회 구성원으로 대우받을 권리를 공격하고, 하찮고 저급한 지위로 끌어내린다. 이런 격하와 강등은 기분에서 그치지 않는다. 구체적이고 생생한 위협, 괴롭힘, 공포, 명예훼손을 동반한다. 어떤 명예보다도 인간으로서 동등한 가치가 끌어내려졌다는 것, 즉 존엄성의 훼손이야말로 근본적으로 심각한 문제다.

혐오표현에 훨씬 적극적으로 대응해야 할 이유도 여기에 있다. 단순히 모욕, 불쾌감, 상처 주는 말로부터 사람들을 보호하는 게 아니라, 사회를 구성하는 근본적인 기초를 지키기 위해 적극적인 대응이 필요하다. 각 개인의 존엄성과 동등한 지위를 보장하는 것은 함께 살아가는 사회가 공존하는 최소한의 조건이기 때문이다.

혐오는 피해자만이 아니라 가해자에게도 악영향을 끼친다. 혐오는 약자를 희생양 삼아 자기를 확인하려는 감정이기 때문이다. 자신보다 못한 이들을 만들어내야만 성립하는 정체성이란 그 자체로 열패감의 표현이다. 자기 정체성은 혼자서만 만드는 것이 아니다. 관계 속에서 타인의 인정이 필요하다. 관계는 연결되어 있고 서로 의존한다. 설령 내가 무시하고 폄하하는 상대와의 관계라고 할지라도 말이다. 내가 어떤 타인과 그 타인이 속한 집단을 대하는 방식은 나의 사회적 관계를 규정하는 것이기도 하다.

"사실 흑인만의 문제란 없다. 혹여 그런 것이 있다손 치더라도 그것은 우연적이긴 하지만 백인과 관련되어 있다."

프란츠 파농의 말이다. 파농의 말을 빌리면 여성만의 문제란 없다. 그것은 남성과 관련되어 있다. 장애인만의 문제란 것도, 한국인만의 문제란 것도, 퀴어만의 문제란 것도 없다. 언제나 이런 식의 구분은 그것이 만든 상대와 관련이 있다. 나의 정체성이 '찌질한' 남자라서 괴롭다면 그런 정체성은 여성 폄하와 남성 우위의 신화 속에서 만들어진 것이다. '남자답지 못한 남자'라고 손가락질 받는다면 나의 본질 때문이 아니라 성차별 사회에서 내가 차지하는 위치 때문이다. 성차별이 아닌 시선으로 성별을 구별해 볼 줄 아는 사회라면 남자답지 못하다는 평가를 받지 않을 수 있고, 맥락이 달라지면 아주 다른 식으로 고유성을 인정받을 가능성이 커진다.

혐오는 바로 그러한 가능성을 봉쇄한다. 타인도 나처럼 자기 정체성을 추구할 것이다. 도매금으로 취급되는 대신 '나다운 나'를 찾고 싶어 할 것이다. 혐오는 그런 소망을 가진 개인들을 특정한 집단으로 동질화한다. 동질화된 무수한 타인들에게 마치 본질인 양 속성을 고정한다. 그런 규정과 고정은 타자만을 가두지 않고 자기 자신마저 가둔다. '나'의 자리는 내가 밀어낸 사람과의 관계 속에서 규정되기 때문이다.

혐오표현이 만드는 해악은 이 밖에도 많다. 이런 해악에서 피해자를 엄격히 구분하는 일은 불가능하다. 분명 더 심각한 피해를 보는 소수자가 있다. 그러나 그렇다고 해서 그들만의 문제로 보는 것 또한 혐오의 효과다. '그들'과 '우리'의 경계를 확실하고 배타적으로 긋는 태도를 자연스럽게 만드는 것이 혐오가 노리는 바다.

혐오의 해악은 우리가 인간으로서 공유하는 공통의 존엄성, 모든 구성원에게 동등한 사회적 지위를 무너뜨리는 데 있다. 혐오가 파괴하려는 기본 가치를 지키는 일, 혐오표현이 수용되기 어려운 환경을 만드는 일에 누가 피해자인지 따지는 것이 필요하지 않은 이유가 여기에 있다. 다 같이 겪는 문제라고 느껴야 해결할 필요성도 느낀다. 혐오표현은 연결을 훼방하고 즐긴다. 즐거움이 줄면 위험한 놀이를 계속하지 않을 것이다. 증오나 폭력을 선동하는 분명한 혐오표현에 대해서는 '하지 말라'는 규제도 필요할 것이다. 그리고 '하지 말라'고 하기보다는 '같이 이걸 해보자'고 말하는 전략도 필요하다. 이전 전략을 '형성적 규제'라고 한다. 형성적 규제에는 평등한 자유를 옹호하는 더 많고 더 좋은 표현과 활동으로 되받아치는 역량이 필요하다. 혐오표현이 끼어들 틈을 주지 않는 촘촘한 활동으로 포위하는 전략이다.

상상력의 힘

잘못된 수치심을 거부하고 혐오표현에 맞서자는 제안에 공감하다가도 자주 무력감을 표시하게 된다. 사람도 없고, 돈도 없고, 법제도도 없고, 사회 인식은 너무 후진적이고, 정치인들은 표 안 된다고 관심 없고…. 이런 상황에서 우리에게 분명히 있고 끌어낼 수 있는 중요한 역량은 무엇일까? 이

권 감수성 역량에서 강조하는 것은 상상력의 힘이다.

상상력은 허황된 환상이나 폭력적인 공상과는 다르다. 허황된 환상은 획기적인 이론, 기발한 정책이나 법률이 모든 문제를 한 방에 해결해준다고 믿는 것이다. 폭력적인 공상은 타자를 위험과 공포 그 자체로 구축하는 것이다. 폭력적인 공상의 세계에서는 늘 공포의 표적이 있어야 한다. 표적이 사라지면 입지가 불안해진다. 그래서 공포의 대상이 희미해지거나 시시해지면 열렬하게 또 다른 표적을 만들어낸다.

이와 달리 상상력은 지금과는 다른 상태를 그릴 수 있는 역량이고, 상상하는 바대로 지금을 살아보려는 역량이다. 상상력으로써 '아직 현재가 아닌 것'의 상태를 그릴 수 있다. 인권은 단지 좋은 원칙과 규범을 준수하는 것만이 아니라 상상력의 힘을 움직여서 아직 있지 않은 것을 존재하게 해왔다. 상상력은 사람의 다채로운 이야기에 귀를 기울이고 타자의 삶에 관심을 기울이는 역량이다. 삶에 영향을 끼치는 다양한 이슈들의 복잡한 배후를 상상할 줄 아는 역량이다. 타인의 관점, 특히 사회에서 그저 다른 관점이 아니라 열등하고 무시해도 좋다고, 덜 중요하다고 여겨지는 관점에서 세계를 볼 수 있는 역량이다.

상상력은 사람들 사이를 흘러 다니면서 감정의 배치와 영향력을 바꿀 수 있다. 원래부터 부정적이기만 한 감정도 긍정적이기만 한 감정도 없다. 어디로 튈지 모르기에 우리가 어떻게 다루느냐에 따라 그 흐름의 변형과 변화를 꾀할 수 있다. 좋은 쪽으로 상상력을 발휘하면 자기 과시적인 공감을 표시하는 것이 아니라 사회적으로 강요된 불리함에 대한 공분을 표시할 수 있다. 사회적 불의에 대한 억울함을 약자가 아닌 그것의 원인을 겨냥해 표출하는 정치적 사건을 만들 수 있다. 상상력은 판을 깨고 판을 새로 짜는 힘이며, 타자에게 다가가 접촉하여 연합할 수 있는 힘이다. 이런 힘을 확인하려면 끊임없이 생각하고 판단하고, 무언가를 지향하면서 움직여야 한다. 인권 감수성은 그런 운동의 힘이 내 안에, 우리 안에 있다는 감각에서 출발한다.

12장

책임

—

자유의 다른 이름

행동하지 않으면, 우리는 분명히 동정심이라고는 없는 힘, 도덕성이 결여된 힘, 통찰력을 갖추지 못한 힘을 소유한 사람들을 위해 마련된, 길고 어둡고 수치스러운 시간의 복도를 따라 끌려가게 될 것입니다.

자. 이제 시작합시다. 새로운 세계를 향한 길고도 고통스러운, 그렇지만 아름다운 투쟁에 다시 헌신하도록 합시다.

-마틴 루터 킹, '베트남을 넘어서', 1967년 4월 4일 뉴욕 연설

모든 사람은 이 선언에서 규정된 권리와 자유가 온전히 효력을 발휘하는 사회질서 및 국제질서 내에서 살아갈 권리를 가진다.

-〈세계인권선언〉 제28조

모든 사람은 자신의 인격을 자유롭고 완전하게 발달시킬 수 있는 공동체를 만들어 나갈 의무를 가진다.

-〈세계인권선언〉 제29조 1항

"사람이 책임감이 없어, 책임감이!"

자기 마음껏 사람을 부려 먹지 못했다고 여길 때 사용자 위치에 있는 사람들이 자주 하는 말이다. 평소에는 같은 공동체의 동등한 구성원으로 존중하지 않으면서 아쉬울 때만 책임 의식을 요구하는 경우도 마찬가지다. 그럴 때 저런 힐난을 듣는 사람에게는 무슨 권리가 있는가를 가만히 살펴보자. 근로계약서는 썼는지, 동의 없는 연장 근무를 요구하고 있는 건 아닌지, 다쳤을 때 산재보험 처리가 되고 치료받을 수 있는지 또는 평소에 어떤 식으로 존재를 인정받고 있고 자기 목소리를 낼 수 있는지….

책임은 권리와 짝을 이룬 하나의 동전 같은 것이다. 권리 없이 책임을 지라는 건 설득력 없는 강요일 뿐이고, 권리는 엄청 챙기면서 책임은 나 몰라라 하는 건 힘의 남용이다. 권리 없는 사람에게 책임을 떠넘기면서 권리를 넘어 특권을 가진 사람에게는 책임 묻기를 게을리하는 사회에서는 정의의 실현을 기대하기 힘들 것이다.

인권은 흔한 오해와 힐난처럼 책임 없이 권리만 챙기는 그런 것이 아니다. 인권에서는 다른 어떤 분야보다 엄격하게 책임을 따져 묻는다. 차이점이 있다면 구조적 불평등 앞에서 개인의 노력과 자질을 따져 묻는 책임 추궁이나 노예처럼 권리가 없는 사람에게 책임을 지우는 이상한 관행과는 다른 방식으로 책임을 묻는 것이다. 책임을 지우는 주체도 다르다. 감히 대들 수 없는 명령과 범접 못할 권력이 책임을 강제하는 게 아니라 인간으로서의 존엄성이 우리에게 서로에 대한 책임을 지운다. 인권에서 따져 묻는 책임의 성격을 알아보자.

불운과 불의

"세월호 침몰 사고에서 책임으로부터 자유로운 사람이 있겠느냐." 박근혜 정부에서 최고 책임을 졌던 핵심 인사들이 언론 등에서 계속해서 늘어놓은 말이다. 모두를 죄인으로 만들면서 정작 중요한 책임자인 자신의 책임을 쏙 빠져나가는 어법이다.

책임을 인정하기보다는 자기변호에 급급하기, 유감 정도를 표명하면서 꼭 취해야 할 조치에 대해서는 침묵하기, 책임을 인정하지 않고 피해자에게 연민의 감정 정도만을 표명하기, 구체적인 책임을 수용하지 않고 앞으로 잘하겠다고 두루뭉술하게 선언하기, 과오나 책임을 인정하지 않고 금전 제공 등으로 무마하기, 자격이나 권한을 갖지 않은 자가 대신 사죄하기, 피해자에게 오히려 책임을 전가하기, 자기 상황이 얼마나 힘들었는지 구구절절 하소연하며 면죄부를 받으려 하기, 구조적인 책임이므로 개인에게 책임을 묻는 게 부당하다고 정색하기, 잘못한 개인이 문제지 사회가 무슨 잘못이냐고 펄쩍뛰기….

책임을 묻고 따지는 일은 필수적이면서도 참 어려운 일

이다. 책임을 제대로 묻지 않으면 인권 피해자의 고통을 배가한다. 또 같은 일이 거듭되면서 시스템이 퇴행한다. 그러나 책임 묻기는 어려운 일이다. 맥락에 따라 뉘앙스가 달라지기 때문이다. 어떤 차원에서 누구에게 책임을 묻느냐에 따라 책임의 내용과 무게가 달라진다. 국민 된 의무니 고용인의 도리니 하는 식으로 권력이 행동거지를 통제하는 수단으로 오염되는 경우도 많고, 자격을 갖춘 다음에 권리를 논하자며 '선의무, 후권리' 식으로 변질되기도 한다. 그 와중에 정작 중요한 책임 묻기는 실종되고 엉뚱한 곳에서 책임을 추궁하는 일이 잦다.

재난이나 참사처럼 인간에게 끔찍한 고통을 안기는 일들이 단지 운이 나빠서 생긴 거라면 누구에게도 책임을 묻기가 곤란할 것이다. 하지만 유독 누군가를 힘들고 아프게 몰아가는 제도나 규범의 잘못이 명백한데 그걸 모호한 운의 문제로 치부한다면, 거기서부터 책임의 회피가 시작되는 건 아닐까?

세월호 참사나 각종 노동 재해가 불운인가, 불의인가? 개악된 노동법 탓에 일자리의 안정성을 위협받는 노동자가 늘어가는 것은 개인의 자질과 조건이 불운해서인가, 구조적 불의인가? 아동이 보호자에게 학대받거나 심지어 목숨을 위협받는 일은 운이 나빠서인가, 정책과 제도가 미비한 탓인가? 사회구조적 맥락에서 충분히 예견된 사건이 벌어졌을 때 개인의 운을 탓하는 것 자체가 불의한 것 아닌가?

마찬가지로 여성으로 태어났다는 이유로 당하는 차별은 불운인가 부정의한 일인가? 서울이 아닌 지역에서 태어나 자라 겪는 불이익은 불운일까 부정의한 문제일까? 피부색이 다르다는 이유로 존재 자체가 범죄시되고 열등하게 대우받는 것은 불운일까 부정의일까?

불의하고 부정의한 것은 각 사람이 어떤 구체적 행위로 평가받는 게 아니라 사회 속에 강제로 배치된 자리에 따라 판단된다. 강제로 배치된 자리에서 겪는 억압과 박탈을 개인에게 고스란히 참아내고 받아내라고 한다.

조금만 틈새가 있으면 타인을 구별하고 업신여기는 사람들, 편견과 배제를 부추기는 언론, 불평등과 부패를 시정하는 제도를 만들지 않는 국가, 혁신은 없이 사람을 쥐어짜 이윤을 취하려는 기업…. 이런 것이 적극적으로 어울려 빚은 고통이라면, 이를 불운이 아니라 불의와 부정의의 문제라고 명명하는 데서부터 책임은 시작된다.

불의에 문제의식을 가졌다 해서 당장 무언가를 할 수 있는 건 아니다. 자기 자신을 부양할 의무와 가족을 돌볼 의무, 삶은 버티는 것만으로도 벅차다. 거기에 또 다른 책임을 얹기란 쉬운 일이 아니다. 그럼 자신의 생존에 관계된 것만이 아닌 문제에 책임지는 것은 어떻게 가능할까? 아닌 것을 아니라고 말할 책임, 그 아닌 것을 바로잡으려고 무언가를 도모할 책임은 어떻게 질 수 있을까? 다들 살아남기에도 벅찬 현실이지만 우리 모두의 문제고 개인의 불운이 아니라 공적인 불의의 문제라고 생각하는 사람들이 연결될 수는 없을까? 가만있을 수밖에 없다는 무력감에서 빠져나올 수는 없을까?

우리 주변에서 흔히 보이는 책임지지 않으려는 행태를 출발점으로 삼아 교훈을 구해보자. 책임을 회피하거나 전가하기, 개인적 책임과 구조적 책임으로 책임을 양극화하기, 어쩔 수 없다고 체념하기 등이 여기에 해당한다. 이런 것에 대한 현명한 목격자, 증언자가 되는 일에서부터 책임지는 역량을 키워갈 수 있을 것이다.

책임 회피하기

학교폭력 피해자는 갖은 이유로 자책한다. '나는 왜 이리 못났지, 왜 참고 당하기만 했을까, 왜 선생님이나 다른 어른의 도움을 구하지 않았을까…' 도와야 할 의무가 있는 보호자나 교사 또한 심각한 고통을 겪는다. 각각의 개인으로서는 감당하기도 해결하기도 어려운 고통이기 때문에 시스템으로 작동하는 정치적 책임이 절실하다.

그런데 가해자 측이 앞날을 생각해달라며 용서와 선처를 구한다. 피해자가 받아들이지 않으면 오히려 피해자를 매정하다고 공격하거나 피해자의 행실을 도마에 올리는 또 다른 가해를 시작한다. 피해자가 피해자답지 않다거나 피해자가 빌미를 제공했다는 식으로 책임을 전가한다. 비난과 책임 덮어씌우기는 책임을 회피하는 최상의 방식이다.

폭력에 합당한 책임을 지라는 것은 결코 가혹한 처사가 아니다. 그런데 '선처'하는 것이 인간적이고 평화로운 해결인 양 피해자를 몰아붙인다. '너(피해자)'만 가만있으면 '우리(조직)'는 평소처럼 잘 굴러갈 수 있다며 압박한다. 그런 식으로 폭력을 관용하고 묵인하는 문화를 만든다. 그럴수록 피해자를 중심에 놓고 문제에 접근해야 한다는 원칙은 희미해진다.

학교폭력뿐만이 아니다. 국가폭력이나 국가와 기업이 결탁한 범죄의 경우도 마찬가지다. 이러한 범죄의 피해자가 얼른 잊지 않고 애도를 계속하면 주변에서 '사회통합'을 들먹이며 압박한다. 진상 규명과 가해자 처벌이 정의로운 게 아니라 보복인 양 왜곡한다. '웃기도 잘 하더라', '별일 없는 듯 살더라' 하는 말로 피해자다움을 헐뜯는다. 가해 세력은 사회적인 관용과 망각의 문화 속에서 적극적으로 자기 책임을 회피한다. 잘못을 시인하고 진실하게 사과하고 합당한 처분을 받아들이는 것이 책임지는 일이다. 개인적으로나 사회적으로나 정의로운 일이다. 이런 책임의 문화가 확립되려면 반대로 책임 회피를 용납하지 않는 시스템이 필요하다.

책임과 마주하는 것은 두렵고 힘든 일이다. 사적으로든 공적으로든 책임을 회피하려는 정서와 논리가 책임지려는 것보다 더 횡행하고 발달했다. 책임을 묻는 것처럼 보이나 실제로는 책임 회피를 조장하는 행태는 무엇일까?

우선 비난하기다. 우리는 평소 정치인들을 많이 비난한다. 그런데 그런 말들은 주로 '뒷말과 해소'에 그치지 않는가? 비난하되 불의한 행위를 시정하라고 요구하지 않는다면, 비난하는 자신이 정의롭고 도덕적으로 우위에 있다고 자족하는 데 머무른다. 비난을 많이 하고 잘한다고 해서 책임지는 것은 아니다. 사회 전체를 싸잡아서 '우리 모두가 죄인이다', '죄 없는 자 누구인가' 하는 식으로 비난하기도 한다. 모두를 비난한다고 해서 모두가 자성하고 참회할 리 없다. 도리어 모두가 책임에서 빠져나갈 구멍이 되고, 주요한 행위자와 권력을 보지 못하도록 눈을 가린다.

책임을 묻는다는 것은 열렬히 비난하는 것과 다르다. 실컷 욕해서 달라진다면 그렇게 할 것이나 비난은 책임 회피를 부추길 뿐이다. 책임은 묻지 않고 비난만 쏟아진다면, 그 소나기가 지나가기를 기다리기만 하면 된다. 우리는 가해자가 아무것도 달라진 것 없이 원래 자기 자리와 역할로 복귀하는 걸 흔히 본다. 가해자는 비난의 폭풍우를 견디고서 스스로 면책되었다고 혹은 책임을 다했다고 여긴다.

그리고 이런 일이 거듭되면 세상에는 냉소만 남는다. "믿을 놈 하나도 없다니까." "세상사가 다 그렇지." "당한 사람만 억울하지 뭐." 비난에 몰두한 사람들의 흔한 후일담이다. 잘못의 조건을 제거하거나 제약하지 않고 비난에만 몰두한 사회는 비난의 표적에게는 아무 교훈도 남기지 못한다.

비난 중에서도 최악은 피해자를 향한 비난이다. 노동 재해, 빈곤, 비정규직 차별 등의 피해자에게 도리어 비난이 가해진다. "그러게 좀 잘하지 그랬어?" 진작 공부를 더 잘해서 다른 일을 했더라면, 더 좋은 자리에 올랐더라면 그런 일을 당하지 않았을 거라고 비난한다. 빈곤이나 실업의 원인을 피해자와 그들의 행위에서 찾아 피해자가 자초한 일로 떠넘기면, 사회와 국가는 책임이 없다. 사회문제에 함께 져야 할 '공유하는 책임'은 사라진다.

그래서 누구에게 책임을 지우느냐가 중요하다. 엉뚱하고 무고한 이, 만만해서 보복할 염려가 없는 취약한 이에게 책임을 지우는 것은 책임 떠넘기기다. 또는 아주 흉악한 괴물 같은 인물이 출현할 경우 그에게만 책임을 지우면 괴물 같지 않은 나머지 모든 평범한 사람은 책임으로부터 자유로워진다. 그리고 '나는 그런 사람 아니야' 하는 상태에 안주하게 된다.

책임을 물을 때는 누구를 제대로 지목하는 것 못지않게 무엇을 바꿀 것이냐가 중요하다. 문제의 이유와 문제가 발생한 조건을 바꾸려 하지 않는다면 그 순간을 모면하는 행위에 불과하고 비슷한 문제가 재발한다. '저렇게 해도 되는구나', '별일 없네, 괜찮네', 이런 학습 효과는 더 대담하고 강력한 폭력을 낳는다. 그리고 '왜 나만?'이라는 억울함을 품게 하고 모면과 변명의 문화를 키운다.

책임 회피의 또 다른 방식은 사회적인 부정의의 문제를

마치 자연적인 힘처럼 불가피하고 바뀔 수 없는 양 처신하는 태도다. 이런 입장을 취하는 사람들이 즐겨 쓰는 화법이 있다. "가난한 사람은 원래 있는 거야, 가난은 나라님도 어쩔 수 없는 거라잖아." "원래 남자는 그런 거야." "원래 세상이 그렇지 뭐." 이런 식으로 인권 침해와 폭력을 자연의 섭리인 양 인식하면 그런 폭력을 유발한 이들이 인위적으로 일으킨 사건과 책임은 사라지고 '나쁜 운'과 '운 나쁜 사람'만 남는다.

자신과의 연결성을 부정하면 책임질 일은 없다. 자기 일이 아니라고, 자신과는 직접 관계가 없다고, 관계가 없는 일에는 나서는 게 아니라고 연결성을 부정하는 태도는 자기 할 일만 잘 하면 된다는 태도와 연결된다. 그러나 자기 소관이 아니라고, 담당자가 아니라고 말하는 말들이 모이면 총체로서 아무도 책임을 지지 않는 무책임이 만들어진다. 각자는 책임을 다했어도 전체적으로 보면 구멍이 숭숭 뚫려 있다. 비슷하게 흔히 하는 말이 있다.

"이건 개인이 할 수 있는 일이 아니야. 이런 건 정부가 할 일이야!" 이런 말이 틀리지는 않았더라도 여기에는 빠진 것이 있다. 정의를 추구하려는 국가의 힘은 시민들의 적극적인 지지와 압력에 상당 부분 의존한다는 것이다. 국가가 뭔가 하게 하려면, 내 일이 아니라는 생각을 넘어선 시민들의 책임성이 움직여야 한다.

개인적 책임에 치중하기

개인적인 선택과 행위라 할지라도 거기에는 배경 조건이 있다. 사회구조적 환경이라는 배경에서 개인적인 행위가 벌어지고, 둘 사이에는 깊은 관계가 있다.

흔히 법적으로 누구나 자유롭고 평등한 사회라고 말한다. 그러니까 각자 노력해서, 즉 개인의 역량을 강화해서 경제사회적 사다리의 위로 올라갈 기회가 개방되어 있다고 말한다. 이제 신분이 아니라 능력에 따라 자기 삶을 마음껏 펼칠 수 있다는 것, 이것이 근대의 인권이 약속한 '배경 조건'이었다. 그러나 능력주의는 사회경제적 불평등을 가리는 위장막임이 곧 드러났다. 계급, 인종, 젠더 등의 차이가 만든 다양한 굴곡은 개인의 선택과 행위가 개인의 것만으로 그치는 것이 아님을 보여줬다. 계급, 인종, 젠더 등의 차이는 제2의 피부처럼 개인에게 들러붙어 권리를 행사하는 맥락을 형성한다.

아이 맡길 데가 없어서 일을 할 수 없는 사람, 아픈 노약자를 돌봐야 하는 사람, 기대하는 성취 수준이 다른 인종이나 성별에 비해 현격히 낮은 사람, 같은 자격을 갖췄어도 고용되기 어렵고 같은 일을 해도 동등한 임금을 받지 못하는 사람…, 이런 처지에 있는 사람들을 고려하지 않고 개인이 역량을 강화해 사다리를 오르라고 하면 이들은 '그들만이 사는 세상'이 배경으로 전락한다. 개인의 책임에 치중하며 이처럼 차별시정, 공공복지 확충 같은 집합적 책임으로 대처해야 할 일을 방관하게 된다.

개인 책임론은 비난이나 과실을 가정한다. '개인이 게을러서 못사는 것', '자기 관리를 잘 못해서 아프다'는 식으로 생각하면 사회의 책임을 모면할 수 있다. 공적 복지에 의존하게 된 불리한 계급의 책임은 묻되, 가난한 다수가 있을수록 더 부유해지는 사람들의 책임은 묻지 않는다. 오히려 독립성과 자율성이라는 명목으로 부유한 소수가 책임감 있는 사람이 된다. 그들이 누리는 체계적이고 특권적인 무책임은 따져 묻지 않는다.

개인적 책임론은 소극적 책임에 머물 뿐 적극적 책임을 묻지 않는다. 자신과 자신의 가족만의 문제로 한정하도록 강요한다. 술 담배 관리, 체중 관리, 저축 관리 같은 개인 문제에 치중해 소득, 노동, 건강관리의 책임을 묻는다.

개인적으로 민원인이나 소비자는 될 수 있으나 문제를 공론화하는 책임을 지는 정치 시민이 되기는 원하지 않는 경우도 많다. 사회구조 환경을 좌우하는 판단과 결정을 하는 역할에서 물러나 있기를 원하며, 책임을 따져 물을 때는 그가 사회적으로 부여받는 역할에 충실했는지 여부만 묻겠다는 식이다. 각 사람이 행동하는 배경이 되는 제도적인 관계가 어떻게 우리를 상호 의존 상태로 만드는지는 무시하고, 개인이 자기 삶 뿐 아니라 타인의 삶의 조건에 어떤 책임을 가져야 하는지 묻지 않는다.

책임의 상호 의존성

토끼와 거북이의 경주 이야기를 잘 알 것이다. 토끼가 쿨
쿨 잠을 자는데 혼자 부지런히 움직여서 거북이가 승리했
다는 이야기다. 이 우화는 흔히 토끼의 자만과 거북이의 끈
기의 문제로 다뤄지곤 한다. 다른 식으로 생각해본다면 어
떨까? 애초에 이게 경주로서 성립될 만한 합당성이 있는가?
거북이는 자기 책임에 충실한 걸까? 토끼를 깨워서 같이 가
자고 할 수는 없을까? 토끼는 자기의 속도에 자만하지 말고
거북이에게 맞춰서 같이 갈 수는 없을까?

우리가 사는 세상에는 숱한 토끼와 거북이가 복잡하게
얽혀서 영향을 미치고 있다. 사회 구조란 토끼와 거북이 들
의 행위가 축적된 결과다. 남이 잘 때 혼자 가는 것, 남에게
불리한 룰을 적용한 경주를 공정하다고 우기는 것, 이런 것
들이 축적되어 구조적 부정의를 이룬다.

개인에게 책임을 묻는 것과 사회구조에 책임을 묻는 것
은 대립하는 것으로 여겨지곤 한다. 우선 성공한 사람들은
자신의 성공이 오로지 자기 능력 덕이라고 자부하는 경향
이 있다. 그리고 사회복지 같은 타인에 대한 원조를 공격한
다. 무분별한 원조가 자기 책임을 희석하고 의존성을 키울
뿐이라고들 말한다. 다른 한편으로 사회구조나 남 탓만 하
면서 자기 삶에 전혀 책임지려 하지 않는 사람들도 있다. 이
런 양극단의 경향은 책임 전가라는 점에서 비슷하다

인권에서 말하는 책임은 개인의 책임과 사회의 책임을 별개로 보지 않는다. 둘은 구별될 수 있는 동시에 상호 의존적이다. 책임이란 인간의 자유에서 나오는 것이고, 자유는 '나 홀로 자유'가 아니라 타자와의 관계와 사회적 자원의 조합 속에서 행사되는 '더불어 자유'이기 때문이다. 사회구조의 책임을 인정한다고 해서 개인들에게서 자기 삶의 결정권을 빼앗자는 것이 아니다. 자기결정권을 존중한다고 해서 사회구조의 책임을 저버리자는 것도 아니다. 1인칭 관점에서 취할 수 있는 자기의 권한과 책임이 있고, 둘 이상의 관계를 규율하는 차원에서 규범적 책임이 있다.

가령 빚에 쫓기고 하루하루 먹고살 걱정에 시달리는 사람이 있다. 국가는 이 사람이 구석에 몰리지 않도록 보편적 복지 정책을 구축할 책임이 있다. 그러나 제도가 미흡하다고 해서 아이와 여성에게 폭력을 휘두른다거나 알코올중독, 주취폭력에 자신을 내버리는 개인이 용인되지는 않는다. 불리한 여건에서도 자신이 져야 할 책임의 지평이 있다. 사회구조적 책임이 분명 있더라도 1인칭 관점에서 내키는 대로 행동하는 게 자기주도적인 삶은 아니다.

또 상시적 노동이 이루어지는 일임에도 일부러 비정규직을 뽑아 대우를 달리하는 경우가 있다. 정규직이 할 때에 비해 일 자체는 달라지지 않았는데 노동 조건과 대우만 열악해졌을 뿐이다. 이것은 사회구조적인 책임이 어그러진 것이다. 그런데 이를 두고 시험 쳐서 정규직으로 들어가지 않고 비정규직이 된 사람 책임이라고 한다면, 규범적 차원에서 물어야 할 책임('동일 노동 동일 임금'의 원칙)을 개인의 노력과 개인의 관할 사항으로 돌리는 무책임한 일이다.

개인은 사회구조라는 배경 속에서 자유를 행사한다. 가령 우리가 어떤 건물 안에 있을 때 우리는 그 건물 구조 속에 있지만, 우리가 보고 느끼는 건 조명, 환기, 냄새, 옆 사람과의 관계 같은 것이지 그 건물의 구조가 아니다. 그런데 우리의 경험은 그 건물의 구조와 분명 관련이 깊다. 그늘지거나 환기 시스템이 엉망이거나 나의 지위나 정체성을 이유로 건물을 출입하고 통행하는 데 제한이 있다면 우리의 경험은 그것에 좌우될 수밖에 없다. 지하방에서는 아무리 개인적으로 쓸고 닦아도 퀴퀴함을 없앨 수 없다. 바싹 마른 뽀송뽀송함이라는 가능성이 구조적으로 막힌다. 노력과는 상관없이 객관적으로 개인의 환경을 제약한다. 그런 열악한 주거 조건에 처하게 된 데는 거주인이 사회구조에서 처한 위치의 문제는 없을까?

가령 아무리 일을 해도 임금 수준이 낮아 높은 임대료를 감당할 수 없다. 적금 붓는 것으로는 전세금 인상을 따라가기 어렵다. 특히 여성이라서 불안정하고 임금이 적은 일을 할 수밖에 없고 주거비용을 마련하기 위한 대출도 받을 수 없다. 임대인들이 담합해 임대료를 높게 유지한다. 국가의 주거 정책이 들쑥날쑥하다. 주거 취약층의 요구보다는 부동산 시세를 유지하고 더 끌어올리고자 하는 계층의 요구가 지배적이다…. 이렇게 공적이고 사적인 요인이 복잡하게 상호작용한 결과로 열악하고 불안정한 주거 환경이 생긴다. 누구 잘못이라고 딱히 지명할 수 없으니 아무에게도 책임을 물을 수 없다는 결론을 내려야 할까?

주거 취약층의 열악하고 불안정한 주거 환경은 우리 사회 구성원들이 결정내리고 행한 것들이 쌓인 결과다. 그저 운이나 자연현상이 아니다. 객관적으로 주어진 것도, 고정불변인 것도 아니란 의미다. 문제를 만든 방식과는 다른 방식으로 결정하고 실천하면 주거에 관한 법과 제도를 바꿀 수 있다. 주거 취약층의 사회적 위치를 더욱 불리하게 만드는 차별 행위들을 없앨 수도 있다. 구조는 어쩔 수 없는 것이라는 경직성에서 벗어나 달라질 수 있다는 변화의 가능성으로 구조적 차원을 살필 수 있다. 구조적 정의를 다룰 수 있고 직접적으로 촉진해야 할 책임을 생각해야 한다. 이것이 시민의 정치적 책임이라 할 수 있다.

정치적 책임은 개인들의 상호작용에서 너그럽고 선한 것과는 다르다. 개인적으로는 우아하고 점잖은 사람이 반노동자 가치를 숭상하고 노동자에게 부정적인 정책을 찬성하기도 한다. 정치에 기대하기보다는 '내가 돈 많이 벌어서 돕는 게 낫다'라면서 기부 행위를 즐겨 하면서 수혜자의 행동 방식을 자신이 통제할 권리가 있다고 여기는 자선가라면, 개인적인 상호작용에서 너그럽다고 해서 책임을 다했다고 할 수 있을까?

반면 상호작용의 차원을 무시한 채 구조적 책임으로 건너뛰는 경우도 있다. 어떤 사람은 사회에 존재하는 빈곤을 비판하면서 사회적 책임을 묻는다. 그런데 실제 생활에서 부딪히는 구체적인 빈민과는 섞이기를 거부한다. 가령 내가 사는 아파트 단지에서 임대아파트의 아이는 나의 아이와 같은 학교를 다녀서는 안 되고, 청소 노동자 등은 내 눈에 띄지 않게 유령처럼 일해야 한다. 같이 몸을 부딪히고 생활하는 공간은 공유하려 하지 않으면서 이념적 차원에서만 그들의 권리를 지지한다. 우리는 상호작용 차원과 제도 차원 둘 다로 우리의 행위를 평가해야만 한다.

죄와 책임

"관청 용어만이 나의 언어입니다."

나치의 유대인 집단학살 책임자 중 한 명이었던 아이히만이 전범 재판에서 남긴 말이다. 그는 사람들을 학살 수용소로 이송하는 일을 맡은 책임자였다. 재판을 받는 내내 그는 같은 말만 반복했다. 자기는 명령을 따랐을 뿐이고, 당시의 법대로 했을 뿐이라는 말이었다. 자기 행위에 대한 반성과 피해자들에 대한 죄의식이나 사죄 같은 건 전혀 표현할 줄 몰랐다. 오히려 그는 자신을 살인죄로 기소한 것이 잘못된 결정이라며 거세게 반발했다. 그는 그저 소속감 없이 살아가고 싶지 않았다고, 명령을 내려주는 지도자의 존재가 필요했다고 고백했다. 독일의 패배는 전쟁에서 졌기 때문이 아니라 더 이상 자신에게 어떠한 지령도, 명령도, 지휘도 내려지지 않을 것이라는 절망이 엄습했기에 중요하다 했다. 그런 맥락에서 그는 죄책감이나 사죄가 아니라 "관청 용어만이 나의 언어"라고 자기의 입장만 늘어놓은 것이다.

마찬가지 맥락에서 일본에서 나온 '일억총참회'라는 말이 있다. 1억 명, 즉 모든 일본인이 참회한다는 말인데 침략 전쟁과 잔혹한 인권 침해에 대한 참회인지, 자신들이 전쟁 패배자로서 겪은 일에 대한 탄식인지 모를 애매한 말이다. 한국에서 과거사에 대한 권력 기관의 참회라는 것도 정권이 교체되면 진상 조사를 하고 국민 앞에 사과하긴 하지만 어물쩍 책임을 회피하려는 두루뭉술한 수사에 그칠 때가 많다. 베트남 학살이나 전시 성폭력, 한국 기업이 해외에서 노동권을 파괴하는 일처럼 한국인이 피해자가 아니라 가해자인 경우에는 진실 규명과 책임에 대한 논의 자체를 폭력적으로 막을 때가 많다. 중대 재해를 유발한 기업은 피해자에게 명확하게 사과하지 않고 '국민 여러분'이라고 뭉뚱그려서 조아리는 시늉을 해 더 이상 책임을 묻지 못하도록 차단하곤 한다. 책임보다는 회피와 방기가 지배적인 세상에서 어제의 불의를 망각하면 내일의 재발로 연결된다.

대규모 인권 침해를 자행하거나 겪은 사회에서 보통 사람들이 각성해야 하고 실천해야 할 책임은 무엇일까? 2차 대전 직후 독일에서 이 문제를 고민한 철학자 카를 야스퍼

스는 『죄의 문제』에서 독일 시민의 죄와 책임 문제를 논했
다. 히틀러를 선거로 당선시키고 나치의 범죄를 묵인하고
방관한 '독일 시민'은 언제 어디서나 다시 출현할 수 있다.
우리도 그런 '독일 시민'이 될 수 있다. 책임 문제를 고뇌하
고 실천하는 개인적, 집합적 노력을 방기한다면 말이다. 자
신을 포함한 동료 시민의 죄와 책임에 대한 야스퍼스의 사
유를 참조해보자. 그는 죄의 층위를 법적, 정치적, 도덕적,
형이상학적 죄로 구별했다.

　법적인 죄는 말 그대로 법을 위반해 형벌로 대가를 치러
야 하는 범죄다. 여기서 법은 나치가 제정한 당시의 실정법
이 아니라 인권과 국제법을 가리킨다. 이 죄는 소수의 독일
인 전범들에 국한된다.

　정치적인 죄는 독일 국적을 가진 시민 전체에 해당한다.
나치 체제가 등장하도록 하고 그런 통치 체제를 만들었다
는 공동 책임이다. 이런 책임은 개인의 의도와는 상관없이
독일 시민이라면 함께 져야 할 책임이다. 나치 체제에 적극
맞서 싸운 용감한 개인이라 할지라도 그 체제가 등장하고
만행을 저지른 데 정치적 죄가 없다고는 할 수 없다. 적극적
으로 가담하지 않고 나치가 제안한 공직 따위를 물리치고
조용히 은둔해 산 개인도 있었을 것이다. 그런 사람 또한 도
덕적 비난은 피할 수 있겠지만 정치적 책임에서는 그렇지
않다. 독일이라는 정치 공동체의 구성원이라는 이유만으로
져야 하는 책임이기 때문에, 도덕적 추궁이나 범죄와는 달

리 책임이라는 표현이 더 적절하겠다.

도덕적 죄는 형사 범죄에 해당할 정도는 아니라도 경계에 걸친 과오를 의미한다. 나치의 만행을 방관하거나 동조한 대다수 독일인, 전쟁 중에 나치에 협력한 다수의 유럽인이 여기에 해당한다.

내가 있는 곳에서 불법과 범죄가 자행되고 다른 사람들이 죽어나가는데 나는 살아남았다면, 내 안에서 하나의 소리가 들리고, 이를 통해 나는 안다. 살아남아 있다는 것이 나의 죄이다.

-카를 야스퍼스, 『죄의 문제』

법적인 죄와 도덕적 죄를 초월하는 죄를 형이상학적 죄라 한다. 혹자는 '살아남은 자의 슬픔'이라 말하기도 하는 죄다. 도덕적으로 성립 가능한 요구를 넘어서는, 현실의 법과 도덕을 초월한 어떤 규범을 어겼다는 죄다. 형이상학적 죄는 수용소에서 살아남은 유대인을 포함해 인류 전체가 부담한다. 이것은 이 세상에서 자행되는 불의와 그 희생자들에 대한 죄의식이다. 바다에 수장된 난민의 고통, 굶주리는 아이들, 전쟁의 참상, 인종주의 같은 혐오와 증오에 찬 폭력, 애인과 남편에게 살해당한 여성들…, 언제 어느 곳에서 누구에게 벌어지건 참을 수 없는 인간의 고통들이다. 자신이 그 일에 기여한 바가 없다 할지라도 같은 인간으로서 수치심과 죄의식을 느낀다. 다른 말로 하면 인간 사이에 존재하는 연대가 깨진 데서 오는 죄다. 형이상학적 죄는 죄가 없는 책임이자 부채 의식이다. 이런 책임은 정치 공동체의 구성원이라는 지위에서 나오는 정치적인 책임을 넘어서서 세계 시민으로 인류에 대한 책임과 연결된다.

우리가 정치 공동체의 구성원으로 져야 할 책임은 앞서 열거한 어떤 죄든지 그것을 비난하는 데 그치지 않는다. 우리는 우리가 사는 세계에 다시는 그런 일이 일어나지 않도록 세계를 다시 구성할 책임이 있다. 모호한 죄책감에 빠지는 게 아니라 자신이 속한 국가와 공직자의 잘못에 대하여 분명한 책임을 져야 한다.

시민의 정치적 책임

우리가 속한 제도가 부정의나 범죄를 저지르는 것을 보거나 혹은 그런 범죄가 저질러지고 있다고 믿는다면, 우리는 다른 이들을 동원에 그 제도에 반대해야 하고 반대 의사를 드러내야 할 정치적 책임을 진다. 그리고 제도를 변화시켜 더 나은 결말을 이끌어 낼 수 있도록 함께 행동해야 할 정치적 책임을 진다. 이런 뜻에서 정치적 책임이란 미래지향적이다. 그리고 이는 기본적으로 책임을 진다는 것이 정치적이라는 점을 함축한다.

　　　　　　　　　　　－아이리스 영,『정치적 책임에 관하여』

인사청문회를 치를 때마다 우리는 개인의 도덕성을 심판하곤 한다. 그런데 도덕성 논쟁이 정치적 책임에 대한 추궁으로 이어지는 일은 드물다. 정치적 책임은 구조적 부정의의 피해와 균열을 드러내는 것이다. 내면세계로 도피해 윤리화되는 죄의 고백이 아니라, 공적인 장에서 당연히 져야 할 책임을 지도록 하는 것이 정치적 책임이다. 개인의 양심적 각성을 막연히 기대하는 대신 정치적 의지와 행동으로 나타난 것을 두고 정확히 판단해야 한다.

정치적 책임이란 선의에 머무는 도덕적 태도가 아니라 정치적 결정을 내리고 시행한 정치 공동체의 일원으로서 일반 시민이 지는 책임이다. 정치적 책임은 무엇보다도 인권 침해가 불운이 아니라 불의라는 것을 드러내야 한다. 즉 권력을 소유한 영향력이 센 일부 세력은 구조가 현상 유지되는 데서 이익을 얻고 그렇지 못한 사람은 구조가 바뀌어야 이익을 얻는다는 사실을 드러내는 것이다. 착취당하고 지배당하는 사람은 권력자에게 선의가 아니라 정의를 요구해야 한다.

사람들은 그런 대립을 불편해한다. 권력자와 선의의 도덕주의자는 '구조의 폭로'를 극단적이라 여긴다. 부정의의 희생자에게 타협, 조정, 작은 선의와 시혜에 대한 감사 같은 온건한 태도를 주문한다. 이를 거절하고 구조적 불평등이라는 균열을 폭로하는 데는 억압받을 위험이 따른다. 정치적 실천을 할 때 권력자가 자발적으로 정의를 개선할 것이라고 가정해서는 안 된다. 정치적으로 쟁점화하는 과정에서 직접적인 가해 세력과 피해자만이 아니라 불특정 다수라고 할 구성원들의 역할이 중요하다. 정의에 대한 책임을 공유하기로 마음먹고 공적인 압력을 행사하는 데 협력하는 것이 정치적 책임이다.

정치적 책임을 지려면 사유의 노력을 멈추지 말아야 한다. 날이 갈수록 정치권이나 언론, 개인적인 SNS에서 넘치는 건 일종의 토킹포인트(talking point, 특정한 프레임을 만들기 위해 정치권 연설 등에서 반복적으로 사용되는 문구)다. 문제를 왜곡하고 단순화하고 희생자를 또 한 번 죽이려는 전략이 판친다. 이에 맞서 냉철하게 정보를 수집하고 그에 기반해 논의하고 판단하는 힘이 필요하다. 이것 역시 지극히 복잡해져가는 세상에서 혼자의 힘만으로 달성하기 어려운 일이다. 같이 이야기하는 것이 필요하다.

권리는 개인적으로 소유한다는 의미에서 '갖는다'가 아니라 '같이 모임을 갖는다, 집회를 갖는다, 토론회를 갖는다'란 의미에서 사람들 사이에서 작동한다. 그렇게 해서 사회적 의식을 갖게 되고 연결성을 감각하게 될 때 정치적 책임이 발동한다.

정치적 책임은 제한이 없는 개방적인 책임이다. 지금의 관계와 사회구조는 그냥 주어진 것도 아니고 그 모습 그대로 간직되는 것도 아니다. 사람들의 구체적 행위로 만들어졌고, 그렇기에 변화될 수 있다. 그런 가능성을 신뢰하면서 새로운 가치와 제도를 향한 발전을 추구할 수 있다. 그런 일이 가능하게 만들기 위한 답에는 정해진 한도가 없기에 정치적 책임은 개방적이다.

책임지는 일은 너무 힘든 부대낌과 몸살을 요구하기에 홀로 감당할 수가 없다. 여럿이 함께 견딜 것이 요구된다. 달리 가진 건 없다. 인간으로서의 존엄성에 대한 간절함이 서로를 견디게 하고 함께 책임지게 한다.

참고 문헌

1장

김비환 외, 『인권의 정치사상』, 이학사, 2010

류은숙, 『인권을 외치다』, 푸른숲, 2009

류은숙 외, 『인권운동』, 인권저널, 2018

이한, 『철인왕은 없다-심의민주주의로 가는 길』, 미지북스, 2018

인권운동사랑방 노란리본모임, '재난참사피해자의 권리'(자료집), 2019

정창조, 『한나 아렌트 사유의 전선들』, 두번째테제, 2018

조영래, 『전태일 평전』, 돌베개, 2001

리 호이나키, 『正義의 길로 비틀거리며 가다』, 김종철 옮김, 녹색평론사,
    2007

리처드 J. 번스타인, 『우리는 왜 한나 아렌트를 읽는가』, 김선욱 옮김, 한길
    사, 2018

브누아트 그루, 『올랭프 드 구주가 있었다』, 백선희 옮김, 마음산책, 2014

아마르티아 센, 『정의의 아이디어』, 이규원 옮김, 지식의 날개, 2019

장 지글러, 『인간의 길을 가다』, 모명숙 옮김, 갈라파고스, 2016

클레이븐 카슨·크리스 셰퍼드 엮음, 『마틴 루터 킹의 양심을 깨우는 소
    리』, 양소정 옮김, 위드북스, 2005

힐러리 퍼트넘, 『사실과 가치의 이분법을 넘어서』, 노양진 옮김, 서광사,
    2010

Baxi, Upendra, *The Future of Human Rights*, Oxford University Press, 2006

2장

김원영, 『실격당한 자들을 위한 변론』, 사계절, 2018

김현경, 『사람, 장소, 환대』, 문학과지성사, 2015

비정규직 없는 세상만들기 · 전국불안정노동철폐연대 지음, 『모든 노동에 바칩니다』, 오월의봄, 2018

장은주, 『생존에서 존엄으로』, 나남, 2007

최정규, 『이타적 인간의 출현』, 뿌리와이파리, 2004

한국여성단체연합, 「성평등이 민주주의의 완성이다」, 2017

가라타니 고진, 『윤리21』, 송태욱 옮김, 사회평론, 2001

리처드 세넷, 『불평등 사회의 인간 존중』, 유강은 옮김, 문예출판사, 2004

마이클 로젠, 『존엄성』, 공진성 · 송석주 옮김, 아포리아, 2016

아비샤이 마갈릿, 『품위있는 사회』, 신성림 옮김, 동녘, 2008

우에노 나리토시, 『폭력』, 정기문 옮김, 산지니, 2014

페터 비에리, 『삶의 격』, 문항심 옮김, 은행나무, 2013

Donnelly, Jack, *Human Dignity and Human Rights*, Swiss Initiative to Commemorate the 60th Anniversary of the UDHR(www.UDHR60. ch), 2009

Morsink, Johannes, *The Universal Declaration of Human Rights: Origins, Drafting & Intent*, University of Pennsylvania Press, 1999

3장

김상봉, 『서로주체성의 이념』, 도서출판 길, 2007

김애령, 『여성, 타자의 은유』, 그린비, 2012

이민열, 『기본권 제한 심사의 법익 형량』, 경인문화사, 2016

이상헌, 『우리는 조금 불편해져야 한다』, 생각의힘, 2015

이한, 『너의 의무를 묻는다』, 뜨인돌, 2010

정희진, 『정희진처럼 읽기』, 교양인, 2014

─────, 『페미니즘의 도전』, 교양인, 2005

최규화 외, 『숨은 노동 찾기』, 오월의봄, 2015

리카르도 페트렐라, 『물은 상품이 아니다』, 최기철 옮김, 미래의창, 2004

리하르트 반 뒬멘, 『개인의 발견』, 최윤영 옮김, 현실문화연구, 2005

앤드루 클레펌, 『인권』, 이지원 옮김, 교유서가, 2019

조안 C. 트론토, 『돌봄 민주주의』, 김희강 · 나상원 옮김, 아포리아, 2014

Glenden, Mary Anne, *Rights Talk: The Impoverishment of Political
    Discourse*, Simon & Schuster, 2004

4장

권김현영 외, 『한국 남성을 분석한다』, 교양인, 2017

김윤영 · 정환봉, 『죄송합니다, 죄송합니다』, 북콤마, 2014

김순천, 『대한민국 나쁜 기업 보고서』, 오월의봄, 2013

김혜진, 『비정규사회』, 후마니타스, 2015

장경섭, 『내일의 종언(終焉)? 가족자유주의와 사회재생산 위기』, 집문당,
    2018

정희진 엮음, 『미투의 정치학』, 교양인, 2019

———, 『양성평등에 반대한다』, 교양인, 2017

조계완, 『우리시대 노동의 생애』, 앨피, 2012

거다 러너, 『왜 여성사인가』, 강정하 옮김, 푸른역사, 2006

낸시 프레이저 외, 『불평등과 모욕을 넘어』, 문현아 · 박건 · 이현재 옮김,
    그린비, 2016

린다 맥도웰, 『젠더, 정체성, 장소』, 여성과 공간 연구회 옮김, 한울, 2010

마크 릴라, 『더 나은 진보를 상상하라』, 전대호 옮김, 필로소픽, 2018

벨 훅스, 『모두를 위한 페미니즘』, 이경아 옮김, 문학동네, 2017

아이리스 매리언 영, 『차이의 정치와 정의』, 김도균 · 조국 옮김, 모티브북,
    2017

우에노 치즈코, 『여성혐오를 혐오한다』, 나일등 옮김, 은행나무, 2012

5장

문성원, 『배제의 배제와 환대』, 동녘, 2000

안녕하지 못한 사람들, 『안녕들 하십니까』, 오월의봄, 2014

은유, 『알지 못하는 아이의 죽음』, 돌베개, 2019

장은주, 『인권의 철학』, 새물결, 2010

조효제, 『인권을 찾아서』, 한울아카데미, 2011

레나타 살레츨, 『선택이라는 이데올로기』, 박광호 옮김, 후마니타스, 2014

미셸 푸코, 『성의 역사 3-자기 배려』, 이혜숙·이영목 옮김, 나남출판, 2004

사이토 준이치, 『민주적 공공성』 윤대석·류수연·윤미란 옮김, 이음, 2000

─────, 『자유란 무엇인가』, 이혜진 외 옮김, 한울, 2011

스기하라 야스오, 『인권의 역사』, 석인선 옮김, 한울, 1995

아마티아 센, 『자유로서의 발전』, 박우희 옮김, 세종연구원, 2001

알랭 쉬피오, 『필라델피아 정신: 시장 전체주의를 넘어 사회적 정의로』,
    박제성 옮김, 한국노동연구원, 2012

에리히 프롬, 『자유로부터의 도피』, 김석희 옮김, 휴머니스트, 2012

카롤린 엠케, 『혐오사회』, 정지인 옮김, 다산초당, 2017

페터 비에리, 『자기결정』, 문항심 옮김, 은행나무, 2015

허먼 멜빌, 『필경사 바틀비』, 홍윤기 옮김, 블루프린트, 2015

6장

김만권, 『김만권의 정치에 반하다』, 궁리, 2017

─────, 『호모 저스티스』, 여문책, 2016

성소수자차별반대 무지개행동, 『지금 우리는 미래를 만들고 있습니다』,
    사람생각, 1998

우석영, 『낱말의 우주』, 궁리, 2011

차병직, 『사람답게 아름답게』, 바다출판사, 2003

나카노 노부코, 『우리는 차별하기 위해 태어났다』, 김해용 옮김, 동양북
    스, 2018

나카지마 요시미치, 『차별 감정의 철학』, 김희은 옮김, 바다출판사, 2018

낸시 프레이저·악셀 호네트, 『분배냐, 인정이냐?』, 김원식·문성훈 옮김,
    사월의책, 2014

리처드 윌킨슨,『평등해야 건강하다』, 김홍수영 옮김, 후마니타스, 2008

알렉스 캘리니코스,『평등』, 선우현 옮김, 울력, 2006

에드윈 캐머런,『헌법의 약속』, 김지혜 옮김, 후마니타스, 2017

이반 일리치,『그림자노동』, 노승영 옮김, 사월의책, 2015

자크 랑시에르,『불화』, 진태원 옮김, 도서출판 길, 2015

콜린 반스 외,『장애학의 오늘을 말하다』, 김도현 옮김, 그린비, 2017

토드 로즈,『평균의 종말』, 정미나 옮김, 21세기북스, 2018

Arnardóttir, Oddný Mjöll, *Equality and Non-Discrimination under the European Convention on Human Rights*, Martinus Nijhoff Publishers, 2003

7장

김종엽 외,『세월호 이후의 사회과학』, 그린비, 2016

심보선,『그쪽의 풍경은 환한가』, 문학동네, 2019

윤홍식,『한국 복지국가의 기원과 궤적』1, 2, 3, 사회평론아카데미, 2019

이종영,『욕망에서 연대성으로』, 백의, 1998

이철승,『노동-시민 연대는 언제 작동하는가』, 박광호 옮김, 후마니타스, 2019

다나카 다쿠지,『빈곤과 공화국-사회적 연대의 탄생』 박해남 옮김, 문학동네, 2014

로베르토 웅거,『민주주의를 넘어』, 이재승 옮김, 앨피, 2017

리처드 세넷,『투게더』, 김병화 옮김, 현암사, 2013

마르셀 에메,『벽으로 드나드는 남자』, 이세욱 옮김, 문학동네, 2002

스테파니 데구이어 · 알라스테어 헌트 · 라이다 맥스웰 · 새뮤얼 모인,『권리를 가질 권리』, 김승진 옮김, 위즈덤하우스, 2018

실비아 페더리치,『혁명의 영점』, 황성원 옮김, 갈무리, 2013

에릭 클라이넨버그,『폭염사회』, 홍경탁 옮김, 글항아리, 2018

웬디 브라운,『관용』, 이승철 옮김, 갈무리, 2010

이소마에 준이치,『죽은 자들의 웅성임』, 장윤선 옮김, 글항아리, 2016

자크 동즐로, 『사회보장의 발명』, 주형일 옮김, 동문선, 2005

주디스 버틀러, 『불확실한 삶』, 양효실 옮김, 경성대학교출판부, 2008

카트리네 마르살, 『잠깐 애덤 스미스 씨, 저녁은 누가 차려줬어요?』, 김희
   정 옮김, 부키, 2017

van Gunsteren, Herman R., *A Theory of Citizenship*, Westview Press, 1998

Stjernø, Steinar, *Solidarity in Europe: The History of an Idea*, Cambridge
   University Press, 2004

8장

권명아, 『여자떼 공포, 젠더 어펙트』, 갈무리, 2019

김희경, 『이상한 정상가족』, 동아시아, 2017

손아람, 『세계를 만드는 방법』, 우리학교, 2018

염운옥, 『낙인찍힌 몸』, 돌베개, 2019

원숙연, 『다문화 사회의 다층성』, 이화여자대학교출판문화원, 2019

조효제, 『인권의 지평』, 후마니타스, 2016

데릭 젠슨, 『거짓된 진실』, 이현정 옮김, 아고라, 2008

리베카 솔닛, 『이것은 이름들의 전쟁이다』, 김명남 옮김, 창비, 2018

아그네스 헬러, 『편견』, 서정일 옮김, 이론과실천, 2015

유네스코, 『관용: 평화의 시작』, 유네스코한국위원회 옮김, 유네스코한국
   위원회, 1995

이제오마 올루오, 『인종 토크』, 노지양 옮김, 책과함께, 2019

잭슨 카츠, 『마초 패러독스』, 신동숙 옮김, 갈마바람, 2017

캐스린 H. 앤서니, 『좋아 보이는 것들의 배신』, 이재경 옮김, 반니, 2018

타네하시 코츠, 『세상과 나 사이』, 오숙은 옮김, 열린책들, 2016

9장

권김현영 외, 『피해와 가해의 페미니즘』, 교양인, 2018

경향신문 사회부 사건팀 기획 채록, 『강남역 10번 출구, 1004개의 포스트
   잇』, 나무연필, 2016

배경내, '배제된 목소리, 준비되어 있지 않은 자리', 희망법 제7회 공익인
　　권법실무학교 자료집, 2018. 5. 15.

선대식,『실명의 이유』, 북콤마, 2018

유서연,『공포의 철학』, 동녘, 2017

이수정 외,『십 대 밑바닥 노동』, 교육공동체 벗, 2015

홍성수, '한국의 형벌 포퓰리즘과 사형제도', 세계사형폐지의 날 세미나
　　발제문, 2012. 10. 30.

아비바 촘스키,『그들이 우리의 일자리를 빼앗고 있다』, 백미연 옮김, 전
　　략과문화, 2008

지그문트 바우만,『부수적 피해』, 정일준 옮김, 민음사, 2013

─────,『유동하는 공포』, 함규진 옮김, 산책자, 2009

─────,『자유』, 문성원 옮김, 이후, 2002

낸시 챙,『정치적 반대세력을 침묵시키기』, 유강은 옮김, 모색, 2006

호사카 와타루 · 이게타니 다카시,『빈곤아동의 현장을 가다』, 최인숙 옮
　　김, 논형, 2018

10장

이향규,『후아유』, 창비교육, 2018

최진석,『감응의 정치학』, 그린비, 2019

멜리사 그레그 · 그레고리 시그워스,『정동 이론』, 최성희 · 김지영 · 박혜
　　정 옮김, 갈무리, 2015

바버라 콜로로소,『괴롭히는 아이 당하는 아이 구경하는 아이』, 염철현 옮
　　김, 한울아카데미 2013

요시다 도오루,『정치는 감정에 따라 움직인다』, 김상운 옮김, 바다출판
　　사, 2015

조지프 히스,『계몽주의 2.0』, 김승진 옮김, 이마, 2017

지그문트 바우만 · 레오디다스 돈스키스,『도덕적 불감증』, 최호영 옮김,
　　책읽는수요일, 2015

Ahmed, Sarah, *The Cultural Politics of Emotion*, second edotion, Edinburgh

University Press, 2014

11장

엄기호, 『고통은 나눌 수 있는가』, 나무연필, 2018

이현재, 『여성혐오, 그 후』, 들녘, 2016

임홍빈, 『수치심과 죄책감』, 바다출판사, 2013

홍성수, 『말이 칼이 될 때』, 어크로스, 2018

홍재희, 『그건 혐오예요』, 행성B잎새, 2017

마사 너스바움, 『혐오와 수치심』, 조계원 옮김, 민음사, 2015

에바 일루즈, 『감정 자본주의』, 김정아 옮김, 돌베개, 2010

엘리자베스 A. 시걸, 『사회적 공감』, 안종희 옮김, 생각이음, 2019

윌리엄 어빈, 『알게 모르게, 모욕감』, 홍선영 옮김, 마디, 2014

제러미 월드론, 『자유는 어떻게 해악이 되는가?』, 이소영 옮김, 이후, 2017

프란츠 파농, 『검은 피부 하얀 가면』, 이석호 옮김, 인간사랑, 1998

12장

권정우 · 하승우, 『아렌트의 정치』, 한티재, 2015

김민하, 『냉소사회』, 현암사, 2016

이보경, 『트라이앵글의 심리』, 양철북, 2018

이재승, 『국가범죄』, 앨피, 2010

진태원, 『을의 민주주의』, 그린비, 2017

낸시 프레이저, 『지구화 시대의 정의』, 김원식 옮김, 그린비, 2010

로베르토 웅거, 『주체의 각성』, 이재승 옮김, 앨피, 2012

아이리스 M. 영, 『정치적 책임에 관하여』, 허라금 · 김양희 · 천수정 옮김,
　　이후, 2013

카를 야스퍼스, 『죄의 문제』, 이재승 옮김, 앨피, 2014

파커 J. 파머, 『비통한 자들을 위한 정치학』, 글항아리, 2012

프란스시 무어 라페, 『살아 있는 민주주의』, 우석영 옮김, 이후, 2008

후지이 다케시, 『무명의 말들』, 포도밭출판사, 2018

감사의 글

10년 전, 첫 책『인권을 외치다』를 냈을 때 "인권에는 분명한 저자가 있다"고 했다. 인간의 고난과 굴욕을 당연한 것으로 여기지 않고 도전해온 사람들이 인권의 저자이며, 부족한 책이나마 바로 그 인권의 저자들에게 바치고 싶다고 썼다.

그 마음은 지금도 여전하며, 더욱 강해졌다. 이 책의 구절마다 녹아 있는 고통은 실존하는 구체적인 인간의 고통이다. 지금 정립된 권리가 있다면 그것을 위해 누군가 자신을 내어준 것이다. 상상하고 새로 만들 권리가 있다면 내 곁에서나 먼 곳에서나, 보이는 곳에서나 보이지 않는 곳에서나, 오늘도 그것을 위해 분투하는 이들이 있다. '덕분입니다'라는 말로는 감사가 부족하고, '나도 함께 하고 있다'고 말하기에는 자신감이 부족하다. '우리 함께 인권을 구축하고 재구축할 역량을 키우자', '부족한 게 많고 서로의 차이도 상당하지만, 우리 함께 인권을 키우고 지켜내는 세력화를 이루자'고 제안하고 초대하고픈 마음만 넘친 뿐이다.

이 책에는 많은 사람의 노고가 녹아 있다. 인권연구소 창의 세미나에서 같이 공부하고 의견을 나눠준 많은 분이 있고, 인권 교육 현장에서 뜨거운 열의와 날카로운 질문으로 내용을 고르고 북돋아준 숱한 참여자들이 있다. 그리고 참고 문헌에 있는 현명한 선학(先學)들이 있다.

내용을 꼼꼼히 검토해주신 건국대 법학전문대학원 이재승 교수님, 첫 책부터 동행해온 코난북스 이정규 대표님, 인권연구소 창과 인권아카이브의 동료들(김영옥, 엄기호, 잔더, 서신, 이상희, 이선일, 유해정, 조대환, 유자, 정용욱, 이훈창)에게 특히 감사를 드린다. 많은 분의 노고와 조력이 있었음에도 대표 저자의 이름만 쓰게 된 것은 오로지 모든 오류는 전적으로 저자의 책임이라는 뜻이다.

아울러 국가인권위원회의 기획과 지원에 감사하며, 인권 교육을 주요 수임 사항으로 하는 국가인권위원회가 앞으로도 이런 기획을 적극적으로 지원하고 더욱 내실 있는 인권 옹호 기관으로 성장하기를 희망한다.